님께

드립니다.

난 네 편이야

일러두기
· 이 책에 등장하는 인물들의 직책과 직함은 최대한 생략했습니다.
· 해외 인물들은 성, 이름 관계없이 국내에서 널리 통용되는 호칭으로 표기했습니다.

난 네 편이야

세상을 바꾸는 이들과 함께해온 심상정 이야기

심상정 지음

INFLUENTIAL
인플루엔설

유세에 나서는 나는 유세장이 텅 비면 어쩌나 내심 걱정이 되었다. 당원들은 다들 직장에 있을 시간이고, 빚을 안 지는 선거를 위해 유급 선거 운동원은 한 명도 쓰지 않았기 때문이다. 그런데 놀랍게도 유세장은 가는 곳마다 꽉 차 있었다. 교복 입은 청소년들, 대학생들, 젊은 여성들 그리고 나이 지긋한 어르신들까지. 마치 새로운 막이 열리듯 새로운 사람들로 가득했다. 연단에 서 있는 나는 한 사람 한 사람의 눈을 마주했다. 나는 그들이 왜 여기에 왔는지 알 수 있었다. 그들이 여기 달려온 이유는 심상정을 지지하기 이전에 자신들의 삶이 너무 고단하고 절박하기 때문이었다.

내가 손을 내밀어 악수를 청하면 그들은 두 팔로 내 어깨를 부둥켜안았다. 그러고는 흐느끼고 속삭이며 설움을 토해냈다. 나는 눈물로 범벅이된 뺨을 부비며 그들을 힘껏 껴안았다. 어긋난 세상 틈으로 곧 지표면을 뚫고 솟구칠 마그마처럼 강렬하고 역동적인 모습을 본 느낌이었다. 촛불 시민들이 만든 2017년 봄날의 대선에서 그 뜨거웠던 유세 현장을 잊을 수 없다. 더 큰 변화를 말하는 사람과 강력한 변화를 원하는 사람들이 만나는 순간이었다. 이런 경이로운 경험을 안겨 준 청년들과 시민들에게 감사한다. 가슴 벅찬 순간이었다.

나는 정치인은 변화를 말하는 사람이어야 한다고 늘 생각해왔다. 한국 정치에 변화가 없었던 게 아니다. 급속도로 진행된 경제 발전 속에서 한국 정치도 수많은 곡절을 겪었다. 대한민국을 '다이내믹 코리아'라고 부르는데, 정치만큼 잦고 소란스러운 변화를 보인 곳도 없다. 그러나 한국 정치의 역동성은 비극적 역동성이다. 마치 당장이라도 달라질 것처럼 한바탕 이합집산, 간판 교체의 소동이 일지만, 그 소동이 가라앉고 나면 변함없이 기득권 구조가 건재했다. 이런 소동이 오히려 꼭 필요한 변화, 근본적인 변화를 방해해왔다.

나는 촛불 혁명이 지난날 우리 정치의 비극적 역동성을 극복하는 데까지 나아가기를 기대한다. 화려한 조명도 요란한 불꽃도 아니었지만 하나하나의 촛불이 모여 민주주의를 회복시켰듯, 한 사람 한 사람의 주권이 모여 소박하지만 근원적인 혁명, 그리하여 내 삶을 바꾸는 변화의 정치를 이루기를 희망한다.

• • •

변화의 정치는 어떻게 가능할까? 어떤 사람이 이런 변화의 정치를 만들어낼까? 물론 뛰어난 재능, 탁월한 통찰력도 중요하다. 그러나 무엇보다 중요한 것은 사람들을 믿는 힘을 가져야한다. 사람을 믿는 사람만이 세상을 바꾼다.

이십 대 대학생으로 구로공단에 들어가 노동운동가로 정치인으로 살아온 시절을 뒤돌아보니, 내가 뜻을 이루었을 때는 사람들을 믿는 힘이 컸던 때였고, 실패했던 때는 사람들을 믿는 힘이 약했을 때였다. 무리하고 위험한 일처럼 보여도 '다수를 위한 일'이라는 걸 설득했을 때 그 일은 실현되었다. 반대로 이 정도는 누구나 찬성하지 않을까 싶어도 '다수를 위한 일'이라는 점을 설득하지 못하면 외면 받았다. 이 책을 쓰면서 변화의 정치는 결국 인간에 대한 믿음에 달려 있음을 새삼 깨닫는다. 나는 오늘의 청년들이 눈물범벅이 된 자신의 뺨을 닦아내고 인권과 민주주의의 가치가 숨 쉬는 새로운 시대를 열 것이라고 믿는다. 나는 그 길에 함께 서 있을 것이다.

정치인은 삶으로 말하고 결과로 책임지는 것이다. 거창한 비전보다는 내가 살아온 삶을 정직하게 말하는 게 우선이라는 생각에서 책을 쓰기 시작했다. 이 책은 그런 소박한 길을 걸어온 내 삶에 대한 보고서이다. 나와 함께 세상을 바꾸기 위해 노력한 이들의 진솔한 삶이 담긴 책이다. 이 책에 담긴 수많은 이들의 삶이 바로 한국 민주주의의 발전사였고 변화를 향한 도전의 기록이었다.

늘 그렇듯이 이런저런 일에 쫓겨 난감해하는 나를 대신해 오류를 바로잡아준 남편 이승배에게 감사한다. 나보다 더 꼼꼼하게 내 삶을 꿰뚫고 있는 남편이 없었다면 이 책은 가능하지 않았을 것이다. 책을 내자고 부추기고 그 업보를 고스란히 감당한 김보경 본부장과 출판 관계자 분들에게 감사를 표한다. 무엇보다 내 40여 년 인생 어느 곳에선가 함께 생사고락을 함께 했던 수많은 분들에게 감사한다. 지금까지 그래왔듯 어떤 분들은 갚아야 할 마음의 빚으로, 어떤 분들은 나를 지켜주는 수호성으로 여기며 살아가겠다.

차례

| 2부 |

세상을 바꾸는 사람들

난 공장에서 일해요

나는 스물다섯 살의 여공이었다. 아침 영등포역 주변은 출근하는 사람들로 가득했다. 넥타이 맨 회사원, 교복 입은 학생들, 뾰족구두 신은 아가씨들……. 그 많은 사람들 가운데 나도 서 있었다. 바쁜 출근길에는 누구든 버스에 먼저 타려고 차도에 바짝 붙어 선다. 하지만 난 반대로 멀찍이 떨어져 있었다. 내가 출근할 곳은 구로공단. 나는 위장 취업자였다. 본명은 심상정. 그러나 직장에서는 김혜란. 심상정은 대학을 다니다 그만두고 노동운동을 하기 위해 공단에 들어온 이른바 '학출(학생 출신)'이었고, 김혜란은 고등학교만 졸업하고 취직한 봉제 공장 노동자였다.

115번, 118번. 공단으로 들어가던 버스 번호가 지금도 또렷하게 기억난다. 출근할 때마다 나는 '혹시 누가 나를 알아보지 않을까?', '내 신분을 들키지 않을까?' 이런 걱정을 했다. 그래서 출근 버스를 탈 때 사람들에게서 멀찍이 떨어져 숨어 있듯이 했다. 나는 버스가 정류장에 서면 사람들이 타는 걸 지켜보다가 막판에 후다닥 올라탔다. 그런데 나 말고도 뒤

늦게 서둘러 버스에 오르는 사람들이 있었다. 그들도 버스 타는 걸 들키기 싫어하는 것 같았다. 나처럼 노동운동을 하려고 몰래 공단에 들어온 사람들인 걸까? 나는 머지않아 그 이유를 알아챘다. 공단으로 들어가는 115번, 118번 버스를 탄다는 건 일종의 '공순이 인증'이었는데, 그들은 그게 싫은 거였다.

공장에 다니는 이들을 '공돌이', '공순이'라고 낮춰 부르던 시절이었다. 산업화 과정에서 숱한 공장들이 세워지고, 그 공장에서 일하는 사람들이 우리나라의 눈부신 경제 발전을 이끌었지만 그들에 대한 사회적 존중은 없었다. 오히려 낮춰 보았다. 가난하고 못 배운 애들이 다니는 곳, 그곳이 공장이었다. 그래서 자기 힘으로 열심히 일하면서 스스로 삶을 꾸려가는 이들이었지만 자신 있게 "나 공장에서 일해요"라고 말하기 어려웠다. 이유는 달랐지만 자신을 드러내지 않으려고 하는 모습에서 묘한 동질감을 느꼈다.

버스 안은 콩나물시루였다. 사람들 사이에 끼여 그저 실려 갔다. 손잡이를 잡을 필요도 없었다. 같이 버스를 타고 가는 사람들의 표정을 살필 여유도 없었다. 그래도 그 버스를 타면 마음이 편했다. 버스 안은 이미 다른 세계였고, 우리는 모두 공장 노동자였다. 해방감이 느껴졌다. 버스를 타기 전의 나는 눈에 띄어서는 안 될 위장 취업자였지만, 버스를 타면 그 세계에 속한 노동자였다.

버스가 회사와 가까워지면 나는 뛸 준비를 했다. 여유로운 출근길 같은 건 없었다. 늦지 않게 출근 카드를 찍기 위해 날마다 100미터 달리기를 했다. 회사에 들어가면 곧바로 작업 가운으로 갈아입었다. 이어서 마치 군대에서 할 것 같은 군기 가득한 반장의 아침 조회가 끝나면, 본격적으로 일이 시작되었다. 1980년대 중반, 온갖 공장이 밀집해 있는 구로공단은 마치 섬과 같은 느낌을 주는 곳이었다. 한번 들어가면 쉽게 나올 수도 없었다. 공장 안의 사람들은 수용소에 갇힌 사람들 같았다.

내 친구들은 어떻게 살고 있을까

내가 일하는 곳은 의류 봉제 업체였다. 수출을 주로 하는 의류 회사는 겨울에 여름옷을 만들고 여름에 겨울옷을 만든다. 옷을 다 만들면 배에 실어서 가는 시간이 한참이니 미국 같은 곳에서 겨울에 옷을 판매하려면 여름에 만들어 가을에 도착하게 해야 하는 것이다. 한여름 공장 안은 사람이 일할 수 있는 환경이 아니었다. 겨울 모피 코트를 만들 때면 모피에서 먼지가 엄청 날렸다. 먼지가 심하게 날리니 더워도 선풍기를 켤 수 없었다. 에어컨 같은 건 생각도 못 하던 시절이었다. 무겁고 두꺼운 모피 코트를 안고 이리 돌렸다, 저리 돌렸다 할 때면 뜨거운 불덩이를 안고 있는 것 같았다. 게다가 미싱(재봉틀) 모터에서 나오는 열, 다림질 판에서 나오는 열, 프레스에서 나오는 열까지 더해져 작업장 안의 온도는 40도가 훌쩍 넘어갔다.

일하기 시작해서 한 시간쯤 되면 벌써 작업 가운이 땀으로 흠뻑 젖었다. 그러나 잠시 숨 돌릴 틈도 없었다. 먼지와 땀으로 범벅이 된 몸으로 물 한 잔 마실 틈도 없이 미싱을 밟다 보면, 어느새 발등이 찐빵처럼 부풀어 올랐다.

오후가 되면 작업장 안의 열기를 도저히 감당할 수가 없는 지경이 된다. 그러면 작업장 중간 중간에 큰 양동이가 놓였다. 양동이에 수돗물과 공업용 얼음을 가득 채우고 오렌지 맛이 나는 가루를 풀어서 휘휘 저어놓았다. 그러면 우르르 몰려와 그 물을 벌컥벌컥 들이마셨다. "와, 시원해!" 그깟 가짜 주스에도 너무나 기뻐하고 즐거워하던 해맑은 표정들이 생생하다.

같이 일하던 여성 노동자들은 나와 비슷하거나 어렸다. 특히 봉제 업체 쪽은 어린 여성 노동자들이 많았다. 가장 어린 이가 초등학교 졸업하고 온 열세 살이었다. 당시 전자 제품을 만드는 공장에는 고등학교를 졸업한 사람들이 많이 다녔다면, 봉제 업체 쪽에는 초등학교만 졸업하고 서울로 올라온 사람들이 많았다. 전자 업체 쪽은 상대적으로 근무 환경도 괜찮고 임금도 좀 나은 편이었지만, 봉제 업체 쪽은 매우 열악했기 때문이다.

당시에 '산업체 특별학급'이라는 게 있었다. 산업체에서 근무하는 청소년들을 위해 회사 가까운 곳에 있는 중·고등학교에 특별학급을 운영하는 것이었다. 주로 야간 학급으로 운영되었는데, 산업체에서 학급 운영비 중 일부를 부담하는 형태로 수업료와 공납금이 없었다. "학교도 보내주고, 돈도 벌게 해준다"는 말에 어린 여학생들이 시골에서 올라왔다. 열셋에서 열여덟 정도 되는 나이에 공장에 들어온 그들에게 붙여진 이름이

'시다'였다. '시다'는 일본어에서 온 말로 '보조로 일하는 사람'을 가리키는 말이다.

보통 봉제 공장에서는 미싱사 옆에 아이롱(다림질)하는 시다 하나가 붙는 형태로 일했다. 그 '시다' 친구들은 오후 4시 반까지 공장에서 일하고, 야간 학급으로 공부를 하러 갔다가 밤 8시쯤 기숙사에 돌아왔다. 요즘 같으면 학교 갔다와서 힘들었다고 부모님한테 유세 같은 어리광 부릴 나이의 어린 친구들이다. 그 친구들은 학교를 마치고 기숙사로 돌아오면 교복만 갈아입고 다시 야근을 하러 나왔다. 철야 때는 새벽 두세 시 너머까지 일했고, 휴일에도 걸핏하면 특근을 했다.

시다들은 늘 하품을 했다. 어떻게 졸리지 않을 수 있을까? '타이밍' 같은 잠깨는 약을 먹으며 일했다. 졸면서 아이롱 작업을 하다가 여기저기 데는 일도 많았다. 특히 프레스에서 일할 때 사고가 많이 났다. 봉제 공장에서 프레스란 종이나 철판을 자르는 기계가 아니라, 옷감에 줄을 세우기 위해 뜨거운 열로 누르는 기계를 말한다. 보통 칼라(옷깃)나 소매의 형태를 잡기 위해 프레스에 옷을 집어넣고 누르는데, 잠깐 쏟아진 졸음에 손 빼는 것을 잊어버리고 누르면 고사리 같은 손이 오징어처럼 납작하게 으스러졌다. 그런 사고가 나면 미싱질을 하던 나도 놀라서 정신을 놓쳤다. 그 사이에 재봉 바늘이 그대로 검지손톱을 타고 지나갔다.

하지만 내 손에 신경 쓸 틈이 없었다. 다들 사고가 난 시다를 병원에 보내느라 혼을 뺐다. 사색이 된 어린 시다가 흐물흐물해진 손을 들고 공단 근처에 있는 산재 전문 병원으로 실려 가고 나면, 작업장 안에는 정적이 가득했다. 모두가 침묵 속에서 눈물이 그렁그렁한 채로 미싱을 돌렸다. 작업장 안에는 웽웽 돌아가는 미싱 소리만 가득했다. 모두의 머릿속에는 '그 친구는 어떻게 되었을까?' 하는 걱정만이 가득했다. 바늘이 뚫고 지나간 내 손가락 같은 건 의무실에 갈 정도의 사고도 아니었다. 퉁퉁 부어오른 손가락에 소독약만 대충 뿌리고 다시 미싱 앞에 앉아야 했다. 그렇게 실려 간 친구가 한 달 반 정도쯤 지나면 다시 나타났다. 손에 붕대를 칭칭 감고서. 돈을 벌어야 하니까. 그 모습을 보니 너무 가여웠고, 말로 다 못할 인간의 비애가 느껴졌다.

내가 처음으로 공장에 가본 건 대학교 2학년 겨울방학이었다. 그 전에는 구로공단에서 야학 교사를 했다. 야학에 나오는 학생들은 대부분 근처 공단에서 일하는 노동자들이었다. 시골에서 올라온 그들은 내 또래들이었다. 그들이 시골에서 함께 자란 내 친구들같이 느껴졌다. 야학에서 만난 '내 친구들'은 중학교도, 고등학교도 못 가고 일하고 있었다. 배우고 싶은 마음에 야학에 나왔으나, 철야 때문에 빠지는 경우가 잦았다. 모처럼 있는 일요일 야학 야유회에도 특근을 해야 한다며 못 나오곤 했다. 도대체 얼마나 일을 많이 하는 것일까? 그렇게 일하면 얼마나 벌까? 그래서 그들이 일하는 곳을 눈으로, 몸으로 확인해봐야겠다는 생각이 들었다.

1979년 겨울방학 때 공활(공장 활동)을 갔다. 당시 대학생들은 농활(농촌 활동)을 많이 갔는데, 더러는 공활을 가기도 했다. 나도 공활로 처음 노동 현장에 들어갔다. 그렇게 시작한 일이 25년 노동운동으로 이어지리라고는 당시에는 짐작도 못했다. 내가 처음으로 발을 디딘 사회는 참혹했다. 이런 세계가 있는 줄 상상도 못했다. 그곳에서는 말도 안 되는 일들이 횡행했다. 사람이 도저히 버틸 수 없을 정도의 노동강도였고, 사업주가 군대 상관이나 조물주같이 권력을 행사했다. 관리자들의 쌍욕과 손찌검이 횡행했다. 손이 열판에 눌리는 일보다 더 심한 산재 사고가 수없이 발생했다. 목숨을 잃는 이들도 많았다. 그러나 사고는 사고일 뿐, 어떤 보완 조치나 안전장치도 없었고, 제대로 된 산재 처리도 하지 않았다. 모든 회사 건물에 '공장 일을 내 일처럼, 근로자를 가족처럼'이라는 표어가 걸려 있었지만, 사업주는 절대 근로자를 가족으로 여기지 않았다.

무엇보다 그들이 하는 노동에 비해 받는 임금이 너무나도 형편없었다. 미싱사 일당이 1150원, 시다는 540원이었다. 당시 짜장면 한 그릇이 500원 정도였다. 밤낮없이 일한 그들이 원래 받았어야 했던 임금이 다 어디로 갔을지는 굳이 말하지 않아도 알 수 있는 일이다. 그런 이들이 지독한 무권리 상태에 놓여 있었다. 헌법에 보장된 노동삼권(단결권, 단체교섭권, 단체행동권)이나 노동법 같은 건 위험한 사치에 불과했다.

그들과 함께하면서 분노만 있었던 건 아니었다. 그들과 함께하는 생활이 주는 감동이 있었다. 그곳에서 만난 노동자들은 대부분 성실하고 부지런했다. 자신의 생각과 다른 생각에 부딪히면, 생각해보고 수긍이 가면 선선히 자신의 생각을 바꾸기도 했다. 자신도 형편이 어려우면서, 더 어려운 처지에 있는 사람들을 보면 안타까워했다. 환경이 힘들면 심성도 망가지기 쉬울 텐데, 그들은 그렇지 않았다. 십 대, 이십 대 여공들의 얼굴은 잔업과 철야로 누렇게 떴지만, 박봉을 쪼개 고향에 부치면서도 밝은 표정을 잃지 않았다. 하는 일이 그토록 힘든데도, 맡은 일에 대한 애정도 강했다. 그들을 보면서 자기 손으로 하는 노동이 주는 건강한 힘도 느낄 수 있었다. 나는 그들을 사랑하게 되었다.

그런 선하고 건강한 이들과 한 계절을 함께하고 나니, 그들을 두고 다시 학교로 돌아갈 수가 없었다. 프란치스코 교황의 말처럼 '사람이 노동을 위해 태어난 것이 아니라, 노동이 사람을 위해 있는 게 아닌가.' 그리하여 공장에 주저앉았다. 노동자 심상정의 시작이었다. 운명같은 선택이었다.

공단에 들어간 데에는 또 다른 깨달음도 있었다. 대학에 들어가는 사람과 들어가지 않는 사람의 삶의 차이가 매우 크다는 것에 충격을 받은 것이다. 시골이든 도시든 각자의 집안 형편이 다르긴 해도 십 대 시절까지는 다들 비슷하게 자란다. 그런데 대학을 간 이들이 겪게 될 사회와 대학에 가지 못한 이들이 겪고 있는 사회는 너무 달랐다. 이 정도로 불평등하리라고는 생각도 못 했다. 그때만 해도 대학생들은 자신들이 사회를 이끌어나가는 지식인이라는 자의식이 강했다. 나 또한 그랬다. 그런데 사회를 막상 내 눈으로 마주하고 보니 너무 끔찍했다. 이런 세상이 있는지도 모르고 살면서 어떻게 나 스스로를 지식인이라고 할 수 있는지 너무나 창피했다. 아무리 고급기술이 필요한 일이 아니라고 해도, 하루에 열 몇 시간씩 일하는 이들의 임금은 왜 저리 낮은가. 그들의 망가진 삶 위에 이 사회가 서 있고, 내가 그 사회의 수혜를 입고 있었다. 이건 공정하지 못했다.

그게 왜 꿈인가

내 친구, 내 동생일 수 있는 사람들이 사람답지 못한 삶을 사는 데서 받은 충격이 죄책감이 되었던 시절. 우리가 함께 이런 삶을 바꿔나가야 한다는 소명이 불길처럼 솟아오르던 시절이었다.

한국 노동운동의 가장 밑바탕에는 바로 '사람은 누구나 평등하다'는 믿음이 깔려있다. '물려받은 게 없어도, 가진 게 없어도, 누구나 자기 삶을 온전히 꾸려나갈 수 있는 세상을 만들자', 그런 평등에 대한 열망이 바로 노동운동의 핵심이었다. 그리고 그것이야말로 민주주의의 본질이다.

"'노동이 당당한 민주주의'를 말하고 싶습니다."

2017년 19대 대선을 앞두고 선거의 주요 슬로건을 정할 때였다. 나는 '노동이 당당한 민주주의'를 강조했다. 주변의 의견이 달갑지만은 않았다. "노동이라는 단어가 구태의연하다", "직업이 없는 이들은 공감하지 못할 거다"라는 의견도 있었다.

그러나 나는 수많은 시민들이 거리로 나와 특권을 마구 휘두른 대통령의 파면을 요구한 진정한 이유가 무엇인지를 말하고 싶었다. 특권을 누리는 삶의 반대편에는 불평등에 시달리는 다수의 삶이 놓여 있기 때문이었다. 왜 우리 사회가 이토록 불평등해졌을까? 저임금과 장시간 노동, 비정규직과 만성화된 실업, 불안하고 위험한 노동…… 우리 사회의 대다수가 이런 삶을 살고 있기 때문이다. 이 모든 것이 그동안 정치가 '노동'의 문제를 밀쳐두었기 때문에 생긴 일이다. 그리하여 '노동이 당당한 민주주의'라는 말을 어깨에 걸고 거리에 나섰다. 첫 유세지는 구로공단에서 이름만 바뀐 구로디지털단지였다.

"이곳은 제가 청춘을 보낸 곳입니다. 구로공단에 노동자로 취업해 25년간 노동운동을 하고, 지금은 정의당 대통령 후보가 되었습니다. 제가 과거를 회상하려고 이 자리에 온 게 아닙니다. 이곳 디지털 단지에 '오징어 배'가 뜬다는 소식을 듣고 왔습니다. 야간 노동이 얼마나 심하면 노동자들이 오징어배가 뜬다는 자조를 하겠습니까. 5~60년 동안 봉제 노동자에서 디지털 노동자로 이름만 바뀌었을 뿐, 우리 노동자들의 장시간·저임금 노동은 변한 게 없습니다. 지난 수십년 동안 피땀 흘려 경제 대국을 이룬 성과는 다 어디로 갔습니까? 우리의 행복을 누가 다 가져갔습니까? 저는 스무 살, 구로공단에 발을 디딜 때부터 땀 흘려 일하는 사람들이 대접받는 사회가 진정한 민주 국가라고 믿었습니다. 그런 사회를 만들겠다고 약속했습니다."

거리에 나서자 그 시절 내 옆에서 함께했던 이들이 또 다른 얼굴을 하고 내 옆에 서 있었다. 그 시절 고된 삶에도 불구하고 밝은 표정으로 자신의 삶을 지키려 했던 어린 노동자 친구들은 오늘날의 청년들과 같았다. 취업을 위해 매일 새벽같이 도서관에 가고, 몇 푼 안 되는 아르바이트 비를 모아서 겨우겨우 학자금 대출금을 갚아가는 학생들. 지방에서 마땅한 일자리를 찾지 못해 서울로 올라와 좁디좁은 고시원을 전전하는 젊은이들. 스스로 목숨을 끊을 만큼 힘든 일에 시달렸던 열여덟 직업 고등학교 현장실습생과 그의 친구들. 거리에서 나를 만나면 부둥켜안고 우는 수많은 이들이 바로 그들이었다.

나는 그들이 어떤 사람들인지 잘 알고 있다. 부끄럽게 살고 싶지 않은 사람들, 자기 힘으로 자기 삶을 꾸려나갈 수 있는 기회를 갖고 싶은 사람들, 즐겁게 행복한 일상을 누리고 싶은 사람들이다. 그들의 소망이 그렇게 갖기 어려운 꿈인가.

"인간답게 살고 싶다." 내가 노동운동을 하던 시절, 공장 담벼락에 가장 많이 휘갈겨 있던 말이다. '인간다운 삶이 왜 인간의 '당연한 권리'가 아니라 '이루고 싶은 꿈'일까? 인간답지 못한 삶을 살고 싶은 사람은 아무도 없다. 그렇다면, 모두의 힘으로 바꾸어 인간답게 살면 되지 않겠는가? 각자는 약해도 힘을 모으면 강해질 수 있지 않을까? 그 힘으로 바꿔보자.' 이것이 내 평생의 꿈이었다.

1부

난 네 편이야

점심시간이면 마당에서 노래를 틀어놓고 율동도 했다. 내가 "둥글게 둥글게 짝!" 하면서 노래도 부르고 빙글빙글 돌면, 동료들이 식당에서 밥을 먹고 나오다가 그 모습을 보고는 눈을 마주치며 웃었다. 함께 손뼉을 쳐주기도 하고 노래도 따라 불렀다. 그 지옥 같은 조건에서도 자신들의 건강하고 밝은 성정을 유지하는 이들과 나누는 깊은 충족감이 있었다. 자신들의 권리를 찾기 위해 앞장서 싸우는 이들에게서 받는 감동이 있었다.

시골아이

돼지 잡으러 다니던 소녀

어린 시절 내가 가장 좋아했던 장소는 신작로였다. 쭉 뻗은 도로 양옆으로 키 큰 미루나무들이 곧게 서 있었다. 하늘로 쭉쭉 뻗은 미루나무의 모습이 너무나도 멋있었다. 하루에도 몇번씩 그 길을 오가며 고개를 한껏 뒤로 젖히고 미루나무 꼭대기를 쳐다보았다. 쭉 뻗은 나무 위로 커다란 구름이 빠르게 흘러갔다. 흘러가는 구름을 보고 있노라면 구름 너머 어떤 이상적인 곳으로 실려가는 듯한 느낌이 들었다.

내가 어린 시절을 보낸 곳은 휴전선 가까운, 경기도 파주군 광탄면. 미루나무가 있던 신작로에는 시도 때도 없이 군용 트럭이 지나다녔다. 어스름이 깔릴 무렵이면 멀리서 다이너마이트 터지는 소리도 들렸다. 산 중턱마다 참호 파는 작업을 했기 때문이다. 나는 마을 어르신들 어깨너머로 피난 갔다 온 이야기, 임진강을 오가는 간첩 이야기를 들었다.

우리 아버지 성함은 심명택, 어머니는 이명림. 나는 2남 2녀 중 막내딸로 태어났다. 내가 다닌 도마산초등학교는 한 학년에 학급이 하나뿐이었다. 반 친구들 수도 열 명 정도밖에 되지 않았다. 지금도 아주 조그맣고 정겨운 학교로 남아 있다. 나는 학교에서 나폴레옹, 손문(쑨원) 같은 인물들의 위인전을 많이 읽었다. 초등학생들이 위인전을 많이 읽던 시절이었다. 위인전을 통해 여러 나라, 여러 시간대의 역사를 읽는 건 재미있었다. 책 표지에 그려진 삼각 모자를 쓴 나폴레옹과 중산복을 입은 손문 그림을 보면, 어린 아이였는데도 그들이 한 시대를 휩쓴 풍운아라는 것을 느낄 수 있었다.

학교 수업이 끝나면 나는 들로 산으로 뛰어다녔다. 개울에서 물장난을 치고, 산에서 나물을 캤다. 또래가 별로 없는 곳이어서 동네 언니, 오빠 무리들과 함께 다녔다. 언니, 오빠들이 없어지면 혼자서도 마구 쏘다녔다. 혼자인 내 옆에는 우리집 개 '메리'가 함께 했다. 메리는 둘도 없는 내 친구였다. 주변이 온통 넓은 자연이었다. 실컷 달릴 수 있었고, 어디서든 고개만 들면 드넓은 하늘이 끝없이 펼쳐져 있었다. 그때 느낀 자유로움 때문인가? 나는 탁 트인 넓은 곳이 좋다. 그래서인지 내 핸드폰 사진첩에는 사람 사진보다 주로 하늘, 해, 달, 구름, 노을 같은 것들을 찍은 사진이 대부분이다.

마음껏 뛰놀던 시골 아이가 서울로 전학을 왔다. 4학년 2학기 때였다. 도시에 오니 주변 환경이 답답하고, 친구들하고 노는 것도 답답했다. 도시 아이들은 나와 노는 방법이 달랐다. 마구 쏘다녀야 하는데, 연필 하나를 갖고 실랑이하고, 고무줄놀이를 하다 다투는 일들이 낯설었다. 아이들 사이에 어떻게 끼어들어야 할지 몰라 그저 조용히 있었다. 그런 내게 친구들은 "너는 꼭 언니 같아"라고 말했다. 들로 산으로 천방지축 뛰어다니던 시골 아이는 언니 같은 아이가 되어, 있는지 없는지 모르는 존재로 초등학교 시절을 보냈다.

내가 시골에 있을 때 큰오빠는 이미 서울에서 학교를 다니고 있었다. 자식 교육에 관심이 많으신 아버지가 큰오빠를 서울에 있는 중학교에 보낸 것이다. 아버지는 초등학교 선생님이셨다. 아버지 학교에 딱 한 번 가봤는데 학교에서 본 아버지 모습은 집에서 보는 아버지와 달랐다. 창문 너머로 아버지가 학생 하나를 불러내서 무섭게 혼내는 모습을 본 것이다. 막내딸을 귀여워하는 아버지는 없고, 무서운 선생님이 있었다. 나는 깜짝 놀랐다. 그 모습을 보고 난 다음 한동안 아버지가 낯설어 아버지를 대하기가 어색했다.

아버지가 큰오빠를 야단치시는 모습은 종종 보았다. 야단치는 이유는 늘 같았다. 공부를 더 잘하라는 거였다. 아버지는 아들에게 큰 기대를 하셨다. 나는 아버지의 기대 밖에 있었다. 아버지 눈에 나는 그저 귀엽고 예쁜 막내딸이었을 뿐이다.

우리 가족은 시골에 있고 큰오빠와 언니만 서울에 있던 시절, 주말마다 어머니는 큰오빠와 언니를 돌보러 서울로 가셨다. 어머니는 서울로 가시기 전에 집에 남아 있는 아버지와 둘째 오빠와 나를 위해 가마솥에 밥을 안쳐놓으셨다. 그러면 솔가지 등을 때워 밥하는 건 내 몫이었다. 조그마

—— 어머니와 나. 내가 어머니께 귀여운 막내딸이었던 건 고등학교 때까지였다. 그 후로는 나 때문에 눈물 마를 날이 없는 인생을 사셨다. 그럼에도 자식들 앞에서는 내색 한 번 없이 씩씩하고 당찬 분이셨다.

한 내가 밥이 잘 되었는지 보려고 솥뚜껑을 열기 위해 부뚜막에 올라가면 아버지가 기겁을 하고 쏜살같이 달려와서 냉큼 나를 안아 부엌을 빠져나와 마루에 올려놓으셨다. 조그마한 내가 솥 안에 쏙 빠지기라도 할까 봐 놀라셨던 것이다. 아버지는 전형적인 옛날 분이었지만, 옛 부모님들이 대부분 그렇듯 대를 이어서 자식에 대한 지극한 마음을 주셨다. 내가 노동 운동 할 때, 아버지는 우리 아들 우균이를 집에 없는 나 대신 살뜰히 봐주신 분도 아버지였다. 아버지에게 감사한 마음도 크지만, 어머니를 생각하면 더욱 애틋하다.

"누구니? 아니 넌 꼭 외국에 이민 간 애 같구나. 전화도 통 없구."

"엄만, 왜 지난주에도 전화 드렸잖아요."

바쁜 딸이 전화하면 반가움을 이렇게 표현하는 우리 어머니. 나는 종종 "우리 엄마가 정치를 했으면 정말 잘했을 거야"라고 말한다. 어머니는 놀라울 정도로 의지가 강한 분이셨다. 맏며느리, 그것도 종갓집 맏며느리로 시집오셨다. 스물한 살 때 곁눈질로 얼굴만 겨우 본 남자와 결혼했다. 남편은 위로 배다른 누님 두 분, 아래로 여동생 여섯을 둔 외동아들이었단다. 어머니는 고된 시집살이에, 고모 여덟 중 다섯을 시집보내고 자식 네 명을 건사하셨다. 우리나라 옛 여인들의 한 많은 인생, 질긴 생활력, 강한 모성애, 그게 어떤 것인지 나는 어릴 때부터 어머니를 보면서 느꼈다.

시골 부자는 일 부자라는 말이 있다. 어머니는 농사일도 가축 키우는 일도 본인이 도맡아 하셨다. 우리 어머니가 키우면 곡식이든 동물이든 정말 잘 컸다. 지금도 그렇다. 시들시들해진 화분도 어머니 손에만 들어가면 금방 생생하게 살아난다. 자식들이 그걸 보고 감탄하면 어머니는 "왜 인젠 도루 가져가고 싶냐? 이것들도 사람과 똑같아. 다 사랑으로 키워야 하지. 아침마다 잘 잤냐는 인사도 하고, 예쁘다고 사랑도 해줘야 하는 거야. 너희처럼 물만 주면 되겠냐?"고 하신다.

어머니는 동물을 좋아하셨다. 닭도 키우고, 개도 키우고, 돼지도 직접 키우셨다. 돼지들이 뛰어놀 수 있게 커다란 운동장도 손수 만들어주셨다. 운동장에서 뛰어논 돼지들은 쑥쑥 잘 컸고, 새끼도 열 몇 마리씩 낳았다. 돼지 새끼들도 지극정성으로 돌보셨다. 그런데 신기하게도 자기들 돌봐주는 사람 없어진 걸 어떻게 알았는지 어머니가 서울로 가시기만 하면 돼지들이 우리를 뛰쳐나왔다. 그러면 난 돼지들을 잡으려고 조그마한 발로 온 동네와 논밭으로 쫓아다녔고, 동네 사람들 도움으로 간신히 잡아가지고 돌아오곤 했다. 그런 추억이 있어서인가 나도 어머니를 닮아서 동물을 좋아하는데, 강아지도 좋아하지만 그렇게 돼지가 예쁘고 정이 간다. 그러고 보니 내가 돼지띠이기도 하다.

평일에는 시골에서 가족들 건사하고 주말에는 서울에서 자식들 건사하던 어머니의 생활은 둘째 오빠가 서울로 중학교를 가면서 끝났다. 온 식구가 서울로 이사를 했기 때문이다. 우리가 이사 간 곳은 내가 결혼 후까지 20여 년을 산 은평구였다.

장난감 가게 딸내미

시골 부자가 가진 거 모두 팔아서 도시로 왔는데 조그마한 집 한 채 사고 나니, 달리 남은 게 없었다. 수많은 가축을 기르고, 농사일도 대차게 하시던 여장부 어머니가 시장에서 장사를 하셨다. 아버지와 어머니는 방앗간을 여셨는데, 시골에서 교사 생활을 하던 아버지가 장사 수완이 좋을 리없었다. 게다가 아버지가 누군가에게 빌려준 돈을 떼이는 일까지 생기면서 방앗간은 곧 접었다.

그러자 어머니는 당시 풍전호텔 근처에 있던 지하상가에서 완구 장사를 시작하셨다. 학교를 마치고 집에 오면 방이고 마루고 인형 천지였다. 저녁이 되면 모두 모여 나는 인형에 눈을 붙이고 오빠는 코를 붙이고, 온 식구들이 인형을 만들었다. 아침이면 어머니는 이렇게 만들어진 인형을 한 보따리 머리에 이고 아버지와 함께 가게로 나가셨다.

그렇게 평생 일을 하셔서 허리가 심하게 망가지셨다. 나중에 수배 해제된 후에 나는 어머니를 병원에 모시고 갔다. 허리가 휘어 척추뼈가 하반신으로 연결되는 신경을 눌러 점점 걷기도 어려워졌기 때문이다. 병원에서는 수술밖에 방법이 없지만 나이가 많아 위험하다고 만류했다. 어머니는 단호하셨다. 어머니는 결국 척추뼈를 잘라내고 철심을 대서 등을 평평하게 펴는 수술을 했다. 아홉 시간이 넘는 대수술을 하고, 고통스러운 회복 기간을 강인한 정신력으로 이겨내셨다. 퇴원할 때 담당 의사가 놀라며 고개를 절레절레 흔들었을 정도다. 그래서 지금 어머니는 철심을 박은 허리를 갖고 계신다. 그 허리로 국선도를 하신다. 유단자 자격증까지 따셨다. 자식들이 모이면 실력 과시를 하신다고 물구나무서기를 보여주시려고 하면 자식들이 놀라서 기겁을 하고 말린다. 혼자 사시면서도 당신 아프다고 자식 불러들이는 일도 없다. 이제 어머니는 곧 아흔이 되신다. 이 생각만 하면 눈물이 왈칵 쏟아진다.

나는 종종 어머니를 보러 가게로 나갔다. 학교 마치고 집에 갔을 때 엄마가 없는 느낌이 싫은 날이 있었다. 그러면 153번 버스를 타고 종로 3가로 나갔다. 어머니 가게가 있는 지하상가로 내려가면 햇빛이 하나도 없었다. 통로 저쪽에 있는 가게에 창백한 얼굴을 하고 앉아 있는 어머니를 보면 가슴이 너무 아팠다. 가게에 다가갈수록 '오늘 장사가 안됐으면 어떡하나' 하는 생각에 가슴이 쿵쾅거렸다. 어머니는 보고 싶지만, 고생하는 어머니는 보기 싫은 마음으로 가게로 걸어갔다.

어머니는 내가 오는 게 좋아서 멀리서 보아도 알 수 있을 정도로 함박웃음을 지으셨다. 어머니는 나를 데리고 가게 근처 오장동 냉면 거리에 가서 비빔냉면을 사주셨다. 엄마가 보고 싶어 온 딸에게 맛있는 걸 사주고 싶으셨던 거다. 어느 날 그 냉면집에서 내가 좋아하는 가수 조용필 씨를 봤다. 그 뒤로 조용필 씨가 보고 싶어서라도 어머니에게 꼭 그 냉면집에 가자고 졸랐다.

부모님은 장사를 하느라 바쁘셨고, 고모들 챙기고 오빠들 챙기느라 정신이 없으셨다. 그 와중에 나는 막내라 거의 알아서 컸다. 아마 부모님은 내가 어떻게 생활하는지 잘 모르셨을 것이다. 어머니는 어쩌다 학교에 오시면 매우 기뻐하셨다. 공부 잘하고 반듯한 딸을 뒀다고 선생님이 칭찬하는 게 좋으셨다. 공부를 잘하긴 했지만 나는 눈에 띄는 학생은 아니었다. 친구들에게 좋은 평가를 받고 성적도 상위권이었지만, 나서는 학생은 아니었다. 학교에서 반장을 맡으라고 했을 때, 학급 임원이 되면 어머니가 학교에 자주 오셔야 하고, 또 왠지 돈이 많이 들 것 같다는 생각에 거절했다. 일부러 반장, 부반장은 안 하고 주로 환경부장 같은 일을 맡았던 것 같다.

지금도 그리 큰 키는 아니지만 중학교 때까지 나는 키가 매우 작았다. 초등학교에서 같이 중학교로 간 권혁미라는 단짝 친구가 있다. 혁미도 나랑 거의 똑같을 정도로 작았다. 그렇게 맨 앞에 나란히 앉은 우리 둘을 보고 친구들은 얼굴이 까만 혁미는 '깜쥐', 얼굴이 하얀 나는 '백쥐'라고 불렀다.

별다른 친구도 없이 늘 혁미하고만 붙어 다니던 나는 중학교에 올라가자 엄청난 관심사가 생겼다. 바로 야구였다. 당시 고교 야구의 열기는 매우 뜨거웠다. 청룡기, 황금사자기, 봉황대기 등 주요 대회는 온 국민들의 마음을 사로잡았다. 내가 다니던 충암여자중학교와 같은 재단인 충암고등학교 야구부는 지금도 야구 명문인 곳이다. 당시 정순명 투수 시절에는 특히 이름을 날렸다. 충암고 야구부가 준준결승전 이상 진출하면 남녀 중학생들이 응원 부대로 동원되었다. 야구 경기를 보러 가기 전날이면 가슴이 설레어 잠을 설치곤 했다. 나는 학생 기자 활동까지 하며, 당시 스타 야구 선수들을 쫓아다녔다. 특히 최동원 선수를 좋아했다.

—— 초등학교 졸업식 날. 둘 다 키가 너무 작아서 맨 앞에 함께 앉았던 친구 혁미(왼쪽)와 나(오른쪽). 혁미의 별명은 깜쥐, 나는 백쥐였다. 파주에서 서울로 전학 와서 적응을 잘 못하던 나에게 둘도 없는 단짝이었다.

야구가 왜 그렇게 좋았을까? 무엇보다 탁 트인 구장이 좋았다. 야구를 보면 도시의 갑갑함에 입시 경쟁의 압박에 눌려 있던 숨통이 트이는 기분이었다. 외야에 푸른 잔디가 넓게 펼쳐져 있고, 관중석에 앉으면 탁 트인 하늘이 끝없이 펼쳐졌다. 게다가 경기장이 떠내려갈듯이 울려 퍼지는 그 함성이라니. 엄청난 카타르시스가 느껴졌다. '이건 정말 나랑 꼭 맞아!' 그 시절을 생각하면 언제나 기분이 좋다. 지금도 야구를 좋아한다. 큰 도움도 못 주면서 고양시 사회인 야구단 저스티스 구단주 자리도 맡았다. 언젠가 프로야구 해태의 인기 감독이었던 김응룡 씨를 만났을 때, 다시 중학생이 된 것처럼 흥분하며 그 시절 이야기를 늘어놓기도 했다.

확 트인 운동장과 함성을 좋아했던 만큼 나는 학교에서 하는 공부보다 학교 밖에서 하는 활동들을 즐겼다. 다른 친구들처럼 과외를 받거나 학원에 다닐 수 없기도 했지만 나는 무엇보다 학교가 답답했다. 그래서 고등학교 때는 학교 밖에서 하는 동아리 활동을 열심히 했다. 종로 2가에 있던 태화관에 드나들면서 영어회화 모임을 만들고 열심히 했다. 이미 재수까지 생각하고 말이다. '입시 공부는 재수할 때 열심히 하지 뭐.'

'노는 친구들'과 친한 모범생

사람은 십 대 때 성정의 많은 부분이 결정된다고 하는데, 나도 그랬던 것 같다. 반 친구들과 두루 잘 지냈지만, 나는 이른바 '노는 아이들'과 더 잘

—— 1975년 고등학교 경주 수학여행 때 친구 경희와 함께. 나는 당시 유행하던 나팔바지도 즐겨 입고, 학교 밖 동아리 활동도 열심히 하는 발랄한 학생이었다.

어울렀다. 나는 그 친구들의 탁 트인 심성이 좋았다. 선생님들에게 야단듣고, 자잘한 사고도 치는 친구들이었지만, 그 친구들은 뒤끝이 없고 항상 밝았다. 그래서 그런 친구들이 야단을 들을 때 뭔가 공정하지 못하다는 생각이 들면, 내가 나서서 그 친구들 입장에 서곤 했다.

그런 내 성격 때문에 생긴 사건이 있었다. 고등학교 3학년 어느 날, 담임선생님이 반 친구 중 하나를 야단치면서 다 같이 책임을 지라고 반 전체가 같이 남아서 청소를 하게 했다. 반 분위기가 좋을 리 없었다. 나는 선생님이 다소 과하게 벌을 준다고 생각했다. 잘못을 고치려는 것보다는 군기를 잡으려는 듯이 보였다. 그래서 선생님에게 부당하다는 항의를 세게 했다. 내 항의를 받은 선생님은 화를 벌컥 내고 종례도 하지 않고 교무실로 가버리셨다. 나 때문에 친구들이 집에 못 가고 대기를 하게 되었다. 대학 입시를 앞둔 때라 학원에 가야 하는 친구들도 있는데, 다들 나 때문에 붙들려 있게 된 것이다. 그래서 혼자 교무실로 선생님을 찾아갔다. 그러고는 선생님에게 비겁하다고 했다. "왜 반 전체를 볼모로 잡으시는 겁니까? 저한테만 책임을 물으셔야지요"라고.

내 얘기를 듣던 선생님이 뭐라 한마디 던지고 코트를 집어 들고는 그냥 학교 밖으로 나가버리셨다. 나가는 담임선생님의 뒷모습을 보는데 어떤 비애감 같은 게 느껴졌다. 아무리 학생이라고 해도 고3쯤 되면 만만하게 대할 수 없다. 비겁하다며 대드는 학생 앞에서 선생님이기 이전에 한 인간으로 느꼈을 초라함이 있었던 것이다. 교실로 돌아와서 친구들에게 집으로 가라고 하면서도 마음이 좋지는 않았다. 지금도 선생님의 그 뒷모습

—— 1977년 명지여고 졸업식에서 언니와 함께. 미술교육학과에 다니던 언니의 영향을 받아 나도 멋 부리는 데 관심이 많았다. '낭만적인 대학 시절을 보내고, 교사가 되어야지.' 그런 꿈을 꾸던 학생이었다.

을 잊을 수가 없다.

그렇게 선생님에게도 할 말은 하는 학생이었던 내가 꿈꾸던 직업도 선생님이었다. 역사 선생님이 되고 싶었다. 어릴 때부터 역사를 좋아했다. 역사와 관련된 책을 읽거나 이야기를 들으면, 거대한 인간의 시간 속에서 마음껏 헤엄치는 느낌이 들었다. 역사를 공부하다 보면, 내가 작고 어린 사람이라는 것과 상관없이 거대한 자유를 느꼈다. 이런 세계를 학생들에게도 보여주고 싶었다. 교사인 아버지와 언니로부터 받은 영향도 있었지만 좋은 선생님이 되고 싶은 마음이 강했다.

하지만 우리나라 교육제도에서 지금 교사를 하고 있다면 많이 갑갑해하고 있을 것 같다. 내가 학교 다닐 때의 선생님들도 그리 행복하지 않았지만, 지금 이 시대의 교사들도 그렇다는 느낌이 든다. 간혹 교육 현장에 있는 사범대 친구들을 만나서 그들의 이야기를 들으면 참 답답하겠다는 생각이 든다. 새로운 교육 개혁안이 나오면 기존에 없던 출근부가 생긴다. 또 정권이 바뀌어서 그 개혁안이 없어지면 그 출근부가 사라진다. 툭하면 이런 일이 벌어지는 게 지금 한국의 교육 현장이다. 교육의 주체는 교육부가 아니라 학교이다. 그런데 학교 안의 선생님들은 그저 입시 교육의 들러리가 되어 이리저리 휘둘리고 있다.

나는 교육에 종사하는 이들을 존경한다. 교사라는 직업의 소명이 귀하기 때문이기도 하지만, 학생들이 성장하는 과정에서 찾아내고 이룰 수 있는 가능성과 변화의 힘이 크기 때문이기도 하다. 그런 역동성을 발견하고 키우다니 참으로 가슴 두근거리는 직업이 아닌가? 그런데 한국의 선생님들은 그런 가슴 두근거림을 갖기 힘들다. 푸념을 늘어놓는 친구들을 만날 때면 '이런 현실을 바꾸라고 교사 대신 정치인이 된 거다'라고 생각한다.

우리 집 형제들은 모두 재수를 했다. 아버지는 두 아들이 재수를 해서라도 좋은 대학에 가기를 바라셨다. 반면 언니와 나는 예외였다. '딸인데 뭘 그렇게까지 공부를 많이 해야 하냐.' 이런 생각을 가지고 계셨다. 나도 좋은 대학에 가고 싶었다. '이왕 대학을 갈거면 명문대를 가야지.' 이런 생각이 강했었다. 아버지를 조르고 졸라서 어렵게 재수 허락을 받았다. 대신 학원비를 벌기 위해 아르바이트를 해야 했다. 결국 나는 서울대학교 사범대학 역사교육과에 들어갔다. 태어나서 부모님을 제대로 기쁘게 해 드린 일이다.

골치 아픈 여대생

하이힐 신고 잘 뛰네

나는 대학 신입생이 되었다. 매일 아침 현관에서 어머니가 대학생이 된 둘째 오빠와 나에게 토큰을 두 개씩 배급해주었다. 그리고 우리가 대문을 나서면 뒤통수에 대고 "절대 나서지 마라!"는 말을 날리셨다. 시대가 엄혹했으니 무슨 말씀인지 짐작할 수 있었다. 학생 시위에 휘말렸다가 구속되고 수배되고 고문도 받던 시절, 대학생을 둔 부모님들은 하나같이 걱정이었다. 내가 대학교에 입학한 1978년은 박정희 유신 시대의 말기였다. 1961년 5·16군사쿠데타로부터 이어지고 있는 긴 독재를 겪으며 우리나라에는 민주사회를 향한 열망이 가득했다. 하지만 그만큼 그 열망에 대한 정권의 탄압도 심했다.

짐작만 하던 그 탄압의 실체를 곧 눈앞에서 목격했다. 학교 도서관 앞을 지나고 있을 때였다. 한 학생이 도서관 건물 5층에서 "군사 독재 타도!"라고 외치더니 유인물(정부에 반대하는 내용을 담은 전단지)을 뿌렸다. 유인물이 건물 아래로 날렸다. 그러자 어디에 있었는지 사복 경찰들이 튀어 나와 그 학생을 잡아서는 마구 구타했다. 피투성이가 된 학생을 어디론가 질질 끌고 갔다. 어머니 말씀이 무슨 의미였는지 비로소 깨달았다. 나는 그날 폭력적인 공권력의 실상을 실제로 마주하고 엄청난 충격을 받았다. 하지만 애써 그 광경을 관심 밖으로 밀어내려고 했다.

대학만 들어가면 장래가 보장되던 시절이었다. 조용히 학교만 졸업하면 소망하던 교사의 인생이 순탄하게 시작되리라는 것을 잘 알고 있었다. 교사가 되기 전까지, 내가 대학 생활에서 챙겨야 할 것은 '낭만과 지성' 같은 것이라고 생각했다. 재수까지 하며 입시 공부에 지쳐 있었기에 더욱 그런 마음이었다. 그러나 그런 생각도 아주 잠깐. 대학 안까지 파고들어 있는 독재 정권의 반민주주의를 느끼게 되면서 잘못된 시대를 헤쳐가야 한다는 마음이 너무나 자연스럽게 강렬하게 자리 잡았다. 나는 어느새 열혈 운동권 학생이 되어 있었다.

정치를 시작하고 나서 간혹 언론 인터뷰에서 "왜 운동권 학생이 되었냐?"고 물어보면, 나는 이런 식으로 대답했다. "괜찮고, 똑똑하고, 멋있어 보이는 남학생들을 쫓아가 보면, 그들이 영락없이 전부 운동권이더라고요. 그래서 좋아하는 남학생을 쫓아다니다 보니 운동권이 되었죠." 반만 맞는 말이다. 설마 남학생한테 잘 보이려고 열혈 운동권이 되었겠나. 부정의한 세상에 맞서야 한다는 사명감은 그 시절 많은 대학생들이 갖고 있는 보편적인 정서였다. 나 또한 사명감에 불탔다. 나는 대학교 1학년 2학기부터 열심히 시위 대열을 따라다녔다.

나는 시위 현장에서 뛰는 학생이었다. 그때만 해도 나는 미대에 다니는 언니의 영향을 받아 길게 기른 생머리에, 치마를 입고, 하이힐을 신고 잔뜩 멋 부리고 다녔다. 그런 차림으로 학교 도서관에서 신림동 사거리까지 시위대와 함께 달렸다. 당시 대학교에서는 시위 사진을 찍어 증거를 확보한 뒤 관련되어 있는 학생들을 징계했다. 1학년 말의 어느 날, 나는 학생처로 불려갔다. 학생처장 책상 위에는 시위 장면을 찍은 사진들이 수북이 쌓여 있었다. 연신 사진과 나를 번갈아 보던 학생처장이 어이가 없다는 표정으로 입을 열었다. "자네, 혹시 운동권 애인 있나?"

사진에 찍혀 있는 차림새로는, 나는 누가 봐도 운동권 학생으로 보이지 않았던 것이다. 학생처장의 오해 덕분이었는지, 최소 무기정학 감이었던 징계 수위가 근신으로 낮춰졌다. '징계까지 받았으니 이왕 이렇게 된 거 제대로 해야겠다.' 나는 더 급속도로 운동권 학생이 되었다. 옷차림도 어느 틈엔가 운동권 표준 패션인 짧은 생머리에 청바지 그리고 운동화로 바뀌었다. 멋은 다 포기했다.

그리고 2학년이 되었다. 나는 열심히 시위에 나가는 한편, 작정하고 도서관에 틀어박혀 역사학, 경제학, 철학 등과 관련된 책들을 닥치는 대로 읽었다. 리영희의 『전환시대의 논리』, 박현채의 『민족경제론』과 같은 책부터 마르크시즘과 관련된 책까지 엄청나게 읽었다. 러시아 혁명가 레닌의 저서 『무엇을 할 것인가』는 얼마나 많이 읽었는지 전부 달달 외울 정도였다. 그때 이루어진 귀중한 만남이 『어느 청년 노동자의 삶과 죽음』이라

—— 긴 생머리, 하이힐, 정장 치마, 핸드백. 이런 차림으로 대학을 다니던 시절은 매우 짧았다. 그 시절 대학은 유신 독재, 박정희의 죽음, 광주민중항쟁, 전두환의 집권 등으로 이어지는 격변의 한 가운데 있었다. 대학에는 청춘의 낭만과 시대의 폭력이 동시에 존재했다.

는 책이었다. 바로 '전태일 평전'이었다. 그는 한국 현대사를 이야기할 때 빼놓을 수 없는 존재이지만, 당시만 해도 전태일과 관련된 책을 읽는다는 것 자체가 비밀스러운 일이었다.

1960년대 평화시장 봉제 공장에서 재단사로 일하던 전태일. 그는 강제 해고된 여공들을 돕고, 열악한 노동 환경을 개선하기 위해 나선 스물두 살의 청년이었다. "지금은 아무것도 모르는 바보처럼 당하고 살지만, 우리도 깨쳐서 바보로 남지 말자"며 청계천 봉제 공장 노동자들과 함께 '바보회'라는 모임을 만들었다. 전태일은 당시 박정희 대통령에게 "1일 14시간의 작업 시간을 10시간이나 12시간으로 단축하게 해달라"는 편지를 보내고, 노동법을 공부했다. 그러나 정부도 법도 그를 외면했다. 결국 전태일은 "아무 짝에도 쓸모없는 근로기준법 책을 화형하자"라며 자신의 몸에 불을 붙였고, 자신을 전부 내던져서 노동자들의 목소리를 세상에 알렸다. 1970년 11월 13일의 일이다.

내가 당시에 읽은 『어느 청년 노동자의 삶과 죽음』은 전태일이 남긴 여러 권의 일기와 기록들을 바탕으로 쓰인 것으로, 정식 출간된 책이 아니었다. 저자도 표기되어 있지 않은, 타자로 친 원고를 복사한 종이 뭉치로 읽었다. 후에 '전태일 평전'의 저자가 밝혀졌다. 그는 인권 변호사 조영래였다. 그의 이름이 세상에 공개된 것은 조영래 변호사가 세상을 떠난 다음인 1991년이었다.

한 청년 노동자의 짧은 삶을 담은 책이 무엇이 불온할 것인가? 그러나 그 시절에 이런 책은 '어둠의 경로'로 몰래 읽어야 했다. 그렇게 만난 전태일은 이후 내 인생 전체를 밝히는 등불이 되었다. 나뿐 아니라 노동운동을 하는 모든 이들, 잘못된 세상을 바꾸고자 하는 대한민국의 모든 젊은 이들이 청년 전태일을 존경했다. 가진 것도 없고 배우지도 못한 한 젊은 이도 자기보다 못한 형편에 있는 여공들을 위해 자신을 내던졌는데, 나는 무엇을 하고 있나. 그 시절 나뿐만이 아니라 많은 이들이 이런 마음으로 세상을 바꾸고자 나섰다. 그는 그 시대를 이끈 거대한 존재였다.

서울 청계천에 가면 '전태일다리'가 있다. 그를 기리기 위해 원래 '버들다리'였던 이름을 '전태일다리'로 바꾼 것이다. 나는 중요한 결심을 할 때마다 '전태일다리'를 찾는다. 이 다리가 '전태일다리'라는 이름을 갖게 되는 것도 쉽지는 않았다. 2010년 범국민 캠페인을 통해 서울시 의회에서 '전태일다리'로 명칭을 변경하는 권고 결의안이 통과되었다. 하지만 서울시 지명위원회의 심의가 계속 늦어졌다. 심의는 2012년 박원순 시장이 취임한 뒤에야 시작되어, 그제야 '전태일다리'라는 병행 표기가 결정되었다. 명명식 행사에는 노동계, 시민사회 등 각계의 사람들이 참석했는데, 그중에는 당시 '쌍용자동차 사태 국정조사와 해고 노동자 복직'을 요구하며 23일째 단식 중이었던 쌍용자동차 노조 지부장 김정우도 있었다. 나중에 그의 단식은 41일까지 갔다. 당시 이명박 정부는 쌍용자동차 문제에 아무 대책도 내놓지 않았다. 전태일 열사가 세상을 떠난 지 40년이 지났어도 그의 명예를 되찾아주는 일도, 노동자들에게 행해지는 무자비한 해고를 막는 일도 쉽지 않은 현실이었다. 그해 겨울에 박근혜가 대통령에 당선되었다.

전태일과의 만남이 있었던 대학교 2학년 시절, 나는 몇 달 뒤에 대통령 박정희가 피살될 줄도, 전태일과 같은 수많은 노동자들을 죽음으로 몰아넣은 박정희의 딸이 훗날 대통령이 될 줄도 모르고 열심히 학생운동 속으로 뛰어들고 있었다. 내가 갖고 있는 문제의식을 다른 사람들과 나누고 싶고, 보다 적극적으로 학생운동을 하고 싶었다. 그러나 당시 학생운동을 지도하는 주요 조직은 비공개로 활동하고 있었다. 때문에 그들과 이어지기가 쉽지 않았다. 도서관에서 유인물 하나 뿌렸다고, 독재에 반대한다고 외쳤다고 사복 경찰들에게 죽도록 맞고 끌려가던 시대에 어떻게 학생운동 조직들이 공개적인 활동을 할 수 있었겠는가? 숨어 있는 '언더그라운드' 조직에 '포섭'을 당해야 했는데, 은밀하게 이루어져야 하는 관계로 주로 고향 선후배, 고등학교 선후배와 같은 인맥을 통해 이루어지는 경우가 많았다. 나는 그런 인맥이 별로 없었다. 이른바 '뺑뺑이(1974년부터 시행된 고교 평준화를 일컫는 말) 1호'였고, 신생 학교인 명지여자고등학교 2회 졸업생이었다. 나는 스스로 이곳저곳 학회를 기웃거리던 끝에 요즘의 중앙 동아리와 같은 대학 본부 서클에 들어갔다.

내가 찾아간 서클은 사회참여 성향이 강한 '대학문화연구회'였다. 넥슨에서 주식을 받은 진경준 전 검사장에게 1심에서의 무죄를 깨고 뇌물죄를 적용한 판사 김문석(그는 김영란 대법관의 동생이기도 하다), 부산 형제복지원의 인권유린 참상을 파헤친 검사 김용원, 한나라당 국회의원을 지낸 김충환, 노무현 정부 시절 청와대 정책실장을 지낸 성경륭, 문재인 정부에서 검찰개혁위원회 위원장을 맡은 한인섭 등이 대학문화연구회 출

―― 내가 대학을 다니던 시절에는 야외에 둥그렇게 앉아서 토론을 하는 일이 잦았다. 세상을 머리로만 알지 말고, 몸으로 느끼고 싶다는 열망이 강했던 나는 대학 3학년을 마지막으로 구로공단에 들어갔다.

신들이다.

당시 본부 서클은 학생운동의 주류가 아니었다. 왜냐하면 대부분의 대학 본부 서클이 학교 당국으로부터 지원을 받아 취미 위주의 활동을 하는 서클이었기 때문이다. 그러나 내가 대학을 다닐 무렵부터 학생운동이 대중화되기 시작했고, 이에 본부 서클도 사회참여적인 성격으로 변해갔다. 지하의 학생운동 조직 못지않게 세미나도 열심히 하고, 사회 비판적 활동도 활발히 했던 것이다. 학회나 서클에서 활동하다가 '언더그라운드' 조직에 들어가는 학생들도 있었다.

나는 대학문화연구회에서도 문학, 역사, 사회, 정치에 이르기까지 폭넓게 공부하고 토론했다. 그렇지만 토론에서 그치는 게 아니라 행동하고 싶었다. 대학문화연구회에 나와 같은 갈증을 느낀 동기들이 있었다. 그 동기들과 함께 행동하지 않는 선배들을 강하게 비판했다. 그 동기 중 한 명이 1980년대 학생운동의 이론가로 알려진 최민이다. 내가 이후 여학생 학회를 만들고 노동 현장으로 들어가는 경로를 걸었다면, 최민은 문용식 등의 후배들과 '민민투(반제반파쇼민족민주투쟁위원회)'를 만들어 당시 자민투(반미자주화반파쇼민주화투쟁위원회)와 함께 학생운동의 양축을 담당했다.

상정이 때문에 머리가 아파

이처럼 실천적인 활동을 고민하던 내게 또 다른 '실천'의 문제가 다가왔다. 그것은 당시 학생운동의 가부장제 문화를 극복하는 것이었다. 학생운동을 하다 3학년 선배가 되면 본격적으로 학생운동이나 서클, 학회 등을 주도하게 된다. 그때 후배들을 지도하고 시위를 주도하는 선배들은 전부 남학생이었다.

　물론 학내에 남학생 수가 더 많았다. 당시만 해도 대학에서 여학생은 열 명 가운데 겨우 두 명 정도였다. 그렇다 해도 여학생들은 왜 주변부 일을 하고, 남학생들이 꼭 중심이 되는 일을 맡아야 하는가. 그럴 거면 처음부터 여학생들을 뽑지 말 것이지. 당시 서클이나 학회에서는 신입생들을 모집할 때 1학년 여학생들을 모으려고 애를 많이 썼다. 그래야 남학생들도 많이 들어오기 때문이었다. 한창 연애에 관심이 많은 청춘의 시기라 해도 여학생들을 유인책으로 여기는 것 같아 마땅치 않았다. 여자 대학교에서는 여학생이 학생운동의 지도자로 성장하고 사회운동으로 나아가는 사람도 많은데, 왜 남녀공학 대학교의 선배 여학생은 들러리인가?

　게다가 여학생들에게 잘못을 뒤집어씌우는 일도 있었다. 당시 분위기가 엄혹하니 보안 문제가 중요했는데, 학생운동 내부의 비밀이 새어나가면 꼭 "여자애들이 말을 쉽게 흘린다"는 식으로 말했다. 입이 무겁지 않은 사람을 탓해야지, 거기에서 왜 '여자'가 나오는가.

　학생운동을 한다면서 권위적인 모습을 보이는 이들도 있었다. 나는 그들을 보고 '목에 깁스를 하고 다니냐'고 대놓고 비판했다. 왜 학생운동 리더들을 마치 윗사람 모시듯이 해야 하나? 우리는 평등한 민주 사회를 만들겠다고 싸우고 있는데, 왜 언더그라운드 조직은 상부 조직처럼 대접하고 본부 서클 같은 곳은 낮추어 보나? 다양한 의견을 존중한다면서도 복장이나 놀이 문화에 대한 일종의 '운동권식 규범' 같은 것들을 내세우는 것도 마땅치 않았다. 시대를 바꾸겠다고 하는 사람들도 시대의 한계를 벗어나기가 쉽지 않다는 것을 느꼈다. 나는 이미 그때 진보의 자긍심이 도덕적 자만심이 될 수 있는 오류를 목격했다. 자신의 삶을 던져서 사회를 위해 헌신하고 있다는 운동권의 자부심이 오만한 자만으로 바뀔 때 얼마나 위험해질 수 있는지를 보았던 것이다.

1980년 봄, 대학문화연구회 부회장을 하던 나는 3학년이 되었다. 박정희가 피살당한 후 국무총리 최규하가 대통령으로 재임 중이었고 아직 5월 17일 전두환의 비상계엄 전국 확대 조치가 실시되기 전이었다. 이른바 '서울의 봄'이었다. '서울의 봄'은 1980년 봄의 민주화 열기를 1968년 체코슬로바키아 민주화 운동인 '프라하의 봄'에 비유한 말이다. 그 국면을 이용해 학생들은 대학을 민주화하기 시작했다. 각 대학마다 관제 학생 조직인 학도호국단을 대체할 총학생회를 복원하느라고 부산했다. 서울대학교에서는 유기홍(전 민주통합당 국회의원)을 위원장으로 총학생회 추진위원회가 만들어졌고, 이후 총학생회장 심재철(현 자유한국당 국회의원), 대의원 대회 의장 유시민 등을 주축으로 총학생회가 만들어졌다.

그런데 총학생회 복원 계획을 보니, 여학생 관련 기구는 학도호국단 때와 마찬가지로 총학생회 산하 '여학생부' 달랑 하나였다. 나는 여학생들의 학내 지위 향상을 위해 여학생들만의 대표 조직을 만들어 여학생 활동가들이 리더로 성장하고 인정받게 만들어야겠다고 생각했다. 그래서 학내의 여학생 활동가들과 함께 총학생회와 병행하는 총여학생회를 구성하기로 뜻을 모았다. 처음에는 주류 학생 운동권도 탐탁치 않게 생각하고 여학생들 사이에서도 공감하는 사람이 적었다. 하지만 우리는 꿋꿋하게 밀고 나갔고, 마침내 서울대학교 최초의 총여학생회가 만들어졌다.

대중조직인 학생회뿐 아니라 학생운동의 주요 리더들을 배출해내는 학회도 변화가 필요했다. 그즈음부터 비공개로 활동하던 학회들도 점점 공개적으로 학생들을 모으기 시작했다. 나는 인문대 곽복희, 가정대 장영인 등과 함께 여러 학회가 공동으로 학회원을 모집하고 있던 사회대학 건물 반지하로 밀고 들어갔다. 거기에는 학회별로 책상을 하나씩 놓고 주르르 앉아 신입생들을 기다리고 있었다. 나는 그들에게 이렇게 말했다.

"여러분은 여학생들을 모집할 자격이 없어요. 여학생들을 뽑으면 뭐합니까. 학생운동의 리더로 키우지도 못하면서. 그러니 여학생들 모집하지 마세요. 우리가 따로 여학생 학회를 만들 겁니다."

그러고는 우리에게도 책상을 하나 내놓으라고 요구했다. 내 샤우팅이 끝나자 몇 명이 "이러면 곤란하다"며 인상을 찌푸렸다. 나는 "우리가 왜 여러분의 허락을 받아야 하냐"고 대꾸했다. 내가 물러설 기미가 없자, 그날 오후가 되어서야 책상 하나를 내주었다. 그렇게 서울대학교에 여학생들만의 학회도 만들어졌다. 서혜경, 유시주, 한경애(유시민 부인) 등이 그때 나와 함께 사범대 여학생 학회를 만들었던 이들이다.

유시민이 어느 방송 프로그램에서 "대학 시절 심상정 때문에 골치 아파하는 사람들이 많았다"고 한 걸 보니, 실제로 그랬던 것 같다. 이런 일도 있었다. 어느 날 대학문화연구회의 한 선배가 나를 찾아왔다. 자중 좀 하라는 것이다. 내가 기존의 언더그라운드 학회 질서에 덤벼드니, 그 중 몇몇이 이 선배를 찾아와서 "네가 심상정 선배라면서, 후배 단속 하나 못 하냐?" 이런 소리를 했던 것이다. 인품 좋기로 유명한 선배였는데, 그 말을 들은 순간부터 나는 그 선배의 얼굴도 쳐다보지 않았다.

당신들과 함께

여학생 조직을 만들었던 대학 시절부터 지금까지, 나는 여성운동의 영역에 있지는 않았지만 항상 내가 서 있는 위치에서 여성의 권리를 위해 앞장섰다. 성인지 예산 등을 비롯하여 수많은 정치적 활동 속에 여성으로서 가지고 있는 실존적 문제들을 해결해왔다. 그러나 이것만으로는 부족하다는 것도 알고 있었다. 여성 리더는 여성들의 권리 투쟁의 차원을 넘어 결국 남녀를 모두 아우르는 리더가 되어야 한다.

라틴아메리카 최초의 여성 국방부 장관이자, 칠레 최초의 여성 대통령인 바첼레트가 이를 잘 보여준다. 바첼레트는 가톨릭 국가에서 두 번이나 이혼한 데다, 아버지나 남편의 후광도 없었지만 대통령이 되었다. 그가 과거 칠레 독재 권력의 핵심인 군대를 개혁하는 일에 뛰어들었기 때문이다. 칠레 국민 다수에게 고통을 주는 사안을 해결하는 데 앞장섰기에 남자들도, 노인들도 바첼레트를 자신의 대표자로 기꺼이 선택했다. 그는 여성의 권리를 전면에 내세우지 않았지만, 대통령이 되어 동성 결혼 합법화를 비롯하여 그 누구보다 여성과 소수자의 권리를 신장시켰다. 바첼레트의 대선 선거 슬로건은 '나는 당신과 함께 있다(I'm with you)'였다.

나는 여성이 여성이라는 이유만으로 여성들에게 '내가 당신들을 대표한다'고 말할 수 없다고 생각한다. 2017년 대선에서 많이 들었던 말 가운데 하나가 '유일한 여성 대통령 후보'라는 것이었다. 대한민국의 '첫 여성 대통령'이 국가를 망가뜨린 다음이었기 때문에, 그 말이 가지는 양가적인 의미를 느낄 수 있었다. "여성 유권자들에게 여성 후보이니 지지해달라고 할 것인가?"라는 질문을 받을 때면 나는 이렇게 대답했다.

"남성 정치인이라고 해도 그가 여성의 불평등한 삶을 바꾸는 데 기여한다면, 여성들은 그를 지지해야 합니다. 제가 여성 정치인이어서가 아니라 제가 여성들의 삶을 개선하는 데 앞장서 온 사람이기 때문에 저를 지지해달라고 말하는 것입니다."

더 많은 여성이 기업 임원이 되는 것은 사회적 편견을 무너뜨린다는 점에서는 좋은 일이다. 하지만 임원이 된 여성이 일자리를 없애거나, 노동자의 죽음을 불러온 작업 환경에 항의하는 이들을 비난하는 임원이라면 다수 여성에게 무슨 의미가 있겠는가? 더 많은 여성 정치인이 필요하지만, 그들 중 누군가가 아버지 후광을 내세워 권력을 잡고, 재벌과 손을 잡고, 특권을 휘두르며, 민주주의의 원칙인 인권과 자유를 억압한다면, 여성들이 앞장서서 이에 맞서야 하는 것이다.

여성 리더들은 여성들의 삶을 개선하는 것이 더 좋은 사회를 만드는 일임을 증명해야 한다. 그러기 위해 여성 리더들은 우리 사회 전반의 변화를 위해 노력하는 모습을 보여야 한다. 가장 낮은 곳에서 고통 받는 여성들의 현실부터 바꿔나가야 한다. 여성 대통령이 있는 사회와 미혼모가 당당히 회사를 다니는 사회. 둘 중 어느 사회에서 여성의 지위가 더 평등할지는 분명하지 않은가. 이것이 내가 여성 리더십에 대해 갖고 있는 생각이다.

대학 시절에는 여성 리더십에 대한 생각이 정교했던 것은 아니었다. 하지만 이와 같은 방향을 향해 본능적으로 움직였던 것 같다. 그랬기에 여학생 활동가들이 더욱더 실천적인 모습을 보여야 한다는 생각에 후배들과 함께 구로공단으로 들어갔다. 그곳에서 여성 노동자들과 함께, 대한민국의 모든 노동자들의 처지를 바꾸기 위해 노력했다. 그 여성들이 바로 한국전쟁 이후 대한민국에서 일어난 최초의 동맹 파업 '구로동맹파업'을 이끈 주역들이었다.

공장에 가다

왜 여대생은 공장에 갔을까

죽는 날까지 하늘을 우러러 / 한 점 부끄럼이 없기를
잎새에 이는 바람에도 / 나는 괴로워했다.

온 국민이 사랑하는 청년 시인 윤동주의 〈서시〉. 시대의 무게를 감당해
야 했던 삶을 담은 묵직한 시이다. 청년 시절, 내 인생이 어디로 흘러가고
있는지 알 수 없는 막막함이 몰려올 때 이 시를 떠올렸다. 구로공단에 있
던 시절, 야근을 마치고, 노동자들과 함께 토론하고, 활동가들끼리 또 회
의를 하고, 밤늦게야 잠자리에 들었다. 그러면 지친 몸인데도 쉽게 잠이
오지 않았다. 그럴 때 이 시를 외우다 보면 머릿속이 투명해지는 기분이
들었다. 내 몸 속 깊이 시가 들어오는 것 같았다. '윤동주는 그 무겁고 무

서운 시대에 자신의 영혼과 의지를 지켰던 사람이다. 자신을 배신하지 않았던 사람이다. 그렇게 스스로를 배신하지 않는 삶을 살아야지.' 이렇게 다짐했다.

시도 좋아했지만 노래도 참 좋아했다. 고등학생 때는 조용필 노래를 좋아했고, 대학생 때는 윤항기의 〈장미빛 스카프〉라는 노래도 좋아했다. 누군가 노래를 시키면 이승재의 〈눈동자〉를 즐겨 불렀다. MT나 야유회에 가면 처음에는 주로 운동권 노래를 불렀지만 마지막에는 꼭 이 노래를 불렀다. 공장에서 일할 때 라디오에서 이런 노래들이 나오면 따라 흥얼흥얼거렸다.

그 시절을 생각하면 빼놓을 수 없는 노래가 있다. 〈공장의 불빛〉이다. 내가 다녔던 공장 중에 써니전자라는 곳이 있다. 2교대 사업장이었다. 2교대 야근 근무 때는 밤 12시가 휴식 시간이다. 작업장을 나오면 공장 한 쪽에 구로공단이 내려다보이는 얕은 언덕이 있었다. 그 위에 올라가면 바람이 시원하게 불어왔다. 언덕에 올라 밤하늘을 한번 올려다보고 눈길을 아래로 내리면 수많은 빨간 십자가들이 반짝였다. 그 십자가들 아래로는 야근하는 다른 공장들의 불빛들이 여기저기 보였다. 그러면 나도 모르게 입에서는 나직하게 노래가 흘러나왔다.

예쁘게 빛나던 불빛 / 공장의 불빛 / 온데간데없고 / 희뿌연 작업등만 이대론 못 돌아가지 / 그리운 고향마을 / 춥고 지친 밤 / 여기는 또 다른 고향

구로공단에서 일하던 시절을 생각하면 떠오르는 풍경이다. 구로공단에 취직했을 때부터 나는 봉제 업계 쪽으로 들어가야겠다고 생각했다. 그 업계 쪽의 노동 조건이 유독 열악했기 때문이다. 두 번째 직장이었던 남성전기에서 해고된 후 나는 미싱사 자격증을 따러 서울 명일동의 한 직업 훈련소를 다녔다. 어렵게 미싱사 자격증을 받은 날이 떠오른다. 너무나 벅차서 "전태일 동지! 저도 이제 미싱사가 됐어요!"라고 외치기까지 했다. 이렇게 말하고 보니, 장원 급제라도 한 것 같다. 전태일과 같은 직업을 갖게 된 데서 오는 뿌듯함도 있었지만, 미싱사 자격증을 따는 게 실제로 매우 어려웠기 때문이다. 정말 순수하게 기뻤다.

내가 노동 현장에 들어간 1980년 말, 새로운 암흑기가 시작되고 있었다. 아주 잠깐이었던 '서울의 봄'은 신군부의 쿠데타로 사라졌다. 광주에서 수많은 이들을 살해하고 전두환 정권이 등장한 것이다. 전두환 정권은 학생운동은 물론 노동운동을 압살하기 위해 모든 방법을 동원했다.

'노동조합을 정화한다'는 명목을 내세워 어렵게 형성된 민주 노조 지도부들을 강제로 해체시키고, 일부는 구속하여 삼청교육대로 보냈다. 불량배들을 교화한다는 명목으로 자행된 삼청교육대의 반인권적 행태에 대해 한 번쯤은 들어봤을 것이다. 이는 극악한 국가범죄였다. 1988년 국회의 국방부 국정 감사 발표에 의하면 삼청교육대에서는 현장 사망자 52명, 후유증으로 인한 사망자 397명, 정신장애 등 상해자 2678명이 발생했다. 처참한 일이었다.

노동조합 중에서 대표적으로 탄압받은 곳이 원풍모방, 동일방직이다.

이 두 곳은 모두 전태일과 같은 눈물겨운 희생들이 만든 노조들이었다. 전두환 정권은 이런 민주 노조들을 강제로 해산시켰다. 이뿐만이 아니라 심지어 당시 한국노총(한국노동조합총연맹)의 지도부까지 사퇴시키고 지역 지부를 해산시켰다. 또 노동 관계법을 전면 개악해 기업별 노조 체제를 강제했다. 악명 높은 '제3자 개입 금지 조항'도 이때 만들어진 것이다.

정권을 등에 업고 기업주들은 노동자들을 군대식으로 통제하고 나섰다. 공장 건물에 '가족주의', '노사협조주의'에 이어 '충효 사상을 강화하자'는 표어가 나붙었다. 노동자와 기업주가 서로 존중할 수는 있겠으나 '충효'가 웬 말인가? 말도 안 되는 저임금, 온갖 비인간적 모욕을 '충효'라는 이념으로 봉쇄하려는 것이었다.

노동자들의 연대와 단결을 가로막으려는 술책도 동원되었다. 회사에서 전 사원들을 동원해 가짜 시위를 하기도 했다. 그 시위의 내용은 노동 운동을 지원하는 이들을 비방하는 것이었다. 그런 시위에서 외치게 시켰던 구호 중에 '도산(都産)이면 도산(倒産)한다'는 구호가 있다. 이는 '도시산업선교회가 개입하면 회사가 망한다'는 뜻이다. 도시산업선교회는 노동자들을 대상으로 선교 활동을 하는 기독교 단체였다. 급격한 산업화와 도시화로 인해 비참한 생활에 몰린 도시 빈민들을 위한 구호 활동에 적극적이었고, 노동자들의 노동조건 개선을 위해 헌신적으로 노력하였다. 가톨릭노동청년회와 함께 노동자의 인권과 민주화를 위해 활동한 대표적인 단체이다. 회사에서 시킨 이 시위는 도시산업선교회와 접촉하지 말라는 압박이었다.

그러나 점점 더 커지는 노동운동을 막을 수는 없었다. 기업주들은 노조 활동가 블랙리스트를 교환하면서 '불순 세력'이 자기 회사에 들어오지 못하게 경계를 강화했다. 이 블랙리스트들은 두말할 것도 없이 국가 정보기관에서 제공한 것들이었다.

나처럼 대학을 그만두고 노동운동을 하기 위해 현장에 들어가려는 이들도 점점 늘어났다. 이런 '위장 취업자'와 회사 사이의 탐색전이 빚어내는 일화들도 많았다. 노동운동 때부터 오랫동안 나와 함께 해온 동지인 국회의원실의 신언직 수석보좌관의 경우 빨간 바지를 입고 면접장에 들어갔다.

신 보좌관은 내가 이끈 구로동맹파업으로 노동운동 조직이 '싹쓸이'된 1985년에 구로공단에 들어갔다. 꼭 구로공단에 들어가고 싶었던 그는 면접을 통과할 작전을 짰다. 당시 회사마다 대학생 출신 위장 취업자를 걸러내는 몇 가지 매뉴얼이 있었다. 이런 것들이다. 첫째, 얼굴이 허옇다. 둘째, 손가락에 볼펜을 많이 쥐어서 생긴 혹이 있다. 셋째, "왜 공장에 오려고 하냐?"고 물으면 "기술 배우러 왔다"고 대답한다.

신 보좌관은 지금도 호남이지만 이십 대 때는 아주 훈훈한 청년이었다. 그래서 위장 취업을 들키지 않도록 나름 작전을 짰다. 스스로를 초등학교를 중퇴하고 유통 쪽 일을 하면서 날라리처럼 살아온 사람으로 설정한 것이다. 머리도 일부러 길게 기르고, 금테 안경을 끼고, 하얀 와이셔츠에 형이 입던 빨간 바지를 입고 면접을 보러 갔다. 그 꼴을 본 면접관은 '뭐 이런 놈이 왔나'라는 표정이었다. 그래도 매의 눈초리로 살피더니 "넌 무슨 초등학교 중퇴했다는 놈이 손에 볼펜 혹이 있냐?"고 물었다. 그는 당당하게 "집이 가난해서 초등학교는 중퇴했지만, 공부는 하고 싶었습니다. 그게 무슨 죄입니까? 내가 나름 영어도 많이 공부한 놈입니다"라며 오히려 대들었다. 그래도 의심을 거두지 않던 면접관이 또 물었다. "유통 쪽에 있으면 돈도 잘 벌 텐데, 왜 굳이 몸 쓰는 일을 하려고 하냐?" 그는 이때다 싶어 준비한 답을 내놓았다. "왜 오긴요. 돈 벌려고 왔죠. 제가 버는 족족 노는 데 쓰더라고요. 여기 있으면 쓸 일이 없으니 돈은 좀 모으겠죠." 사람들이 공장에 기술을 배우러 오겠는가, 돈을 벌러 오지. 그렇게 신 보좌관이 공장에 들어간 이야기를 들려주면 모두 웃는다.

둥글게 둥글게 짝!

나는 빨간 치마를 입지는 않았으나 용케 취직했다. 며칠 동안 구로공단을 돌며 회사 모집 공고들을 살폈다. 그중 노동조건이 너무 열악해 상대적으로 취업이 쉬울 것으로 예상된 3공단 대동전자에 입사하는 데 성공했다. 카세트 외장을 만드는 회사였다. 잉크 냄새가 지독한 작업장에 환풍기 한 대가 없었다. 일하다 보면 하루에 몇 번씩 구역질이 올라왔다. 이런 열악한 환경을 견뎌낸 대가는 고작 월 4만 8000원이었다. 그래서 동료들을 모아 임금 인상과 식사 개선을 요구했더니, 바로 해고 통지서가 날아왔다.

다음으로 들어간 남성전기도 일이 고됐다. 카세트에 들어가는 전자기

판에 부품을 꽂는 일이었다. 20명이 한 조를 이루어 벨트컨베이어 앞에 앉아 부품을 꽂았는데, 눈이 돌아갈 정도로 빨리 도는 컨베이어 속도에 맞춰 쉴 새 없이 부품을 꽂느라 다들 날마다 심한 어깨 통증을 호소했다. 지금 시원치 않은 내 어깨도 그때 망가진 것이다. 일은 힘들었지만 노동운동가로서 얻은 경험도 있었다. 내가 남성전기의 노동조합 교육선전부장이 된 것이다. 남성전기에 입사한 후 나는 노동조합 사무실을 기웃거렸다. 그렇게 자주 노동조합 사무실에 등장하니 나에게 노동조합 일을 맡겼다. '목적한 바'를 이룬 셈이었다. 남성전기는 한국노총에 소속된 사업장이어서 나는 한국노총 사무실에도 자주 오가게 되었다. 당시 한국노총이 사실상 '어용노조'이긴 했어도, 덕분에 노동조합의 상급단체가 하는 일에 대해서 제대로 경험할 수 있었다. 이때 노조 간부로서 활동했던 경험이 구로동맹파업을 위한 조직화의 밑거름이 되었다.

교육선전부장이 되었으니 마음놓고 노동자들과 함께하는 활동을 할 수 있었다. 점심시간이면 공장 마당에서 노래를 틀어놓고 율동도 했다. 내가 "둥글게 둥글게 짝!" 하면서 노래도 부르고 빙글빙글 돌면, 동료들이 식당에서 밥을 먹고 나오다가 그 모습을 보고는 눈을 마주치며 웃었다. 함께 손뼉을 쳐주기도 하고 노래도 따라 불렀다. 레크리에이션 시간을 만들어 유행하는 가요를 가지고 '노래 가사 바꿔 부르기', 일명 '노가바'를 하기도 했다. "오르고 또 오르고 자꾸만 오르는 물가~" 같은 가사로 바꿔 부르면서 임금 문제를 자연스럽게 이야기하는 기회를 만들었다. 이렇게 너무 '직분'에 충실하게 노조 간부 일을 하니 곧 회사에 찍혔다. '저거 이상하다'는 의심을 받기 시작하면서, 관할서인 서울 남부경찰서의 주목을 받았고, 얼마 지나지 않아 해고되었다.

세 번째 직장이 국내 최대의 봉제 업체인 대우어패럴이었다. 봉제 산업이 한국 경제의 주요 수출을 담당하던 시절이었다. 생산 제품 전량을 수출하는 회사로, 종업원이 2000여 명쯤 되었다. 옛 원림산업을 대우그룹이 인수했는데 엄청난 이윤을 내고 있었다. 다른 의미에서도 엄청났다. 자본금 25억 원으로 36억 원의 흑자를 냈으면서도, 노동자들이 일당 100원 인상을 요구하자, 깡패들을 동원해 전기를 끄고 어둠 속에서 살인적인 폭력을 휘두른 곳이었다.

미싱사 자격증을 들고 그곳에 들어갔다. 대우어패럴, 그곳을 뭐라고 표현할 수 있을까. 먼지가 풀풀 날리고, 한여름에 미칠 듯이 더워도 선풍기 바람 한 자락도 없고, 어린 시다들이 툭하면 프레스에 손이 눌리는 사고가 발생하던 작업장. 그런 열악한 환경에서 말도 안 되는 박봉을 쪼개어 고향집에 보내고, 오늘과 다른 내일을 만들기 위해 졸린 눈으로 공부를 하던 내 어린 동료들이 함께했던 곳, 고통과 기쁨이 함께했던 곳이었다.

나와 함께 하는 구로 지역 노동운동가들은 인권의 사각지대에서 노동기본권을 알려주기 위해 밤낮을 가리지 않았다. 노동자들은 회사 기숙사나 가리봉 일대의 '닭장집'에서 살았다. 두 평 겨우 남짓한 단칸방이었다. 그나마 혼자서는 사글세를 감당하기 어려워 세 명씩 같이 살았다. 주당 80시간을 일해서 받은 월급으로 월세 3만원을 내고 이것저것 제하면 3만원 남짓한 돈으로 한 달을 버텨야 했다.

닭장집에서 우리는 함께 머리를 맞대고, 노동조건을 바꾸기 위해 어떻게 해야 할지 이야기했다. 하루도 거르지 않는 잔업에 회사 동료들과의 만남이 끝나면 보통 새벽 한두 시였다. 그 뒤에도 노동운동가들과 모여 정보 경찰의 감시를 피해 이후 활동 방향을 논의하고 계획을 세웠다. 회의가 끝나고 방에 돌아오면 브라질의 교육사상가 파울로 프레이리의 『민중교육론』 같은 책을 읽었다. 잠깐 눈을 붙이고는 새벽에 칼같이 일어났다. 마치 수도승같이 정확한 삶이었다. 하루에 겨우 서너 시간밖에 잘 수 없었지만 제시간에 출근했다. 밤을 새워도 피곤한 줄 몰랐다.

정말 사명감에 불타올랐다. 민주주의에 대한 사명 같은 거였다. 그때는 내가 정치를 하게 되리라고 꿈에도 생각 못 했다. 하지만 이십 대 노동운동가였던 나는 그때도 민주주의는 절차적인 문제가 아니라고 생각했다. 대통령 선거가 간선제에서 직선제가 되는 것만으로 민주주의가 되는 게 아니었다. 민주주의는 더 넓은 범위의 것이며, 더 삶에 밀착된 것이었다. 민주 사회에 산다는 것은 시민권이 제대로 보장되는 사회에 산다는 것이고, 그 시민권의 기본 중 기본이 바로 노동권이라고 생각했다.

내가 사람들의 '진짜 삶'과 만나고 있었기 때문에 가능한 생각이었다. 내가 공장에서 목도한 삶은 헌법의 사각지대에 놓여 있었고, 수많은 시민들이 그곳에서 자신의 성실성을 유린당하고 있었다. 그것은 내게 굉장히 충격적인 일이었고, 그래서 나는 분노했다. '노동권을 제대로 행사해서 자기가 일한 만큼 성과와 보람을 느끼는 사회가 되어야 진짜 민주국가가 아니겠는가?' 이런 생각이 너무 강하다 보니 하루에 몇 시간 자지 않고도 몇 년을 계속해서 활동할 수 있었다.

학교보다 여기가 더 편하네

신기하게도 나는 공장에서의 생활이 편했다. 공장의 여성 노동자들은 십대부터 생산직 노동자로 살아온 사람들이었고, 대학을 다니다 노동운동가로 공장에 들어온 사람들은 학생으로 살아온 사람들이었다. 어릴 때부터 서로 다른 환경에서 자랐으며, 사실 공장에 들어온 목적도 달랐다. 만나는 사람들도, 좋아하는 문화도 달랐다. 서로에 대한 신뢰와 애정으로 그 차이를 극복하고 있었다.

그런데 나는 그런 차이를 별로 느끼지 못했다. 오히려 대학에서보다 이곳에서의 삶이 건강하고 알차게 느껴졌다. 마음이 편했다. 노동자들과 함께 열심히 토론하고 공부했고, 노는 것도 열심히 함께 놀았다. 휴일이면 같이 야유회도 가고 등산도 갔다. 간혹 가리봉 오거리에 있는 디스코장에도 갔다. 잔업을 마치고 근처에서 떡볶이를 사 먹고는 밤 11시쯤에 디스코장으로 들어가면 새벽 4~5시까지 놀았다. 디스코장 입장료 500원을 내면 주는 콜라 한 잔과 과자 한 봉지로 밤새 춤추고 놀았다. 가난했지만 청춘의 시기이기도 했다. 그때는 머리도 뽀글뽀글 파마였다. 대학생 출신인 게 들키면 안 되니 현장에 들어가는 여학생들이 가장 쉽게 할 수 있는 위장이 파마였다. 회사는 속였어도 동료들은 눈치가 빨랐다. 나중에 내가

── 뽀글뽀글 파마머리를 하고 구로공단에 미싱사로 들어갔다. 야근에 철야에 특근에 시달리고, 퇴근 후에는 토론과 회의와 교육으로 밤을 새던 나날이었다. 그 바쁜 와중에도 동료들과 함께 야유회도 가고 등산도 갔다. 자연 속에서 우리는 밝고 건강한 청년들이었다.

'나 사실은 대학 다니다가 온 위장취업자야'라고 밝히면 그들의 반응이 이랬다. '이미 다 알고 있었어.' 이러고는 다들 거리낌 없이 받아주었다.

매일 매일이 충만한 시절이었다. 학생운동을 할 때도 열성적이긴 했지만 그때는 뭔지 모를 불편함 같은 게 있었다면, 공장에서는 그렇지 않다. '이게 진짜 삶이다'라는 느낌이 들었다. 학생운동을 할 때 밤새 토론만 하고 행동은 쥐꼬리만큼 하던 불편함이 사라졌다. 상대를 논리적으로 이기기 위해서 머리를 쓰는 데서 오는 쓸데없는 소모감도 없어졌다. 이곳은 말이 더 많은 동네가 아니었다. 이곳에는 몸을 쓰는 일에서 오는 정직함, 고된 노동이지만 땀 흘려 일하는 기쁨, 무엇보다 그 지옥 같은 조건에서도 자신들의 건강하고 밝은 성정을 유지하는 이들과 나누는 깊은 충족감이 있었다.

그리고 자신들의 권리를 찾기 위해 앞장서 싸우는 이들에게서 받는 감동이 있었다. 대표적인 사례가 '임신 투쟁'이었다. 지금으로서는 잘 이해가 안 되는 투쟁일 수도 있다. 아이 낳고 기르기가 이토록 힘든 사회에서 '임신 투쟁'이라니.

그때만 해도 여성들은 대부분 결혼하기 전까지만 직장에 다녔다. 결혼 전까지 돈을 벌어 자신의 집에 보태고, 혼수나 집 장만 비용을 마련했다. 그런 분위기였기에 결혼한 여성들, 아이를 가진 여성들이 회사를 다니는 게 쉽지 않았다. 고위급 전문직 여성이 아니면 회사에 기혼녀 특히 임산부가 있는 건 상상하기 어려웠다.

우리나라 노동법은 미국의 노동법을 받아들여 1953년에 제정되었다.

현실에 비해 법 자체의 수준은 상당히 높았다. 이미 노동법에 산전·산후 휴가가 60일로 보장되어 있었다. 하지만 육아휴직을 주는 공장은커녕 임신한 여성이 다닐 수 있는 공장도 보기 드물었다. 구로공단에 콘트롤데이터라는 전자 회사가 있었다. 여성들이 많이 다니고, 임금도 높은 편이며, 민주 노조도 있는 곳이었다. 그 회사 노조의 여성 간부들이 동시에 아이를 가졌다. 혼자서는 육아휴직과 휴직 후 복직을 회사로부터 얻어내는 게 쉽지 않으니, '우리 함께 아이를 가지자'해서 노조 기혼 여성 간부 몇몇이 비슷한 시기에 아이를 가진 것이었다.

출근할 때 그들은 회사 근처에서 함께 만나 나란히 정문으로 들어갔다. 부른 배를 당당하게 내밀고 여럿이 들어가는 모습이, 당시로는 굉장한 파격이었다. 게다가 다들 한가락 하는 여성 노조 간부들이 아닌가. 경비도 막아서지 못하고 어이없는 표정으로 지켜보기만 했다. 나도 출근하는 그들의 모습을 보려고 가본 적이 있다. 그런 이들에 의해서 사문화된 법이 살아난 것이다. 법이 있다고 해도 실제로 사용하지 못하면 아무 소용이 없다. 노동법이 살아있는 법이 되려면, 노동자들이 스스로 깨닫고 싸우는 수밖에 없는 것이다.

내가 구로공단에 들어갔던 1980년대, 기업주들과 정부는 최소한의 인간적인 노동환경을 요구하는 노동자들을 끔찍한 폭력으로 대했다. 광주 학살의 장본인인 전두환 정권은 공포정치를 밀어붙였다. 신문에 연재하는 소설에서 대통령 부부를 비하했다고 작가 한수산을 연행해 가혹한 고문을 하던 시절이니, 누구라고 그 공포정치의 희생자가 되지 않으리라는 법이 없었다. 그러나 죽음을 부르는 폭력에는 목숨을 내걸고 싸우는 이들이 생기는 법. 반민주 정권에 맞서는 민주화의 열기도 점점 더 퍼져나갔다. 1983년 야당의 한 축인 김영삼이 정치범 석방과 민주화 조치를 요구하며 23일 동안 단식 투쟁을 벌였다. 또 다른 한 축인 김대중은 1981년 사형 집행 위기를 벗어나 미국에 망명해 있던 상황이었다. 갈등 관계였던 두 축이 손을 잡고 서울과 워싱턴에서 민주화를 위한 8.15 공동 성명을 발표했다. 이에 전두환 정권은 일시적 유화정책을 폈고, 그 틈을 비집고 억눌린 노동자들의 분노가 터져 나왔다.

1984년 대구 택시 기사들의 파업을 신호탄으로 잇따라 전국에 200여 개의 신규 노조가 결성되었다. 구로공단에서도 기회를 놓치지 않았다. 대우어패럴을 비롯하여 효성물산, 가리봉전자 등에서 신규 노조를 만들었고, 한국노총 소속 노조가 있는 사업장에서도 노조의 민주화 움직임이 일어났다. 그러나 회사에서는 노조를 파괴하려고 노동자들을 회유하고 협박했다. 노조 간부직을 맡은 이들을 감금하고, 깡패들을 동원해 폭력을 휘두르기도 했다. 또 이미 노조에 가입한 노동자들에게는 갖은 수단을 동원해 노조를 탈퇴하라고 강요했다. 이런 폭력에 맞서려면 더 많은 노동자들의 더 큰 연대가 필요했다. 노동자들의 힘이 그것 말고 뭐가 있겠는가? 구로공단의 민주 노조들은 간부들부터 노동자들까지 똘똘 뭉치는 대중적인 공동 실천을 펼쳐나갔다. 그리고 드디어 구로공단의 모든 노동자들이 '함께하자는 약속'을 했다. '동맹(同盟)' 파업이었다.

수배자

함께하자는 약속, 동맹파업

토요일 오전이었다. 1985년 6월 22일 11시 대우어패럴 노동조합 사무실에 경찰이 들이닥쳤다. 두 달 전에 있었던 임금 인상 농성이 불법이라는 이유로 노조 위원장 김준용, 사무장 강명자, 여성부장 추재숙 등을 잡아갔다. 그 소식을 듣고 구로공단의 모든 노동조합이 긴장했다. 이는 각 사업장별 민주 노조들을 각개 격파하겠다는 뜻이었기 때문이다. 함께 싸우지 않으면, 결국 모두가 부서질 터였다. 나는 위장 취업이 들통 나 대우어패럴에서 나온 상태였다. 그때부터 나를 쫓는 움직임이 시작되었다. 나는 공장 밖에서 여러 노조의 간부들과 비밀리에 만나 움직였다. 그때 우리가 세운 대책은 한 번도 경험한 적 없고, 목격한 적도 없는 '동맹파업'이었다.

구로동맹파업은 1946년 미군정 시절 철도노조의 파업을 시작으로 전국적으로 일어났던 '9월 총파업' 이후 최초로 벌어진 동맹파업이다. 구로공단의 여성 노동자들은 한국 현대사에 '연대 파업'이라는 새로운 장을 열고 있었던 것이다. 우리는 함께 움직였다. 내가 대우어패럴에 들어간 지 3년째가 되던 1985년 봄, 임금 인상 투쟁이 곳곳에서 전개되었는데, 그 과정에서 여러 공장에서 노동자들이 해고되었다. 해고된 노동자들이 함께 노동운동 탄압을 막기 위한 위원회를 만들었고, 6월 초에는 구로공단의 노조들을 민주화하기 위한 공동의 위원회도 결성되었다.

그 와중에 대우어패럴 노조 간부들이 잡혀간 것이다. 6월 24일 대우어패럴 노동자들은 구속자 석방과 노조운동 탄압 저지를 요구하는 '정치적' 파업을 시작했다. 효성물산, 가리봉전자, 선일섬유도 함께 파업에 들어갔다. 25일에는 남성전기, 세진전자, 롬코리아의 준법 농성, 27일에는 삼성제약의 점심 거부 투쟁, 28일에는 부흥사의 파업이 이어졌다. 이렇게 말하니 노동자들이 엄청난 조직을 갖고 있었고, 대단한 투쟁을 준비했던 것 같이 느껴질 수도 있겠다. 하지만 그들은 대부분 가족을 위해, 생계를 위해 일하는 평범한 사람들이었다. 게다가 구로공단에 밀집한 회사들의 특성상 대부분 어린 여성 노동자들이었다.

파업 첫날의 느낌이 무섭도록 선명하다. 그날 나는 동대문에 있던 청계피복노조(1970년 11월 전태일 분신 사건을 통해 결성된 대표적인 민주 노조) 사무실에서 밤을 새워 등사기를 밀어 농성하는 이들이 뿌릴 파업 선언문을 준비했다. 그리고 청계피복노조 사무장 김영대와 함께 선언문을 가지고 구로동으로 갔다. 대우어패럴과 담벼락 하나 사이에 두고 있는 한일은

구로동맹파업에 많은 사회 단체들이 적극적인 지지와 연대를 보여주었다. 사진은 가톨릭노동청년회 사람들이다.

공단 밖에서도 노동자들의 시위는 이어졌다. 사진은 당시 여의도 곳곳에서 벌어졌던 대우어패럴 농성 탄압에 항의하는 노동자들의 모습이다.

여성의 사회 참여가 크게 늘어난 시대였지만, 여성 노동자들은 가장 힘없는 존재들이었다. 그럼에도 노동자들의 권리를 찾는 일에 그들은 용감하게 앞장섰다.

헌법에 보장된 노동삼권도 노동법도 제대로 지켜지지 않았다. 대우어패럴 노동자들의 파업은 노동자들의 정치적 자유를 위한 투쟁이었다.

행(현 우리은행) 화장실에 선언문을 숨겨놓고, 농성하는 이들에게 전달했다. 회사 2층 창문에는 '노조 간부 석방하라', '민주 노조 탄압 말라', '노동부 장관 퇴진하라'는 현수막이 걸려 있었다. 그리고 우렁찬 노랫소리가 들려왔다.

정오가 되자 효성물산, 가리봉전자, 선일섬유 노조가 "대우 노조의 탄압을 남의 일로 받아들일 건가?"로 시작되는 선언문을 낭독하면서 파업 농성에 들어갔다. 그리고 동맹파업은 열 개 사업장으로 번져나갔다.

나는 택시를 타고 파업하는 곳들을 몰래 돌아보았다. 그때 느꼈던 초조, 불안, 걱정……. '내가 저 안에 함께 있어야 하는데'라는 생각이 마구 머릿속을 맴돌았다. 그러나 내가 있었다면 문제가 더 커질 수도 있었다. 노동자들의 자발적인 파업을 위장 취업자의 배후 조종으로 몰고 가서 "빨갱이가 주도한 파업이다!"라며 파업의 정당성을 훼손했을 것이기 때문이다.

'이 파업이 승리할 수 있을까?'라는 생각은 감히 들지도 않았다. 오로지 '우리 여성 노동자들이 이 일을 감당할 수 있을까?' 하는 생각뿐이었다. 절벽을 뒤로 하고 서 있는 존재들이었다. 그때 각 노조의 책임자를 맡고 있는 이들이 대부분 이십 대였다. 돌이켜보면 그들에게 '언니'였던 나도 겨우 이십 대 후반에 불과했다. 4·19 혁명을 가장 먼저 시작한 대구의 고등학생들을 보는 심정이었다. 왜 역사의 한복판에 뛰어드는 용기는 가장 힘없는 이들로부터 시작되는 것인지. 사지로 내몰린 이들을 보는 듯한 느낌이 들어 가슴이 터질 것 같았다.

이후 농성은 처참하게 진압당했다. 회사는 농성하는 노동자들이 있는 공장에 전기를 끊고, 물을 끊었다. 고향에 있는 부모님들을 불러서 눈물을 흘리는 어머니들에게 마이크를 쥐어주었다. 끝내는 여성 노동자가 대부분인 현장에 쇠파이프와 몽둥이를 든 남성 관리자들을 투입시켰다. 사업장들이 하나둘 꺼져나갔다. 마지막으로 남은 대우어패럴에 구사대가 투입되면서 동맹파업은 막을 내렸다. 일주일 만의 일이었다. 공장들은 무기한 휴업에 들어갔다. 구속 44명, 강제 해고 1500여 명, 부상자 130여 명. 상상을 뛰어넘는 무시무시한 탄압이었다.

똑같은 일은 21세기에도 일어났다. 2009년 쌍용자동차의 77일 파업 당시에도 공권력과 기업은 단전, 단수를 하며 부당한 대량 해고에 맞서는 노동자들을 고립시켰다. 언젠가 기이한 행동을 하는 사람들의 사연을 다루는 TV 프로그램에서, 미친 듯이 생수와 비상식량을 사서 모으면서 아파트 밖으로 나가지 않고 처박혀 사는 한 젊은 청년을 다룬 적이 있었다. 알고 보니 그 청년은 쌍용자동차 파업에 참여한 노동자였다. 파업 때 겪은 단전, 단수의 공포가 한 청년의 인생을 완전히 망가뜨린 것이었다. 이처럼 우리 현대사에는 곳곳에 드러나지 않은 수많은 노동자들의 처참한 고통이 자리하고 있다.

우리 손으로 해냈어요

구로동맹파업은 엄청난 파장을 일으켰다. 모든 언론이 이 사건을 크게 다

뤘다. 노동 사건이 신문 1면에 실린 것은 처음이라고 했다. 노동법을 공부하기만 해도 빨갱이로 몰리던 시절에 개별 회사를 뛰어넘어 여러 회사의 노동자들이 연대 투쟁을 벌였으니 획기적인 사건이었던 것이다. 또한 동맹파업은 말로는 노동자들을 대표하는 조직이라면서 사실 기업주들에게 협조하고 오히려 노동자들을 통제해온 한국노총을 뛰어넘어 아래로부터 일어난 대정부 투쟁이었다.

이 연대 투쟁에 학생·재야·인권·종교 단체가 함께 지원 투쟁을 벌인 것도 새로운 양상이었다. 누군가는 구로동맹파업의 의미가 과잉 부여되었다고도 하고, 누군가는 한국 노동운동사에 엄청난 획을 그은 사건이라고도 한다. 그 의미가 크고 작은 것은 중요하지 않다. 중요한 것은 '어떻게 그와 같은 파업이 가능했는가?' 하는 점이다. 구로공단의 노동자들과 활동가들 사이에 함께하는 교육, 함께하는 실천을 바탕으로 자연스럽게 형성된, 매우 강력한 믿음이 없었다면 불가능했을 일이다.

그럼에도 나 스스로 냉정하게 평가하자면, 구로동맹파업이 노동운동 전체에 준 충격을 이어받아 다음 단계로 나아가기에 당시 우리의 힘이 너무 작았다. 기존에 활동하던 선배들이 있는 것도 아니었고, 지원받을 수 있는 상급 노동 단체가 있는 것도 아니었다. 어찌 보면 노동운동 내에서도 비주류인 작은 존재들이 너무 큰일을 벌인 것이었다.

때문에 의미는 컸지만 그만큼 대가도 혹독했다. 그때 내가 가장 많이 지적받고, 스스로에게도 끝없이 했던 비판이 '선도투(선도 투쟁)의 한계'에 대해서였다. 앞서서 나가는 게 중요한 게 아니었는데. 희생자를 낳지 않고 싸움이 승리할 수 있게 만들어야 했는데. 우리에게 닥칠, 상상을 뛰어넘는 혹독한 대가를 생각하지 못했던 것이다.

역사라는 게 계획한 대로 되는 게 아니라고는 하지만, 그렇다고 해서 책임감이 덜어지는 것은 아니다. 구사대를 피해 창문으로 뛰어내리다 다친 사람, 잡혀가서 고초를 당한 사람, 잘 다니던 직장에서 해고되어 가족들에게 보내야 할 돈도 못 보내고 고단한 삶을 이어간 사람, 지원 투쟁에 나섰다 잡혀간 사람, 지울 수 없는 상처를 입은 사람……. 그들의 존재는 그 후로 쭉 내 가슴속 깊은 곳에 응어리로 남았다.

후에 구로동맹파업은 2001년 2월 '민주화운동 관련자 명예회복 및 보상 심의위원회'에서 민주화 운동으로 인정받았다. 2013년 '구로공단 노동자 생활체험관'이 개관했고, 2015년에는 구로동맹파업 30주년을 기념하는 영화 〈위로공단〉이 제작, 상영되기도 했다. 그런 인정이 그 시절을 같이했던 이들에게 조금이라도 자부심이 되었기를 바란다. 그 시절 함께했던 이들은 내게 영원한 동지들이다. 대우어패럴 노조 위원장 김준용, 효성물산 노조 위원장 김영미를 비롯 강명자, 김준희, 박경희, 서태원, 이풍우 등이 그때 함께했다.

하지만 진정한 자부심은 그들이 지금 겪고 있는 삶이 어떠냐에 달려 있을 것이다. 당시 대우어패럴 노조 사무장이었던 강명자는 여전히 미싱을 돌리고 있다. 박근혜 정부 시절, 그가 나온 인터뷰 기사를 읽었다. 특1급 재봉사인 그는 하루에 10시간 일하고 7만 5천 원을 받고 있다고 했다. "이러다 미싱 기술 배울 사람도 없어지겠다"고 말했다. 그는 자신들의 힘으로 노동조합을 만들어 월급을 올렸던 그 시절을 자랑스럽게 말하고 있었다. 그의 말처럼 '노동시간을 줄이고 노동의 정당한 대가를 받아서, 우리 자식 세대가 이 일을 물려받아도 좋겠다'는 생각이 드는 세상이 와야 하는데, 그런 세상은 아직 오지 않았다.

대한민국 최장기 여성 수배자

구로동맹파업 상황실이 마련된 곳은 서울 숭인동에 있던 전태일기념사업회 사무실이었다. 나는 거기서 파업 상황을 총괄하고 있었다. 파업 닷새쯤 되던 날, TV에서 9시 뉴스를 보는데 화면에 '5백만 원 현상금, 1계급 특진'이 걸린 내 얼굴이 나왔다. 그것이 내가 언론과 맺은 첫 인연이었다. 며칠이 지나자 전태일기념사업회에 경찰 병력을 투입한다는 소식이 들려왔다. 나는 당시 전태일기념사업회 사무국장이었던 김문수(전 경기도지사)의 안내에 따라 담벼락을 타고 지붕으로 올라간 뒤 다닥다닥 끝도 없이 이어진 기와지붕을 넘고 넘어 동대문 반대편 뒷골목으로 뛰어내렸다.

파업이 끝나고 본격적인 수배 생활이 시작되었다. "대우어패럴 해고 노동자 심상정(26. 여. 서울대3년 제적), 민경옥(24. 여. 서울교대2년 중퇴) 등을 이 사건과 관련 수배했다." 온갖 신문기사에 내 이름이 등장했다. 내게는 국가보안법 위반 혐의까지 씌어져 있었다. 국가보안법 위반이라는 것은 '빨갱이'로 몰리고 있다는 것을 뜻했다. '빨갱이'라는 말은 그때뿐 아니라 나중에도 숱하게 들었지만, 당시 그 말은 정말 무서운 낙인이었다. 그 사람에 대한 어떤 테러나 인권유린도 허용된다는 뜻이었다. 대한민국 사회에서 탄압 대상이 되는 이들은 모두 빨갱이로 몰아가던 시절이었다. "전라도는 빨갱이다", "학생운동가는 빨갱이다", "노동조합은 빨갱이다" 하는 식이었다.

분단국가에서 정권을 유지하기 위한 초헌법적 이데올로기가 '빨갱이론'이다. 빨갱이라는 말은 노동운동, 민주화 운동을 하는 사람들에게 전기고문, 물고문을 연상하게 했다. 그것은 곧 소리 소문 없이 죽을 수 있다는 뜻이기도 했다. 그에 대한 공포도 컸지만, 내가 잡히면 구로동맹파업의 의미가 완전히 끝나는 것이었다. 잡히지 않고 계속해서 노동운동을 이어가야 한다는 책임도 주어져 있었다. 내가 잡히면 관련된 여러 조직들이 위험해질 수도 있었다. '잡히지 않는 것'이 당시 활동가들의 의무였다.

여러 사람의 운명이 걸려 있는 만큼 수배 생활은 엄격했다. 동료와 약속이 잡히면 늘 사전 답사를 하고 약속 당일에도 한 시간 전에 약속 장소가 보이는 건너편 찻집에서 혹시라도 동료가 뒤를 밟히지 않았는지 점검하는 일이 필수였다. 열에 일곱 번은 동료에게 미행이 따라붙어 발길을 돌렸는데, 그때마다 등줄기에서 식은땀이 흘러내렸다. 경찰은 체포 전담반을 연고지에 보내 사돈의 팔촌 집까지 마구 뒤졌다. 경찰의 이 같은 횡포에 놀란 어머니는 그 충격에 오른쪽 얼굴이 마비되고 앓아 누우셨다. 고통스러운 수배 생활은 1990년에 체포될 때까지 이어졌다. 뱃속의 우리 아이와 함께 법정에 불려 나가 재판을 마무리하고 수배에서 완전히 벗어난 것은 1993년이었다. 나는 대한민국 최장기 여성 수배자였다.

힘겨운 수배 생활을 하는 동안에도 계속 이후 활동을 모색해야 했다. 그러나 아주 작은 거동조차 쉽지 않을 만큼 경찰의 추적이 집요했다. 나와 후배 한 명을 빼고는 활동가들이 모두 구속된 상황이라서 이후 활동을 모색한다는 것이 쉽지 않았다. 그러던 중 1985년 8월 25일 서노련(서울노동운동연합)이 창립되었다. 합법적인 민주 노조도 허용되지 않던 시절에 서노련은 노동자들의 대중 정치조직을 지향했다. 노동운동은 대중운동으로 나아가야 하며, 노동자들이 직접 정치적 주체가 되어야 한다는 필요성에서 만든 곳이었다. 여기에는 여러 노동운동가들, 학생운동 출신들이 함께 했다. 서노련은 노동조합 지원, 노동자 상담, 특히 노동자 정치 교육 등의 역할을 담당했다. 서노련 이후 다양한 노동자들의 조직이 만들어졌다. 서노련의 공개 활동은 당시 서노련 지도 위원을 맡은 김문수가, 지역 소그룹 조직 사업을 비롯한 비공개 활동은 주로 내가 맡았다. 서노련은 곧바로 노동운동 탄압의 표적이 되었다. 전두환 정권은 서노련을 국가보안법에 의한 반국가단체로 규정하고 관련자들을 연행해 잔인하게 고문했다. 이 과정에서 나를 뺀 주요 활동가 대부분이 구속되고 말았다.

1986년 5월 어느 날에 일어난 일이다. 택시를 타고 비밀 회의가 있던 서울 잠실 주공아파트 앞에 내린 나는 사고가 났음을 직감했다. 모임 장소인 아파트 5층 쪽을 올려다보니 복도 양쪽에 검은 그림자가 비쳤기 때문이다. 나는 'ㄷ'자 모양의 아파트 왼쪽 끝에 있는 슈퍼로 들어갔다. 슈퍼는 이미 사람들을 한바탕 검거하고 땀을 흘리며 음료수를 마시는 방범

들로 꽉 차 있었다. 그들이 갖고 있는 무전기에서는 연신 내 이름이 흘러 나왔다. 나는 최대한 침착하게 행동했다. 일부러 배추, 양파, 파 등을 사서 아파트 뒤로 돌아 나왔다. 내게 박혀 있던 시선들을 따돌리고 택시를 탔다. 그러나 아파트 단지 입구에서 검문검색을 하고 있었기에 다시 입구 반대쪽으로 돌아가서 내렸다. 천천히 걸어 아파트 단지 밖으로 나갔다. 그러고는 슈퍼에서 산 물건들을 내던지고 달렸다. 아파트 단지 뒷쪽에는 올림픽대로로 넘어가는 철조망이 있었다. 치마 차림으로 철조망을 올라 탔다. 도로로 뛰어들어 무작정 지나가는 차를 세웠다. 그렇게 몇 차례 차를 바꿔 타면서 갈 곳을 더듬은 끝에 도착한 곳이 이촌동에 있는 시인 김사인의 집이었다. 수배자를 숨겨 주었다가 쥐도 새도 모르게 끌려가서 고문을 당하던 시절에 마음 착한 김사인 선배는 나를 받아주었다. 조금의 내색도 하지 않고 따뜻하게 보살펴주던 선배의 아름다운 부인도 생각이 난다. 그런 이들의 도움이 없었다면 지금의 나는 아마 없었을 것이다.

부처님이 보호하고 하느님이 살피시고

구로공단에 들어가 노동운동을 하면서 경찰의 내부 수사 대상이 된 이후부터 나는 숨어 다니느라 제대로 먹지도 자지도 못했다. 특히 대우어패럴에서 막 나왔던 1984년 겨울에 몸이 심하게 망가졌다. 공단에서 일할 때는 몇 시간만 자고도 쌩쌩했는데 완전히 탈진이 되어버렸다. 탈진이라는 게 뭔지 그때 처음 알았다. 탈진되기 몇 달 전부터 정수리에 손을 대면 찬바람 같은 게 쑥쑥 나가는 게 느껴졌다. 기가 빠져나가는 것이었다. 그래서 손으로 머리를 누르고 있기도 했다. 그러고 나니 겨우 눈만 뜨고 살아 있는 모양새가 되었다. 그때 스스로 부르길 '두 시간 배터리'라고 했는데, 자고 일어나 두 시간 정도 뭔가를 하면 그다음에는 힘이 하나도 없어서 아무것도 할 수가 없어서였다. 자연 속에서 기력을 차려보겠다고, 숨어 지내던 거처 뒷산에 올라가 하루 종일 누워 있기도 했다. 대학 문화연구회 친구 최민이 소개해준 한의원에 가서 약을 지어 먹었다. 돈이 없으니 한 제를 못 짓고 반 제만, 그것도 한의사 분이 아주 싼값에 지어주셔서 열 첩을 먹고 겨우 기력을 차렸다. 그러나 여전히 몸 상태는 엉망이었다.

경찰을 피해 다니던 중이라 집에는 들어갈 수가 없었다. 보다 못한 어머니가 나를 속리산에 있는 상환암이라는 작은 암자로 보냈다. 어머니가 지하상가에서 완구점 하실 때 인연을 맺은 삼성스님이 계시는 곳이었다. 둘째 오빠가 쌀 한 말을 이고 나를 그곳까지 데려다주었다. 상태가 너무 안 좋은 내게 스님이 시킨 생활은 이랬다. 새벽 4시 반에 일어나서 눈이 가득 쌓인 암자 앞마당을 청소했다. 한참 비질을 하고나면 땀이 쭉 흘렀다. 그러고 난 뒤 속리산 터미널까지 신문을 사러 갔다. 암자에서 터미널까지는 매우 멀었다. 한참을 걸어 터미널에 도착해 신문을 사서 다시 암자로 돌아가는 길에는 긴 숲길이 있었다. 그 길이가 5리라고 다들 '오리 숲'이라고 불렀다. 그 숲이 끝나는 곳에 세심정이라고 차도 팔고 음식도

—— 구로동맹파업 후 수배 시절, 지리산 근처에서 누군가 찍어준 사진. 기나긴 수배 생활 동안 때로는 산으로 때로는 누군가의 집으로, 몸 눕힐 곳만 겨우 찾아 계속 돌아다녔다. 몸도 힘들었지만 나 때문에 고초를 겪은 이들 생각에 마음이 더 고통스러웠다.

파는 곳이 있었다. 나는 돌아오는 길에 세심정에 들러 차도 마시고, 편지도 썼다. 다시 산을 헉헉거리고 올라가면 아침 7시쯤 되었다. 그리고는 아침을 먹었다. 이 일을 겨우내 하루도 빠지지 않고 했다. 그렇게 지내기 시작한 지 보름 정도 되던 어느 날, 암자로 올라가는 길이었다. 갑자기 속에서 뭔가가 치밀어 오르면서 목이 콱 막혀왔다. 숨을 쉴 수가 없었다. 이렇게 죽나 보다 싶었는데, 시커먼 가래 뭉치가 쏟아져 나왔다. 가래가 다 나오고 나니 속이 확 트이는 느낌이 들었다. 그 뒤부터 조금씩 건강을 찾아갔다. 그렇게 부처님 아래에서 보호받았다. 이후 구로동맹파업이 일어나고 본격적인 지명 수배가 떨어졌을 때는 상당 기간 경기도 과천에 있는 성명옥 목사님 댁에 의지했다.

당시 종교인들은 사회운동을 하는 이들의 든든한 지원군이었다. 구로공단에서 일하던 시절에도 공장 근처에 있던 작은 개척 교회가 우리의 활동 공간이었다. 그래서 나는 늘 모든 종교에 경외심을 갖고 있다. 어려서는 불교 집안에서 자랐고, 노동운동 하던 시절에는 기독교인들의 도움을 받았다. 지금은 '마리아'라는 이름으로 세례를 받은 가톨릭 교인이다.

나 대신 고문 받은 사람들

도와주신 분들 덕에 나는 구로동맹파업 이후에도, 서노련 검거 사건 이후에도 잡히지 않고 수배 생활을 이어갈 수 있었다. 하지만 당시 구속된 서

───── 노동운동을 하던 시절, 노동자, 빈민, 사회적 약자를 위하고, 부정의에 맞선 종교의 도움을 많이 받았다. 2014년 한국을 방문한 프란치스코 교황은 세월호 배지를 달고 "인간의 고통 앞에서 중립은 없다"는 말을 남겼다. 정치도 그렇다. 섣불리 중립을 입에 담는 정치는 인간의 고통을 알지 못한다. 2017년 참석한 부활절 미사는 4월 16일로, 세월호 참사 3주기였고 박근혜 파면이 이루어진 다음이었다.

노련 사람들은 '송파 보안대'에 끌려가 물고문, 고춧가루 고문, 전기 고문 등 모진 고문에 시달려야 했다. 특히 김문수는 "심상정이 있는 곳을 대라"며 끔찍한 고문을 받고 사경을 헤매기도 했다.

어떤 이유든 고문이 가능한 시대는 지옥이다. 그 시절, 도대체 어떤 사람들이 고문을 받았는가? 법을 지킬 것을 요구하고, 권리를 찾겠다는 이들이 고문을 받았다. 그 시대에 노동운동, 민주화운동을 하던 이들은 누구나 한 번쯤 안기부(국가안전기획부, 현 국정원)의 남산 대공분실 지하실에서 고문 받고 한강이나 서해 앞바다에 퉁퉁 부은 시체로 떠오르는 모습을 상상했다. 우리나라 민주화는 수많은 고문 희생자들 위에 세워진 것이다. 특히 노동운동가들은 대부분 사회적으로 명망을 얻을 일도 없는 현장 활동가들이었다. 야당의 주요 정치인도 아니고, 전대협(전국대학생대표자협의회)과 같은 대단한 조직의 대표도 아니었기에 그들이 겪은 고통은 잘 알려져 있지 않지만, 그들 또한 끔찍한 폭력의 피해자들이었다.

나는 장기 수배자로 살면서 고문은 피했다. 구로공단에서 활동하던 시절 농성을 하다 유치장에 처박히고 경찰들에게 심하게 구타를 당하는 일도 숱하게 겪었다. 하지만 인간으로서의 모든 것을 포기하고 싶을 정도의 육체적 고통인 고문과 비길 일은 아니었다. 대신 나로 인해 고초를 겪은 이들이 있었다. 김문수는 물론 지금은 유명을 달리 한 최한배 선배, 그리고 서혜경, 유시주(유시민의 동생, 현 희망제작소 기획이사) 등 나와 함께 활동했던 후배들도 잡혀가 "심상정이 있는 곳을 대라"며 고문을 받았다. 민주화 운동의 대단한 명망가도 아닌 나로 인해 고초를 겪은 것이다. 그들이 고문을 당하면서 겪었을 끔찍함을 생각하면 한밤중에도 머리끝까지 쭈뼛해졌다. 특히 모든 일상을 내려놓고 석방 투쟁에 나서야 했던 그들의 가족들에게는 더 많은 죄책감이 들었다. 그들이 겪은 고통은 내 인생의 저 깊은 곳에 1000근 무게로 차곡차곡 쌓여 있다.

앞서 말했듯이 당시에는 지도부가 잡히지 않는 것이 운동권의 교본 같은 지침이었다. 그래야 드러나지 않은 조직을 보호할 수 있고, 추진하던 일도 지속할 수 있기 때문이었다. 그러나 구로동맹파업 이후 우리 조직은 다 들통이 났고, 1500여 명이나 되는 이들이 해고되어 조직 재건도 불가능했다. '나 한 사람 잡히는 것이 많은 이들의 고통을 더는 게 아닌가? 모두들 힘든데 나만 피하는 게 아닌가?' 그런 고뇌와 번민으로 많은 날들을 새웠다.

안타까운 건 수배 생활이 너무 길어지면서 당시 나로 인해 고초를 겪은 후배들과 거리가 생긴 점이다. 평생 동지를 약속한 사이가 아니었던가. 그런데 그들이 그런 고문을 겪고 옥중 생활을 하는 와중에, 이 복잡하고 미안한 마음을 전하지 못하고 때를 놓쳤다. 나는 마음을 표현하는 데 매우 서툰 사람이다. 그래서 마땅히 표현해야 하는 것들을 표현하지 못할 때가 있다. 그저 내가 노동운동 외길을 열심히 가는 게, 그들에게 보답하는 것이라고 믿었다. 본격적인 노동운동가의 길로 접어들고, 이후에 진보 정당의 정치인으로 살면서 개인적인 마음은 더더욱 접어두고 살았다. 그러나 그건 접어둘 일이 아니라, 애써 나누고 표현해야 하는 일이었다. 긴 시간을 돌고 돌아서야 이런 말을 할 수 있게 된 것이다.

대투쟁

삶을 바꾸는 민주주의

"우리보다 노조가 강한 독일은 진즉 망했겠네요? 그런데 노조가 강한 나라는 지금 다 복지국가가 되어 있어요. 무슨 궤변입니까?"

"궤변이 아니에요."

"지난번에 일부 노조원들이 도지사와 비슷하게 월급 받는다고 분통을 터뜨리시던데요."

"도지사와 평균임금이 같다고 말했을 뿐입니다."

"잔업, 특근을 하고 일요일도 없이 일하는 육체노동자가, 왜 도지사보다 더 받으면 안 됩니까? '니들이 노동자인데 감히'라는 이런 노동자 천시 인식을 갖고 계신 거 아닙니까?"

"6000만 원 이상 받으면 그게 자영업자지 노동자입니까. 그리고 어려울 때 하는 게 스트라이크지. 연봉 1억 받으면서도 매년 스트라이크를 하잖아요."

"대기업 노조를 말하시는데, 쌍용자동차라는 대기업에 다니던 노동자 이야기를 하겠습니다. 하루아침에 정리해고를 당해 아이 학원 끊고, 사택에서 쫓겨나고, 새 직장 찾지 못한 사람들 수십 명이 유서 쓸 힘도 없이 죽어갔습니다. 대기업 노동자라고 해도 이 나라에서는 파리 목숨이에요. 그러니 기를 쓰고 잔업하고 특근하는 겁니다. 수십 년간 그 당이 집권할 때마다 재벌만 밀어주고, 비정규직 늘이고, 저임금 장시간 노동 강요해서 세계에서 가장 불평등한 나라를 만들었으면 부끄러운 줄 아셔야죠. 평상시에는 노동자들을 그렇게 천대하면서 선거 때만 되면 귀족 노조, 강성 노조 타령 하고 색깔론 이야기 하시는데, 그렇게 살지 마십시오. 노동조합은 헌법에 보장된 노동자들의 권리입니다."

2017년 4월 28일, 19대 대선후보 TV 토론회였다. 자유한국당 홍준표 후보는 경제 침체의 원인을 '강성 귀족 노조' 탓이라 했다. 그러나 그들이 그런 말을 할 자격이 있는가? 특권층이 부당하게 이익을 챙기는 것은 경제 발전이라고 눈 감고, 최고 권력자가 국가를 엉망으로 만들고 있을 때에도 단 한 번 반대하지 않았던 이들이, 노동자들 탓에 경제가 망했다고 한다. 나야 이런 일을 한두 번 겪는 게 아니지만 TV 토론을 지켜보고 있는 전국의 수많은 노동자들은 어떤 마음이었겠는가? 그것도 자신들이 촛불을 들고 부정한 최고 권력자를 끌어내린 다음에 치러지는 대선에서 말이다.

홍준표 후보와 설전을 벌인 그날의 토론회가 끝나고 한 어르신이 선거운동본부로 연락을 해왔다. "평생 기술자로 일해왔고 지금도 일하고 있는데, 언제나 내 직업이 부끄러웠다. 그런데 내 인생이 인정받는 것 같았다." 이런 말을 접할 때면 내가 도리어 감사하다. 목숨까지 내걸고 '인간답게' 살 수 있는 세상을 만들려고 노력했던 숱한 노동운동가들, 진보 정치인들의 헌신이 존중받는 것 같기 때문이다.

황석영 작가도 비슷한 말을 한 적이 있다. "공장에 들어가 봤는데, 그곳에서 일하기가 정말 쉽지 않더라. 그 쉽지 않은 곳에서 계속 노동운동을 하고 지금도 진보 정치를 하는 분들이 있다. 그분들한테 늘 마음이 간다." 황석영 작가는 5·18 광주민중항쟁을 기록한 책 『죽음을 넘어 시대의 어둠을 넘어』의 주요 집필자 중 한 명이었다. 이 책은 1980년 광주의 진실을 알기 위해 수많은 이들이 숨죽여 읽은 '지하의 베스트셀러'였다. 나는 황석영 작가의 말에서도 민주화 과정에서 노동자들과 노동운동이 해온 역할이 존중받는다는 것을 느꼈었다.

한국 노동운동이 급성장한 시점은 1987년 7월, 8월, 9월 노동자대투쟁이었다. 서노련 관련 인물들이 검거된 다음 해인 1987년 1월, 서울대학교 학생 박종철 물고문 치사 사건이 발생했다. 우리 국민들의 민주화에 대한 요구가 점점 높아지고 있던 때였다. 1980년 광주의 학살로 권력을 잡은 전두환은 서울 장충체육관에 모인 선거인단에 의해 대통령으로 선출되었다. '체육관 대통령' 전두환은 어떤 정치적 자유도 비판도 허용하지 않았다. 시민의 인권, 노동자의 권리는 계속 짓밟혔고, 정권의 탄압은 더 심해졌다. 박종철의 죽음은 그 탄압의 절정이었다. 이 사건을 계기로 국민들은 대대적인 저항에 나섰다. "박종철을 살려내라." 죽은 사람을 어떻게 살려내겠는가? 하지만 그 말은 박종철뿐 아니라 무수한 희생자들을 기리는 말로, 이제 더 이상 눈 닫고 귀 닫고 입 닫고 살지 않겠다는 강력한 저항의 표현이었다.

6월 10일 '박종철 고문살인 은폐조작 규탄 및 민주헌법 쟁취 범국민대회'가 열린 것을 시작으로 전국에서 전두환 독재 정권 타도를 위한 대대적인 저항이 벌어졌다. 역사적인 6월항쟁이다. 국민들의 거센 저항에 밀려 결국 민정당 대통령 후보 노태우가 '6·29 선언'을 했다. 이 선언에는 대통령 직선제, 김대중 사면 복권을 비롯한 시국사범 석방, 언론 자유 보장, 지방자치제 실시, 자유로운 정당 활동 보장 등 여덟 개 조치가 포함되었다.

이후 대통령 선거는 직선제가 되었지만 김영삼, 김대중 두 야당의 후보가 단일화하지 못하면서 노태우가 대통령에 당선되었다. 노태우 정권은 노동운동 탄압에 나섰고, 이 시절에 몇천 명이나 되는 노동자들이 구속되었다.

그러한 결말을 모르던 1987년 6월, 거리에 나온 이들은 민주화에 대한 꿈과 희망에 부풀어 있었다. 시민, 학생, 노동자 등이 거리를 가득 메웠다. 당시 수배자였던 나도 거리에 있었다. 수십만 명이 나선 시위 현장은 나 같은 수배자들에게는 '해방구'였다. 이렇게 사람들이 많은데 어떻게 경찰이 나를 잡아가겠는가. 나는 오랜만에 긴장을 풀고 한동안 떨어져 있던 수배자들의 얼굴을 찾고 안부를 묻고 토론도 하면서, 하루 종일 거리에서 살았다. 2016년 광화문 광장에 나온 촛불 시민들이 옛 친구들을 만나고, 정치 토론을 하고, 거리를 행진하던 것과 같은 풍경이었다.

6월항쟁의 주역은 모든 시민들이었다. 학생들뿐 아니라 부모와 자식들을 먹여 살릴 돈을 벌러 날마다 출근하던 이들이 거리로 뛰쳐나왔다. 6월항쟁 30주년을 맞아 여러 매체에서 나온 기사들 중에 당시 사무직 노동자들, 일명 넥타이 부대 주역들의 인터뷰를 보았다. 김국진, 정일영, 이상재, 송해주 등은 한국노총 소속 사업장이었던 금융 노조에 몸담았던 이들이었다. 그들은 '4·13 호헌조치' 반대 성명의 기틀을 마련해 직장인들을 거리로 끌어내는 데 중요한 역할을 했다. '4·13 호헌조치'란 국민들의 민주화 요구가 거세지고, 대통령 직선제를 위한 개헌 논의가 활발해지자 전두환 정권이 1987년 4월 13일 모든 개헌 논의를 금지한 것을 말한다. 한국노총 지도부가 협의도 없이 이 조치를 지지한다는 성명을 발표하자 나이, 출신, 대학, 고향이 각각 다른 이삼십 대 사무직 노동자들이 구로동 자취방에 모여 반대 성명서를 작성한 것이다. 그들 중 한 명이 이렇게 말했다.

"6월항쟁 때 우리가 요구한 것이 민주주의였는데, 그 근간을 흔드는 국정 농단 사태가 벌어진 것을 보니 가슴이 아팠습니다. 촛불 집회 보면서 6월항쟁 생각이 많이 났어요."

1987년 6월항쟁이 왜 7월, 8월, 9월 노동자대투쟁으로 이어졌느냐고 묻는다면 이게 답이다. 사람들이 원하는 것은 민주주의였다. 민주주의의 핵심이 무엇인가? 이 사회는 모두의 합의에 의해 움직여져야 하고, 인간이라면 누구나 가져야 할 권리가 있다는 것이다. 그런데 한 사람의 시민으로서의 권리는커녕, 사람 취급 못 받으며 일해야 하는 게 당시 한국 노동자들의 처지였다. 그래서 1987년 6월항쟁 때 노동자들이 가장 앞장서서 싸웠던 것이다. 6월항쟁 동안 노동자들은 직장의 동료들과 함께 거리로 나왔다. 구로공단과 같은 서울의 노동자들은 물론 수원, 안산, 인천 등 수도권 공장에서 근무하던 노동자들은 함께 서울 시내로 나와서 민주화의 열기를 몸소 체험했다. 그렇게 함께 시민의 힘을 확인하고, 직장으로 돌아가 일터의 민주화를 위해 민주 노조를 만들었다. 그와 같은 일들이 전국 곳곳에서 벌어졌다. 이 힘들이 모여서 7월, 8월, 9월 노동자대투쟁이라는 폭발적인 계기를 만들었다. 노동자들이 '노동의 권리'를 위해 다 함께 거리로 나섰던 것이다.

6월항쟁, 7월, 8월, 9월 노동자대투쟁 당시 앞장섰던 노동자들은 대부분 젊은이들이었다. 지금의 젊은이들이 촛불 혁명에 앞장섰던 것과 마찬가지다. 나는 오늘날 대한민국의 청년들이 30여 년 전의 노동자들처럼 노동과 민주주의의 관계를 잘 알고 있다고 생각한다. 이를 '촛불 집회' 현장에서 수없이 느꼈다.

매주 광화문 촛불 집회에 출근 도장을 찍던 2016년 겨울, 집에 돌아오면 피곤이 몰려와도 잠을 이룰 수 없었다. 그 때마다 다른 지역에서 벌어지고 있는 촛불 집회 영상을 찾아보곤 했다. 경남 창원광장에서 열린 촛불 집회 영상에 한 청년이 등장했다. 그날은 크리스마스이브였다. 연단에 올라온 청년은 스물네 살 전기공이었다. 그는 스무 살이 되자마자 사회생활을 시작했는데 그때도 최저임금을 받고 최근까지도 최저임금을 받았다고 했다. 회사 일로 허리를 다쳤는데 산재 신청을 했다는 이유로 해고를 당했다. 법이 지켜줄 거라고 생각했지만 지방노동위원회도 노동부도 아무 도움을 주지 않았다. 그동안 세금 떼고 한 달에 120만 원 정도 받았는데, 기름값 빼고, 공과금 빼고, 먹을 거 사고 나면 저축할 돈이 10만 원도 안 된단다. 좋아하는 사람이 있고 결혼하고 싶은데, 그건 꿈도 꾸지 못할 일이다.

"이런 이야기를 할 때 뭔가 올라옵니다. 감정이. 슬픕니다. 이 슬픈 감정은 끝날 기미가 안 보입니다. 역사책에서 배웠습니다. 1987년 6월항쟁에서 전두환을 끌어내라고, 노동조건을 개선하라고, 수많은 사람들이 몇 달 동안 쏟아져 나와서 투쟁했다고. 그때 최저임금제 같은 게 생겨서, 제가 그 혜택을 누리고 있는 거겠죠? 지금 우리는 박근혜 퇴진하라고 외치고 있는데, 박근혜는 퇴진할 것 같지만 제 삶이 나아질까요? 제 삶이 나아질 기회가 30년 전처럼 생겨날 수 있는지, 한번 여쭤보고 싶습니다."

청년은 분노하지 않고 슬프다고 했다. 뭔가가 바뀔 수 있다는 희망이 있을 때 분노도 하는 것이다. 나도 영상을 보는데 뭔가 올라왔다. 창원이라는 지역이 주는 특별함도 더했다. 줄여서 '마창'이라 불렸던 마산, 창원 지역은 과거 노동운동의 대표 중심지였다. 1987년 노동자대투쟁을 통해 결성된 '마산 창원 노동조합 총연합'은 전노협과 민주노총을 만들어낸 강력한 구심점으로 한국 노동운동을 이끌어온 곳이었다. 그 시절 젊은 노동자들이 '민주 노조 쟁취'를 외쳤던 그곳에서, 한 달에 10만 원도 저축하지 못하는 청년 노동자가 여전히 외치고 있었다. "우리의 삶을 바꾸자"고…….

우리는 기계가 아니라 인간입니다

우리나라의 노동운동을 전투적 노동운동이라고 한다. 1987년 노동자대투쟁 당시 울산 시청으로 노동자들이 중장비를 끌고 나가던 모습, 거대한 제조업 공장에서 파업이 일어나면 엄청난 수의 노동자들이 일사불란하게 움직이는 모습, 경찰들에게 만만치 않은 물리력으로 맞서는 모습 등이 떠오르기 때문일 것이다.

'전투적 노동운동'이라고 하니 한국에서 노동운동의 힘이 매우 세다고 생각하는데 그렇지 않다. 노동운동과 공권력의 물리적인 충돌은 오히려 노동자들의 힘이 매우 약하기 때문에 일어나는 일이다. 국가와 기업에서 노조를 설립하지 못하도록 너무 강하게 억압하고, 일상적으로 해고를 자행하니, 이에 맞서는 노동자들의 투쟁 또한 강렬해질 수밖에 없었고, 짧은 시간에 들불처럼 퍼져나갔던 것이다.

과거 우리나라의 많은 기업주들은 노동자들을 가족처럼 여기지도, 자유로운 개인으로 여기지도 않았다. 중공업 사업장처럼 남성들이 많은 곳에서는 바리캉을 들고 두발 단속까지 했다. 툭하면 엎드려뻗쳐를 시키고, 말을 안 들으면 머리를 바닥에 처박게 했다. 왜 꼭 노동자를 그렇게 다루어야 했을까? 그렇게 비인간적으로 대할 필요는 없었을 텐데. 왜 그토록 노조를 못 만들게 했을까?

사실 이러한 폭력적인 억압은 자본에게 더 위험한 방식이다. 즉각적으로 강렬한 반발을 불러일으키기 때문이다. 오늘날 교묘해진 신자유주의는 노동자들을 성과주의, 능력주의로 다룬다. 그러면 노동자들 스스로 자신을 끊임없이 '내가 무능력한 게 아닌가?'라고 의심하게 된다. 그러면서 자본의 부당한 요구에도 저항하지 못하게 되는 것이다.

그런데 과거에는 이와 같은 방식이 아니라, 군부 독재와 똑같은 폭력적인 방식이었다. "우리는 기계가 아니다. 인간이다." 당시 널리 외쳤던 구호가 말해주듯 저임금도 저임금이지만 사람 취급을 못 받는 존재가 '노동자'였다. 그런 악조건이었으니 노동자들이 저항하는 과정도 격렬할 수밖에 없었던 것이다.

1987년 노동자대투쟁은 정치적 민주주의와 함께 가야 할 사회경제적 민주주의를 향한 출발점인 동시에, 인권과 평등에 대한 거센 요구였다. 이 시기에 전국적으로 3000여 개의 노동조합이 만들어졌다. 이를 토대로

——— 1990년에 만들어진 전국노동조합협의회에서 나는 쟁의부장으로 일했다. 전국의 노동자들이 자기 손으로 민주 노조를 만들고, 그 민주 노조들이 힘을 모아 전국적인 조직을 만들었다. 전노협에 쏟아진 사회 각계의 애정과 지지는 대단했다.

자주적이고 민주적인 노동조합 운동의 흐름이 형성되었다. 숨어서 몰래 하는 노동운동이 아니라, 대중들과 함께하는 공개적인 노동자들의 조직을 만드는 단계로 넘어가게 된 것이다.

이때 만들어진 민주 노조들의 힘을 모아 1990년 1월 22일, 민주노총의 전신인 전노협이 창립된다. 역사적인 일이었다. 하지만 나는 그 전노협 창립 대회장에 함께하지 못했다. 창립 하루 전날 전노협 사무실 앞에서 경찰에 연행됐기 때문이다. 긴 수배 생활이 마침내 종결된 것이다.

나는 그때까지 수배 상태에서 가명으로 활동하고 있었다. 잡히고 보니 경찰은 가명으로 일하는 내 정체를 일찍부터 파악하고 있다가 일부러 전노협 창립 전날 낚아챈 것이었다. 서울 남부경찰서에서는 체포 전담반을 따돌려 온 '거물'이 잡혔다 해서 온 직원이 "얼굴 좀 보자"고 몰려들었다. 경찰서장은 아이스크림까지 사 들고 와 극진히 대접해주면서 극비에 부쳐 있던 창립 대회 장소를 캐묻기도 했다. 나는 잡힌 상태에서 전노협 창립 대회 장면을 경찰서의 텔레비전으로 볼 수밖에 없었다. 그날 경찰서 유치장 창살 틈으로 보이던 텔레비전에서는 두 가지 뉴스가 하루 종일 번갈아 나왔다. 하나는 노태우, 김종필, 김영삼의 3당 합당(민자당 창당) 선언 소식이었고, 또 하나는 보수 세력의 결집에 맞서는 노동자들의 단결된 조직 전노협의 창립 대회 소식이었다.

방화범이 되었네

잡히고 보니 내게 씌워진 죄목은 노동쟁의조정법 위반, 제3자 개입금지 위반, 사문서 위조, 방화, 폭력, 집단 방화 사주, 집단 폭력 사주, 집시법 (집회 및 시위에 관한 법률) 위반, 국가보안법 위반 등 무려 아홉 가지나 됐다. 그중 대부분은 이미 공소시효가 지났고, 공소시효가 10년인 집단 폭력 사주, 집단 방화 사주만 남아 있는 상태였다.

처음에는 이 죄목들을 듣고, '이게 뭐지? 내가 무슨 집단 방화를 했다는 거지?'라고 한참 생각했다. 알고 보니 '집시법 위반'을 이런 거창한 혐의로 둔갑시켜 놓은 것이었다. 당시에는 모든 집회가 금지되어 있었으므로 모든 시위는 불법이었다. 그래서 노동자들의 시위를 진압하기 위해 여지없이 최루탄이 발사되었고, 곧이어 경찰이 시위대를 진압하기 위해 곤봉을 들고 몰려왔다. 그러면 시위대는 화염병 투척으로 맞서는 게 보통이었다. '집단 방화 사주'는 이러한 화염병 시위를 말하는 것이었다. 내가 그런 시위를 배후 조종했다는 것이 검찰의 공소 내용이었다.

이후 불구속 상태에서 진행된 재판은 10년 공소시효를 1년 남겨둔 시점에 결심에 이르렀다. 1993년 6월 재판정에 들어갔다. 나는 그때 아이를 가진 상태였다. 나는 집에서부터 법정에 들어가기 전까지 뱃속의 아이에게 계속 이렇게 속삭였다. "엄마가 잘못한 게 아니란다. 엄마는 노동자 아줌마 아저씨들의 권리를 찾아주고 싶었던 뿐이야. 엄마는 옳은 행동을 한 거니까, 너무 놀라지 마."

관련 서류가 세 박스가 넘는 데다 무지막지한 혐의를 받고 있는 이 사건의 피고인을 기다리던 재판부는 내 모습을 보고 경악하는 표정이었다. 피고인이 여성이라고 생각도 못 했는데, 심지어 만삭이 된 임산부로 나타났으니 말이다. 판사는 "당사자냐?"고 재차 확인했다. 내 최후 진술을 들은 재판부는 징역 1년, 집행유예 2년을 선고했다. 판사는 "무죄를 선고하고 싶으나 이 죄목은 최소한 집행유예를 선고토록 되어 있어서 어쩔 수 없다"는 친절한 설명까지 덧붙였다.

그 후 나는 비로소 본명 심상정이라는 이름으로 일했다. 당시 노동계에는 '단문심'이라는 핵심 인물들을 일컫는 말이 있었다. 전노협 위원장 단병호, 문재인 정부의 첫 노사정위원회 위원장으로 임명된 당시 전노협 사무총장 문성현, 전노협 쟁의국장인 나 심상정을 이르는 말이었다. '단문심'은 당시 중대한 위치에 있던 전노협 지도부를 상징하는 말로, 노동자들의 신뢰와 기대를 보여주는 애칭이었다. 그때부터 이후 민주노총 창립, 금속노조 설립, 2003년 9월 금속노조 사무처장 임기를 마지막으로 하기까지 '철의 여인'의 시절은 계속되었다.

연애와 결혼

알면서도 모르는 척, 첫 만남

우리가 처음 만난 곳은 서울 압구정동 근처에 있는 아파트였다. 노동운동
과 진보 운동의 전망을 논의하는 모임이었다. 주요하게는 서노련 재건을
도모하는 모임이었다. 나 같은 수배자들도 있고, 노동운동 활동가들에 대
한 감시와 탄압이 심했기에 매우 조심스럽게 만나야 했다. 누군가 그 아
파트를 모임 장소로 지원해줬다. 만나면 가명으로 서로를 불렀다. 누구인
지 알면서도 서로 모른 척했다. 삼엄한 시국에 무거운 주제로 만난 사람
들이니 개인적 호기심이 끼어들 틈이 조금도 없었다. 그런데도 그는 "처
음 봤을 때 뭔가 느낌이 있었다"고 했다. 1986년 가을 내 남편 이승배를
그렇게 만났다.

　이승배는 경기고등학교를 나와 1975년 서울대학교 동양사학과에 입학
했으나, 학생운동을 하다 시위에 참여하여 무기정학을 받았다. 이후 노

동야학 등의 활동을 하면서 일찍 학생운동을 접고 노동운동에 뛰어들었다. 그는 나와 서노련에서 함께 활동했던 김문수, 그리고 『노동의 새벽』이라는 시집과 사노맹(남한사회주의노동자동맹) 사건으로 유명한 박노해 시인 등과 함께 활동하고 있었다. 그는 이미 구로동맹파업을 이끈 심상정이라는 인물에 대해 알고 있었다. 어느 날 박노해가 이렇게 말했단다. "문수 형(김문수)이 심상정 씨하고 자네하고 맺어주면 좋겠다고 그러던데." 그런 얘기는 마음에 콕 남는 법이지 않는가. 그래서 아마 나를 처음 봤을 때 좀 더 특별하게 느꼈나 보다. 남편은 어느 인터뷰에서 자기만 일방적으로 첫 만남의 특별함을 기억하고 있는 것 같다고 한 적이 있다. 나도 특별함을 느꼈는지 아닌지에 대해서는 여전히 대답해주지 않고 있다.

남편은 내 첫인상을 이렇게 기억한다. 신분을 숨기느라 강남 같은 데 돌아다녀도 자연스러운 평범한 젊은 아가씨의 복장이었단다. 수배 생활 중인데도 매우 단정했고, 이야기를 나눠보니 논리 정연하고 똑 부러졌단다. 그런 모습이 좋았단다. 당당하다고 생각했단다. 자기보다 나이도 어리고 여성인데도 강한 신념의 소유자로 보였단다.

남편은 당시 운수 분야에서 노동운동을 하고 있었다. 내가 대우어패럴에 들어갈 때 미싱사 자격증을 딴 것처럼, 남편은 화물 운수에서 활동하기 위해 화물 트럭 운전 자격증을 땄다. 왜 하필 운수 분야였냐고 물어보니 이렇게 생각했기 때문이란다. '지금은 제조업 위주의 노동운동이 일반적이지만, 모든 산업 분야로 노동운동의 범위가 넓어져야 한다. 특히 앞으로 교통, 물류 산업이 중요해질 것이다. 그러면 운수 노동자들도 많이 조직해야 할 것이다.' 그처럼 노동운동에 헌신적인 사람이었다.

그 첫 만남 이후 오랜 기간 만날 일이 없었다. 이후 노동자대투쟁 이후 여러 대중조직이 만들어졌는데, 남편은 노운협(전국노동운동단체협의회)에서 일하고, 나는 전노협에서 일하게 되었다. 노운협은 노동운동가들의 전국적인 연대조직으로 노동자와 시민들을 대상으로 하는 대중적인 노동운동을 하고자 만들어진 단체였다. 노운협과 전노협이 서로 협력할 일이 많아지면서 자주 얼굴을 보게 되었다.

남편은 뭐든 열심이고, 무슨 일이든 주체적으로 하는 나를 보고 나이가 어리고 여성이어도 얼마든지 중요한 일의 중심이 될 수 있다는 것을 깨달았단다. 남편이 당찬 내 모습을 좋게 봐준 덕에 우리는 연애를 시작했다. 하지만 수배자 신분이었던 나 때문에 데이트 한 번 하기가 쉽지 않았다. 데이트다운 일도 별로 없었다.

남편은 점잖고 무덤덤한 사람이었다. 팔짱 한번 끼는 일 없이 마냥 걷는 것만 좋아했다. 약간 평발인 나는 조금만 걸어도 금방 발이 아팠지만 꾹 참고 걸었다. 생각해보면 가난한 연인들이 걷는 것 말고 딱히 할 일도 없었다. 그런 재미없는 연애도 감시당하고 있었다. 남편이 노운협 일로 안기부에 연행되었는데 "심상정을 아느냐?" 하고 묻길래 모른다고 했더니 "뭘 몰라. 다 찍혔는데"라며 둘이 같이 다니는 사진을 보여줬다는 것이다.

이런 사람 또 없습니다

아무튼 남편이 내가 뭘 좋아하는지 통 눈치도 없으니 연애하는 재미를 별반 느끼지 못했다. 미지근한 내 태도에 안 되겠다 싶었던지 어느 날 그가 이제 그만 만나자고 돌아서 버렸다. 그러자 갑자기 그의 빈자리가 크게 느껴졌다. 생전 그런 적이 없었는데, 사람 때문에 마음 한 구석이 텅 빈 것 같았다. 특히 어머니는 남편과 헤어졌다는 사실을 알고는 사색이 되었다. 딸이 결혼하는 것까지는 바라지도 않았지만, 사귀는 사람이 있다는 것만으로 안도하고 있었는데 헤어졌다니. 어머니는 내 팔을 잡고 어디론가 끌고 가셨다. 어이없게도 그곳은 점집이었다. 점쟁이는 안경 너머로 나와 어머니를 번갈아 보더니 "이 총각은 아가씨를 위해 태어난 사람"이라며 공책 가득 큰 동그라미를 그렸다.

같이 활동하는 동료들도 난리였다. "어디 가서 승배 형 같은 사람을 만날 수 있을 것 같냐"며 다그쳤다. 후배 한 명은 내 손에 5000원을 쥐어주더니 당장 택시 타고 가서 잡아오라고 했다. 후배의 등쌀을 못 이기는 척 택시를 탔다. 나도 속으로는 당장 그 사람을 보고 싶었다. 남편 집 앞에 내려서 전화를 했다. 남편이 나와서 서로 얼굴을 봤을 때는 이미 결론이 난 거였다.

이렇게 다시 연애는 시작되었으나 결혼은 엄두가 나지 않았다. 수배, 구속의 위험, 경제적 어려움 등 평범한 생활과는 거리가 먼 노동운동가들에게 결혼은 '호사'였다. 특히 여성 활동가에게 결혼은 곧 활동의 포기

—— 노동운동을 하다 만난 남편 이승배. '승배 형 같은 사람 다시는 못 만난다'며 주변 사람들이 더 등을 떠밀었다. 너무 점잖아서 별말도 없는 사람이었지만 눈만 봐도 알 수 있었다. 이 사람이 나를 매우 좋아한다는 것을.

를 의미했다. 서른이 넘도록 결혼에 관심을 두지 않는 나를 독신주의자로 오해하는 사람도 많았다. 그러나 실은 노동운동가의 삶과 결혼 생활을 병행할 용기를 내지 못했던 것이다. 남편은 남편대로 속상해했다. 주변에는 "결혼하면 심상정이 가는 길을 네가 꺾는 거다"라고 말하는 이들도 있었기 때문이다. 때문에 남편이 내게 청혼했을 때 나는 몇 달간 답을 못 하고, 마주치면 쑥스럽게 대했다.

그러나 나는 알고 있었다. 이 사람이야말로 내가 노동운동을 포기하지 않아도 될 유일한 반려자라는 것을. 다른 어떤 조건보다 상대의 삶을 존중하는 넓은 품이 소중함을. 1992년 여름 우리는 결혼하기로 했다.

실제로 남편은 내 활동의 든든한 후원자가 되어주었다. 같이 노동운동을 해온 처지였는데도 남편은 자신보다 내가 더 노동운동의 적임자라고 격려해줬다. 노동운동가라는 직업이 생계를 보장하지 못하니, 가계를 유지하려면 최소한 어느 한쪽은 활동을 포기해야 했던 시절이었다. 당시 전노협 활동가에게 주어지는 돈은 한 달에 5만 원이었다. 그것도 전국의 노동조합을 찾아다닐 때 차비로 쓰라고 주는 돈이었다. 즉, 활동비만 있고 임금은 없던 시절이었다. 그래서 활동가끼리 결혼하면 대개 남편의 일을 위해 아내가 생업에 나섰다. 그런데 우리는 남편이 노동운동을 접고 생업 전선에 나섰다.

내가 17대 총선에서 민주노동당 비례 대표로 처음 국회의원이 된 후로는 남편이 아예 생업을 접고 가사를 전담하고 있다. 그러지 않으면 도저히 집이 굴러가지 않기 때문이다. 이렇게 온갖 집안일에, 아들도 남편이

―― 1992년 결혼식을 올렸다. 여느 젊은 부부처럼 제주도로 신혼여행도 가고, 신혼살림도 차렸다. 가난하고 힘든 시절, 우리 부부는 서로 한 번도 고단한 생활을 타박하지 않았다.

다 보살펴왔다. 남편이 없었다면 정말 힘들었을 것이다. 처음 국회의원이 되었을 때, 진보 정당의 국회 진출이 처음이라 모든 것이 다 맨땅에 부딪치는 일이었다. 선배 국회의원도 없었고, 의원 개인의 생활을 보좌해줄 사람도 없었다. 그때부터 지금까지 남편은 모든 생활을 나를 위해 맞추어왔다. 나도 아내로서 엄마로서 해야 할 역할이 있다. 그런데 숱하게 집을 비우는 일은 물론, 최소한의 엄마 노릇을 감당하지 못해도 남편은 내게 불평 한 번 한 적이 없다. 간혹 주변에서 남편에게 "당신에게도 꿈꾸던 사회 활동이 있지 않았냐?"고 물을 때가 있는데, 그럴 때면 이렇게 대답한다고 한다.

"내 주변에는 학벌 좋고 이른바 출세한 친구들이 많다. 그 친구들을 만나면 가끔 이런 질문을 한다. '그렇게 좋은 학교 나와서 그 위치에서 이 사회를 위해 어떤 기여를 했느냐고 물으면 과연 자신 있게 답할 수 있냐?'라고. 그것은 내 스스로에게 던지는 질문이기도 하다. 심상정을 위해 최선을 다하는 게 지금 위치에서 내가 사회에 헌신하는 일이다. 사회적 책임감이 없는 엘리트들은 엉터리라고 생각한다."

남편은 자신의 방식으로 여전히 운동을 하고 있는 것이다. 부드럽긴 하지만 참으로 원칙적인 사람이다.

가난한 사랑의 노래

남편은 내가 가진 여러 가지 별명 중에서 '심블리'라는 별명을 제일 좋아한다. 그동안 '철의 여인' 같은 별명으로만 불렸는데, 이렇게 편안하고 어여쁜 별명으로 불리는 게 좋단다. 내가 날마다 고단한 몸으로 들어와서 뻗어 자는 모습을 볼 때마다 내색은 하지 않았어도 엄청 애처로웠던 모양이다. 고생하는 아내에게 고운 별명이 붙어서 좋은 것이다. 아무리 생각해도 남편은 나를 너무 좋아하는 것 같다. 남편은 지금 경기도 고양시 화정에 있는 '마을학교' 이사장을 맡고 있다. 마을학교는 배우고 실천하려는 시민들의 욕구를 채우기 위해 시작했다. 다양한 강연과 교육 활동이 이루어지며, 일상적으로 지역 시민들과 진보 정치를 만들어가는 곳이다.

그런 남편을 선생님 삼아 아들과 내가 학생이 되어 가족이 함께 독서 토론을 할 때도 있다. 남편에게 내가 잘 모르는 고대 중국사 강의를 듣기도 한다. 간혹 내가 역사적 사실을 헷갈려서 물어볼 때가 있는데, 그러면 바로 대답해주지 않고 '그런 것도 모르냐'는 눈으로 나를 빤히 쳐다본다. 그러면 나도 '모를 수도 있지!'라는 눈으로 대응한다. 사실 알고 있다. 그게 남편의 애정 어린 장난이라는 걸. 정신없이 바쁜 아내와 이런 때가 아니면 언제 투닥거리는 재미를 느껴보겠는가.

신혼일 때는 이런 재미를 못 느끼고 살았다. 가난하고 고된 신혼부부의 삶이었다. 그때는 큰오빠의 사업이 실패해서 부모님 댁도 어렵던 시절이었다. 그 어려운 형편에 어머니가 200만 원을 쥐어주셨다. 우리는 서로

가락지만 하나씩 나눠 끼고, 어머니가 주신 200만 원과 1300만 원짜리 신혼부부 전세 대출을 받아서 친정집이 있던 서울 은평구의 반지하 단칸방에서 결혼 생활을 시작했다. 처음에는 그 방에 정말 아무것도 놓지 못하고 살았다. 그 방에서 우리 아들의 돌도 맞았다. 그때 돌이라고 와준 친구들이 우리 형편을 아니까 선물로 금반지를 꽤 주고 갔다. 한 40여 개 이상 되는 금반지를 받았는데, 그마저도 도둑이 털어 갔다.

어느 날 집에 들어와 보니 캄캄한 방에 장롱이 다 열려 있었다. 살펴보니 옷이랑 반지랑 싹 다 가져간 것이었다. 반지하 방에는 도둑이 잘 든다. 집 밖으로 나가보니 담장 아래에 똥이 있었다. 도둑질을 하고 그렇게 해놓고 가면 안 잡힌다는 속설이 있었는데, 정말 내 눈앞에서 그 꼴을 보았다. 경찰에 신고는 했지만, 가난한 집 도둑 드는 일은 거들떠보지도 않았다.

남편은 이후 출판사를 인수했는데, 그조차 쉽지 않았다. 1997년 IMF 외환위기가 터져 한참 어려웠을 때는 사무실 한쪽에 전기장판을 깔고 생활하기도 했다. 남편은 그 시절에도 내가 불평불만 하나 없었다며 고마워한다. 나도 돈 못 벌어오기는 매한가지였으니, 서로서로 고맙던 시절이었다.

아들

엄마는 나보다 금속연맹을 더 좋아해?

우리가 고생하는 건 괜찮은데 아이가 늘 안쓰러웠다. 하나뿐인 아들 우균은 애틋함이 사무치는 존재다. 아들을 낳을 때 내 나이 서른다섯이었다. 나이가 있으니 자연분만이 가능할까 싶었는데, 담당 의사가 자연분만을 시도해보자고 했다. 하루 꼬박 진통을 하고, 토하고 토해서 더 나올 게 없을 정도로 힘들었는데도, 아이가 나오지 않았다. 결국 수술을 했는데, 너무 늦었던 탓에 아이도 많이 힘들었던 모양이다. 보통 갓 태어난 아기는 얼굴이 빨간데, 우균이 얼굴은 하얬다. 게다가 폐에 기흉이 생겨서 나오자마자 병원에 입원해야 했다. 그렇게 어렵게 태어난 아들인데 갓난아기 때부터 외가에 맡겨져 엄마는 일주일에 한 번씩만 만나면서 컸다.

초등학교 2학년까지 거의 떨어져 살았다. 나는 노동운동에 눈코 뜰 새가 없었다. 한 달에 절반 이상은 지방으로 출장을 갔다. 내가 일을 하니 아이는 친정 부모님들이 길러주셨다. 특히 금속연맹에서 일할 때는 주말에만 잠깐씩 아들을 볼 수 있었다. 당시 금속연맹 사무실은 부산에 있었다. 금속노조에 속해 있는 주요 회사들이 울산의 현대자동차, 거제의 대우조선 같은 곳인데 대부분 경남 지역에 공장이 있었다. 그래서 금속연맹 사무실도 부산에 있었다. 아예 과천 친정집에서 아이를 키우고, 나는 부산에 있다 주말에 잠깐씩 올라오는 생활을 했다. 심지어 그 시간을 내는 것도 쉽지 않았다.

요즘에는 워크숍을 다 평일에 하는데, 그때는 주로 주말에 일정이 많았다. 그래서 주말에도 아이를 보려면 시간을 쪼개야 했다. 이런 식이었다. 금요일 밤에 고속버스를 타고 과천에 와서 아들과 자고, 토요일 오전에 아이하고 잠깐 놀다가 또 고속버스를 타고 영남권으로 내려가고, 다시 밤차를 타고 올라와 일요일에 아이와 함께 있었다. 그마저도 일이 있으면 나갔다 와야 했다. 항상 조금이라도 더 함께 있으려고 월요일 아침 첫 비행기를 타고 부산으로 내려갔다.

늘 아이가 잘 때 살짝 빠져 나갔다. 어느 날인가 아침에 나가기 전에 자고 있는 아이 뺨을 부볐는데, 뭔가 축축했다. 얼굴을 보니 눈물이 흥건했다. 엄마가 나가는 걸 알면서도 소리도 안 내고 울고 있었던 것이다. 과천 친정집에서 나와 부산 부전동에 있는 사무실에 도착할 때까지 나도 계속 울면서 갔다.

어느 날인가는 아들하고 놀이터에 나가려는데, 아들이 내 구두를 신발장에서 꺼내어 현관에 놓았다. 나는 늘 운동화를 신고 다녔는데, 아들은

—— 우균은 서른다섯에 낳은 아들이었다. 엄마가 되고 보니 아이는 작은 우주였다. 그 우주가 커 나가는 동안 필요한 손길을 제대로 주지 못해서, 언제나 마음이 아팠다.

어린 마음에 엄마가 다른 젊은 엄마들처럼 구두를 신고 다니면 좋겠다고 생각한 것이었다. 그런 엄마였지만 내 딴에는 조그만 틈이라도 생기면 아들에게 추억을 남겨주려고 애썼다.

이런 일도 있었다. 경주에 산별노조 교육을 하러 갔다 올라가는 길이었다. 밤늦게 기차표를 예매하고는, 크리스마스트리를 사기 위해 잘 모르는 경주 시내를 헤집고 다녔다. 트리와 장식을 고른 다음, "서울까지 가져갈 거니 포장을 잘 해달라"고 했다. 가게 주인이 "서울이 더 싼데 왜 여기서 사냐?"고 의아해했다. 내가 "솜도 필요한데 이불집이 근처에 있냐?"고 물었다. 초등학생이던 아들 준비물을 챙긴 것이었다. 가게 주인이 많이 필요한 게 아니면 약국에 가서 탈지면을 사라고 알려주었다.

이처럼 아들과 함께 뭘 사러 갈 시간을 낼 수 없으니 전국을 돌아다니다 짬이 날 때, 가게가 눈에 띌 때마다 아들에게 필요한 물건들을 샀다. 내 물건도 마찬가지다. 지금도 옷을 사러 갈 틈이 없어서, 돌아다니는 중에 보이는 아무 상점에나 들어가 필요한 옷을 사는 식이다. 그러다 보니 이제는 눈썰미가 늘어서 딱 보면 내가 입을 수 있는 사이즈인지 아닌지 바로 안다. 입어볼 필요도 없다.

그렇게 짬짬이 애는 썼지만 항상 엄마 손길이 그리울 수밖에 없는 아들이었다. 언젠가 겨울방학이 시작되었을 때 아들이 생활 계획표를 불쑥 내밀더니 이렇게 말했다. "방학 땐 엄마랑 실컷 놀 거야." 나는 "그런데 엄마가 다음 주까지 좀 바쁘거든"이라고 대답했다. 그러자 아들이 실망한 얼굴로 이렇게 말했다. "엄마는 나보다 금속연맹을 더 좋아해?" 당황한

—— 처음에는 사람들에게 얼굴도 내비치지 않으려고 했던 아들과 남편은 내가 정치를 계속하면서 점점 더 적극적으로 나서주었다. 심상정 아들, 심상정 남편이라서가 아니라 "내가 지지하는 후보라서"라고 말하는 새침데기 같은 남자들이다.

나는 더듬거리며 설명했다.

"그게 아니고, 산별노조 만들려고 엄마가 지금 좀 바쁜 거야. 빨리 산별노조 만들어서 너도 토요일에 학교 안 가고, 엄마도 회사 안 가고, 너랑 놀려고 그러는 거야. 산별노조 만들면 노동자들이 무서워서 마음대로 회사에서 쫓아내지 못하거든. 그래야 엄마, 아빠가 회사에서 쫓겨나지 않고, 너 장난감도 사주고 치킨도 사주지."

무슨 말인지는 모르겠고, 그렇다고 안 믿을 수도 없고, 내 눈을 빤히 쳐다보던 아들은 항상 그랬듯이 더 이상 억지를 부리지 않았다. "엄마는 나보다 금속연맹을 더 좋아해?"라고 하던 아들의 얼굴이 지금도 잊히지 않는다.

그런 꼴을 봐야 하는 친정어머니는 "얼마나 대단한 일 한다고 애까지 떼어놓고 사냐?"라고 한탄도 많이 하셨다. 그때는 우리나라에 기업별 노조가 아닌 산별노조를 처음으로 만들던 때로, 노동운동의 새로운 역사를 써가던 시기였다. 나는 특히 대한민국 최대의 산별노조인 금속노조를 만드는 일의 한가운데 있었다. 그러면서 동시에 아이의 엄마이기도 했다. 이 두 가지 사이에서 늘 박빙의 삶을 사는 느낌이었다. 조금이라도 긴장을 놓치면 벼랑 밑으로 떨어질 것 같은 느낌이었다. '엄마를 자주 못 봐서 아이가 비뚤어지지 않을까?' 하는 생각, '아이도 떼놓고 하는 일인데, 더 잘해야 한다'는 생각이 늘 가득했다.

내 빈자리를 메우기 위해 친정 부모님이 정말 애쓰셨다. 어머니는 말할 것도 없고 특히 돌아가신 아버지가 우리 우균이를 매우 살뜰하게 키우셨다. 아이 가슴에 그늘이 생길까 봐 늘 걱정하시고, 많은 시간을 손주 보는 데 쏟으셨다.

슈퍼 엄마가 필요한 게 아니라

내 경우뿐 아니라, 지금도 수많은 가정에서 조부모들이 손주들을 돌본다. 과거에 비해 어린이집도 많이 생기고 국가에서 육아보조금도 주지만, 사실 아이를 키우는 데 가장 필요한 것은 '시간'이다. 부모가 갖지 못하는 시간을 조부모들이 채워주고 있는 것이다. 부모들이 아이 키울 시간을 빼앗아가는 게 무엇이겠는가. 바로 장시간 노동이다.

2017년 대선에서 나는 첫 번째 공약으로 '슈퍼우먼 방지법'을 내놓았다. 그 공약을 내놓기 얼마 전 한 여성 공무원이 사망하는 사건이 발생했다. 세 아이 엄마였던 여성 공무원은 일과 가정의 양립을 주창해온 보건복지부 소속 사무관이었다. 두 살 터울로 세 자녀를 잇달아 출산했고, 규정에 따라 6년 1개월 동안 육아휴직을 가진 후 복직했다. 복직한 후에는 숨지기 직전까지 매일 아침 7~8시에 출근해 저녁 8~9시까지 근무했다. 주말 근무도 있었는데, 아이들과 보낼 시간을 조금이라도 확보하기 위해 남들보다 일찍 새벽 5시 30분에 출근했다고 한다. 그가 죽은 날은 일요일이었다. 그날도 아침 7시에 출근하여 정부세종청사 건물 비상계단에서 숨진 채 발견됐다.

출산휴가 확대, 육아휴직 급여 인상과 같은 조항을 담고 있는 슈퍼우먼 방지법의 핵심은 두 가지이다. 첫째는 아빠, 엄마 들에게 반드시 3개월은 의무적으로 육아휴직을 하게 하는 것이다. 아무리 육아휴직 기간을 길게 쓸 수 있게 만들어줘도, 쓰지 않으면 소용이 없다. 최근에 육아휴직을 하는 아빠들이 많이 늘어나고 있지만, 아직 많은 회사들이 눈치를 준다. 아빠에게도 3개월 육아휴직을 의무적으로 쓰게 함으로써 육아가 부부 공동의 일로 자리 잡는 속도를 높여야 한다. 둘째는 노동시간 단축이다. 보건복지부 사무관의 죽음에서 보듯이 육아휴직을 하고 나오면 뭐하겠는가. 직장에 나가는 동안의 육아가 더 중요한데, 엄마 아빠가 장시간 노동을 하게 되면 아이를 돌볼 시간이 없다. 집에 들어와 겨우 씻기고 재우기 바쁜 게 일하는 엄마들이다. 엄마 아빠의 퇴근이 늦으면 어린이집 보육 교사들도 장시간 노동에 시달리게 된다.

나도 아들이 세 살 때 잠시 어린이집에 맡겼는데, 그때마다 아이 데려오는 시간이 번번이 늦었다. 다른 아이들은 모두 집으로 돌아간 뒤에 우리 아이 혼자만 울며 남아 있었다. 늦는 부모 대신 돌봐주고 있는 보육 교사들도 울고 싶었을 것이다.

2015년 보건복지부 조사 결과에 따르면 어린이집에 근무하는 중간 경력 보육 교사의 1일 평균 노동시간은 9시간 36분, 휴식시간은 평균 18분에 불과했다. 그런데도 보육 교사 월 급여는 수당까지 합쳐 평균 184만 원에 그친다. 국공립의 경우 210만 원 정도지만 민간 어린이집은 163만 원, 가정 어린이집은 150만 원 수준이었다. 그러니 어린이집에서는 아이

돌보는 일을 제대로 하기 힘들고, 일하는 부모들은 어린이집을 믿을 수 없는 것이다. 노동이 왜 인간 행복의 기본인지를 여기서도 확인할 수 있다. 아이를 데리러 가는 버스 안에서 가슴이 바짝바짝 타들어가고, 속으로 눈물을 흘리는 엄마들이 없어지려면, 장시간 노동이 사라지고, 임금이 올라가는 것이 진짜 해결책이다.

슈퍼우먼 방지법을 처음 발표할 때 아들 생각이 가장 많이 났다. 반지하 집에서 살던 초등학교 4학년 때 "나중에 커서 좋은 집 사드리겠습니다. 그때까지 살아 계세요"라는 크리스마스카드를 준 아들. 예민한 사춘기에도 부모에게 이유 없는 투정도 제대로 못 부려본 아들. 아침에 나갈 때 "하루 잘 보내라. 길 다닐 때 조심하고"라고 말하면, "제 걱정 말고 엄마 조심해서 다녀오세요"라고 말하던 아들. 그 아들이 언제 컸는지, 대선 때는 엄마를 지원하느라, 아니 아들이 하는 말로 '자기가 지지하는 대선 후보'를 위해 열심히 뛰어다녔다.

너라는 작은 우주에서 배웠어

알아서 자란 아들은 할 일도 알아서 한다. 어느 순간 철이 확 들어버렸다. 나는 새벽까지 공부하는 아들에게 간혹 과일을 깎아서 들여놓는 것으로 엄마 노릇 하는 게 전부다. 전에는 내가 항상 "이런 책 읽어봐"라며 건네주곤 했는데, 이제는 아들이 내게 뭔가를 건넨다. 언젠가 자원봉사했던 이주 노동자 지원 단체 '아시아의 친구들'에서 사람들과 함께 잡지를 만들었다고 건네주더니, 이주 노동자들을 대상으로 노동법 강의도 한다고 했다. 아들 세대가 함께하는 노동자의 범위는 더 넓어지고 있다는 생각, 아들이 이방인을 환대하는 법을 배운다는 생각에 대견하기도 하고 놀랍기도 했다.

아들은 집안일도 알아서 돕는다. 대학생이 되고 운전면허를 딴 다음에는 장도 자기가 본다. 아들은 집에 뭐가 필요한지 잘 살피고 장을 보는데, 나는 집에 뭐가 있는지 모르니 엉뚱한 걸 사 오기도 한다. 가만 보면 나는 장을 볼 때 꼭 빵과 과자 같은 걸 집어넣고 있다. 두 남자가 집에서 뭐 해 먹기 힘들 수가 있으니, 빵 같은 게 편하지 않을까 싶어서 빵집만 보면 들어가게 된다. 시간이 나면 내 손으로 직접 음식을 만드는 편이다. 남편이 집안일을 거의 도맡아 하지만, 아들 말로는 요리는 내가 훨씬 더 잘하고 맛있단다. "엄마 음식이라 맛있다고 해주는 거냐?"고 물으면, "사실이기 때문이다"라고 대답한다. 빈말은 절대로 안 하는 아들이다.

아이를 낳고 보니 아이란 작은 우주와 같은 존재라는 생각이 들었다. 작은 몸속에 인지 능력도, 감성도, 욕망도 다 들어 있었다. 특히 엄마를 읽는 능력이 너무 놀라울 때가 많았다. 그런 게 느껴질 때마다 느끼는 경이로움 같은 게 있었다. 인간이라는 존재에 대한 새삼스러운 감탄이라고 할까? 아들을 키우면서 내가 인간으로서 성숙해졌다는 느낌을 많이 받았다. 아들을 키우면서 아이가 엄마의 아주 작은 행동도 그대로 따라 한다는 것을 알았다. 아들이 어릴 때 어느 날 옷장 문을 발로 탁 밀어서 닫는 걸 보고 깜짝 놀랐다. 맨날 급하니까 내가 그렇게 발로 밀어서 닫았는데, 그걸 그대로 따라 하는 것이었다. 그 뒤로는 사소한 행동 하나도 조심하게 되었다. 내가 누군가에게 절대적인 영향을 줄 수 있다는 사실도 깨달은 것이다.

이제 아들은 스스로 자기 길을 찾아갈 것이다. 아들의 독립이 가끔 아쉽기도 하다. 간혹 아들과 이야기를 나누고 있는데 남편이 끼어들려고 하면, "당신은 끼어들지 마. 우리 둘이 이야기하잖아"라며 막을 때가 있다. 그 마음을 남편도 알 것이다. '나도 우균이와 둘만 나누는 공감대를 갖고 싶어. 이제까지 너무 없었으니까' 하는 마음인 것이다.

2부

세상을 바꾸는 사람들

우리는 중원에 등장한 변방의 칼잡이들이었다. 제대로 실력을 보여주어야 했다. 기존 정치인들은 노동운동을 하던 이가 정치를 잘할 수 있을 거라고 전혀 기대하지 않았다. "거리에서 주먹질만 하던 사람들이 무슨 정치를 알겠냐?"라고 말할 때마다 나는 이렇게 대답했다. "거리에서 투쟁하는 것보다 훨씬 더 많은 시간을 회사 측과 마주 앉아 협상합니다. 서로의 요구를 조정하고 타협하는 것이 원래 노동운동의 기본 임무입니다. 그래서 공부를 많이 합니다. 그러니 한국 사회를 잘 이해하는 게 당연합니다."

일하는 사람들과 함께

천 리를 보는 쟁의국장

"그걸 어떻게 아세요? 안 내려가셨잖아요."

경주에 출장을 다녀온 신언직이 놀라며 말했다. 나는 말없이 씩 웃기만 했다. 신언직이 경주에 있는 현대자동차 하청 업체 노동자들을 만나고 온 다음이었다. 당시 전노협 쟁의국장을 맡고 있던 내가 출장 보고서를 보더니 그 옆의 사업장은 지금 어떤 상황이고, 그 사업장의 누가 어떤 활동을 하고 있는지 척척 말하더라는 것이다. 깜짝 놀랐단다. '현장에 다녀오지도 않았는데 어떻게 빤하게 알고 있는 거야. 앉아서 천 리를 보나?' 이런 생각이 들더란다.

맞다. 나는 앉아서 천 리를 볼 수 있었다. 전국에 나와 함께 활동해온 숱한 동지들이 있었기 때문이다. 그들에게 전화만 하면 상황을 다 알 수 있었다. 그 일로 자존심이 상한 신언직은 '내가 2년 안에 전노협 소속 사업장들은 다 가보겠다'는 각오를 했다고 한다.

나는 1990년에서 1995년까지 전노협에서 쟁의부장, 쟁의국장, 조직국장으로 일했다. 1987년 노동자대투쟁 이후 노동자들의 자각은 거셌다. 정권과 자본으로부터 독립적인 전국 규모의 노동조합의 구심체를 만드는 것을 모두가 꿈꾸었다. 다른 의견들도 있었다. 노동조합 말고 대중조직을 만들자는 의견도 있었고, 한국노총에 들어가서 그곳을 개혁하자는 의견도 있었다. 이런 다양한 논의를 거쳐 1990년 전노협이 만들어졌다. 전노협의 슬로건은 '평등 사회 앞당기는 전노협'이었다.

전노협은 오로지 노동자들의 자발적인 힘으로 밑바닥부터 만든 전국적인 구심체였다. 때문에 이에 대한 노동자들의 애정은 매우 컸다. 활동가들에 대한 처우가 그리 좋지 않았지만, 현장에 내려가면 전노협에서 왔다는 이유만으로 잠자리도 마련해주고, 밥도 먹여주고, 올라갈 때 쓰라고 차비도 주고, 선물도 주고, 후원금도 모아주었다. 그래서 전국에 노동자들이 있는 곳은 다 자기 집 같았다고 회고하는 활동가들이 많다. 노동운동을 하다 동료가 해고를 당하면, 각자의 주머니를 털어 동료의 생활비를 마련해주던 시절이었다. 모두에게 필요한 일을 앞장서서 하는 이들에 대한 존중과 애정에서 비롯된 일인 것이다. 불가피한 측면도 있었지만, 당시에 사회운동가들이 '배고픈 헌신'을 당연하게 여겼던 것은 지금 생각해도 가슴 아프다.

당시 정부는 복수 노조를 금지했고, 노동쟁의에 대한 제3자 개입을 불법으로 규정했다. 이에 대해 국제노동기구 등 수많은 국제기구가 문제로 지적했으나 바뀌지 않았다. 전노협은 법적 지위를 인정받지 못해, 주요 간부들은 수배당하고 체포당하는 일을 반복해야 했다. 전노협 창립식 날에도 경찰이 들이닥쳤고, 현장에서 141명을 잡아갔다.

전노협 쟁의국장이라고 하니 엄청난 싸움꾼처럼 느껴질지도 모르겠다. 물론 전국 사업장들을 다니면서 노사 간 교섭 일도 많이 했지만, 사실상 전노협의 살림을 다 맡아야 했다. 당시 위원장, 부위원장 등은 자리에 앉자마자 수배가 떨어졌고 툭하면 잡혀갔기 때문이다.

위원장님은 툭하면 수배, 살림살이는 내 몫

특히 단병호 위원장은 전노협 위원장부터 민주노총 위원장까지, 수배와 구속을 반복하는 인생을 사셨다. 밖에 있을 때보다 감옥에 있을 때가 더 많았다. 이분은 워낙 용모가 특출해서 변장을 시켜도 소용이 없었다. 키도 큰 데다 비쩍 말라 유난히 위아래로만 솟은 분이었다. 모자를 쓰고 바바리코트를 입어도 한눈에 띄었다. 문제는 팔이었다. 팔이 워낙 길어 걸을 때마다 그 긴 팔이 허리를 휘감았다. 대한민국 경찰들이 다 아는 용모와 걸음걸이니, 바로 잡힐 수밖에 없는 것이다. 게다가 이 분은 체질적으로 운둔형이 아니었다. 수배 중에도 한시도 쉬지 않고 이 현장 저 현장 날아다녔다. 그렇게 단병호 위원장과 그 긴 세월을 함께했는데, 최근에 단둘이 찍은 사진 하나가 없다는 것을 알았다. 수배와 투쟁으로 항상 아슬

——— 단병호 위원장과 내 아들 우균. 전노협에서 금속노조, 민주노총, 민주노동당까지 그 긴 시간을 나는 단병호 위원장과 함께했다. 한국 노동운동사에서 중요한 위치에 있었던 사람이고, 노동자들의 대표였지만, 그를 대접하는 것은 계속되는 수배와 구속이었다.

아슬하게 살던 시절, 그토록 *끈끈한* 동지였음에도 혹여 무슨 문제가 될까 흔적조차 남길 수 없던 시절이었다.

전노협 활동에서 가장 중요한 것은 '자력갱생'이었다. 월급은 생각도 못하고 유인물 값부터 출장비까지, 온갖 사업에 들어가는 돈을 활동가들이 조달해야 했다. 그래서 만들어진 것이 전노협 후원회. 민주화교수협의회의 김진균 교수가 후원회 대표를 맡아주셨다. 민족미술협의회의 유홍준 선생도 함께했다. 민주화를 위한 변호사 모임 등 앞에 '민' 자가 붙은 온갖 단체들은 물론, 전국교직원노동조합, 전국언론노동조합연맹, 한국민족예술인총연합, 한국여성단체연합 등 많은 곳에서 후원을 해주었다.

출범한 지 한 달 만에 전노협 소속 노동자가 400명이나 구속되었던 데다, 단위 노조들이 혹심한 탄압으로 파괴되고 있는 상황에서 회비 납부는 기대할 수 없었다. 이분들은 고생하는 전노협 상근자들에게 단 10만 원이라도 주어야 한다는 마음으로 대규모의 후원 행사를 만들었다. 1990년 9월 '땀 흘리는 사람들을 위한 작품전'이 열렸다. 여기에 140여 명이나 되는 작가들이 작품을 보내주었다. 이철수 선생님의 판화, 지금은 고인이 되신 신영복 선생님의 글씨, 장일순 선생님의 서예 등 많은 예술가들이 힘을 보태주었다. 나도 그때 후원금을 모으기 위해 큰오빠를 불러서 신영복 선생님의 '처음처럼' 글씨와 장일순 선생님의 '경인무재(敬人無災, 사람을 공경하면 재앙이 없다)' 글씨를 강매했다. 큰오빠는 꽤 거금을 내고 사주었는데 '경인무재' 글씨는 지금 국회의원실에 걸려 있다. 그 작품전에서 가장 인기 있었던 물건은 커다란 징 시계였는데, 그 징 시계는 며칠만에 다 팔렸다. 그 '전노협 징시계'를 가지고 계신 분은 연락을 주면 좋겠다.

이 후원 행사가 성황리에 열릴 수 있었던 데는 유홍준 선생의 역할이 매우 컸다. 당시에도 유홍준 선생의 놀라운 '말빨'이 빛났다. 그 말빨로 작가들을 모으고 손님들을 구름처럼 모았다. 마치 자기 일처럼 열과 성의를 다해 준 선생에게 활동가들은 깊이 감사했다. 나는 행사를 준비하면서 유홍준 선생을 자주 만났는데, 그때 선생이 나에게 불렀던 별명이 '인민무력부장'이었다. '인민무력부장'이라는 별명답게 나는 힘도 세다. 팔씨름도 잘한다. 이런 응원에 힘입어 전노협은 계속 성장해갔다.

왜 싸움꾼이 되었나

노동자들이 노동조합을 만들고, 전노협을 만들고자 했던 것은 기업주와 협의 및 대화를 하기 위한 창구가 필요하기 때문이었다. 노동자와 기업주가 서로를 협상 파트너로 인정하고, 공통의 더 큰 목적을 위해 합의할 수 있다면, 굳이 파업을 할 이유도 폭력을 쓸 이유도 없는 것이다. 그러나 우리나라에서 기업주들이 노동자들을 파트너로 인정하는지부터가 의문이다.

노동조합이 맨날 폭력적 행동을 하고, 싸움만 하는 곳이라고 오해하는 사람들도 있는데, 사실 노동자가 강하면 그런 일이 벌어질 리가 없다. 노동자들이 협상하자고 해도 기업주들이 협상 테이블에 안 나오니 농성을 하고, 파업을 하게 된다. 그러면 기업에서는 공권력을 투입하게 되고, 물리적 충돌도 일어나는 것이다. 선반공 출신으로 브라질 대통령이 된 룰라가 이런 말을 했다. "폭력을 쓴다는 것은 약하다는 것이다. 그 수단 말고는 자신들을 드러낼 수 있는 방법이 없기 때문이다. 강한 노동조합은 폭력을 쓸 이유가 전혀 없다. 자본가들과 충분히 협상할 수 있는 힘을 갖고 있기 때문이다."

그런 점에서 우리나라 노동운동의 전투성은 그만큼 노동자들을 인정하지 않기 때문에 생겨나는 현상이기도 하다. 전노협은 개별 회사, 지역, 직종을 넘어 전국의 노동자들이 노동자들의 권익을 위해 공동으로 싸우는 조직이었다. 전노협이 점점 강해졌기에 기업과 정부가 노동자를 경제의 주체로 인정하고, 협상과 논의의 파트너로 인정하게 되었던 것이다. 무엇보다 전노협은 노동운동의 본질인 '연대'를 구현하는 조직이었다. 한 개인이 싸우는 동안 외롭지 않고, 한 기업이 싸우는 동안 함께하는 노동자들이 있다는 것. 전노협은 '연대의 확장'을 위한 전국적인 조직이었다.

2017년 정의당 대선 후보가 되어 첫 행보로 춘천교도소에 갔다. 거기에는 이명박 정권이 해고하고 박근혜 정권이 가둔 노동자들의 대표 민주노총 위원장 한상균이 있었다. 그는 내 오랜 친구이자 동지다. 그는 쌍용자동차 노조 위원장이었다. 쌍용자동차는 내가 노동운동을 하면서 가장 많이 드나들었던 사업장 중 하나다. 2012년 박근혜 정권의 탄생을 막기 위해, 대선 후보를 사퇴하고 야권 연대를 결심했을 때도 가장 먼저 만나러

간 사람도 한상균이었다. 그때 한상균은 평택 쌍용자동차 공장이 내려다 보이는 고압 송전탑 위에서 해고 노동자들과 함께 있었다. 해고로 인해 20여 명이 죽었고, 노조위원장이 41일간 단식을 해도 아무런 해결의 기미가 없자 결국 송전탑 위에 올라간 이들이었다.

2012년에는 한겨울에 평택 송전탑으로 향했는데, 2017년에는 봄날에 춘천교도소로 찾아갔다. 한상균은 박근혜 퇴진 요구 촛불이 불붙기 전, 역사 교과서 국정화 문제와 노동법 개악에 맞서 시민들과 함께 싸웠다. 그게 한상균의 죄였다. 2015년 민중 총궐기 집회를 주도했다는 이유로 체포되어 5년 형을 선고받았다. 경찰의 물대포에 맞아 백남기 농민이 사망한 그 민중 총궐기 집회였다.

이게 우리나라 정부가 노동자 대표를 대하는 수준이었다. 정부가 노동자를 어떻게 대하는지를 보면 국민 다수를 어떻게 생각하는지 알 수 있다. 노동자에 대한 처우 수준이 바로 그 나라 국민 다수의 삶의 질 수준이다. 선진적인 복지국가에서 노동자 대표는 국정의 주요한 파트너로, 노동부 장관을 맡기도, 총리를 맡기도, 대통령이 되기도 한다. 국민 다수가 자기 노동으로 생계를 꾸리는 사회에서 노동자가 국정에 참여하는 것은 자연스럽고 당연한 일이다. 그런데 우리나라 노동자 대표는 차디찬 감방에 갇혀 있었다.

특권 부패 세력에 저항하는 노동자를 범죄자 취급하는 나라에서, 어떤 월급쟁이가, 어떤 비정규직이, 어떤 아르바이트생이, 어떤 실업자가, 자기의 권리를 찾을 수 있을까? 그런 나라를 만들지 말자고 한상균은 노동 현장에서 싸우고, 나는 정치 영역에서 싸워왔다.

우리가 함께 싸우던 시절, 전노협 쟁의국장은 내게 매우 자랑스러운 직함이었다. 그 시절에는 현장에 있는 노동자들에게 강연도 많이 했다. 어떻게 해야 파업에서 승리할 수 있는지, 어떻게 해야 노동자의 투쟁을 국민들이 지지하게 되는지 등을 이야기했다.

강연 갈 때마다 벌어지는 풍경이 있었다. "오늘 강연은 전노협 쟁의국장께서 해주시겠습니다"라고 나를 소개하면 내가 뻔히 단상 앞에 있는데도 사람들은 '누가 오나?'라고 뒤를 돌아보며 두리번거렸다. 전노협 쟁의국장이라 하니 우락부락한 남성일 거라고 짐작했던 것이다. 긴 생머리에 얼굴 하얀 아가씨라고는 상상도 못했던 거다. 그런 나를 보고 '이 사람은 도대체 뭐야'라고 하던 표정을 짓다가도 "이 사람이 구로동맹파업을 이끈 심상정이다"라고 소개하면 순간 태도가 싹 달라졌다.

여성 쟁의국장도 드물던 시절, 학생운동 출신으로 전노협 간부가 된 것도 나뿐이었다. 당시에는 노동자 우선주의 원칙이 있어서, 국장 이상 간부는 현장 노동자 출신들만 될 수 있었다. 내가 예외적이었던 것은 노동자들이 구로동맹파업의 의미를 존중해주었기 때문이다. 힘없는 어린 노동자들이 연대 투쟁을 이루어 낸 최초의 싸움을 존중해주었던 것이다.

살아남은 전태일들

뭉치면 살아, 흩어지면 죽어

내가 노동 현장에 강연을 가면 하는 이야기는 요약하면 두 가지였다. 첫 번째는 "뭉치면 살고 흩어지면 죽는다". 두 번째는 "끝까지 싸운다". 이는 "민주주의는 조직된 시민의 힘이다"라는 말과 같은 말이고, 박근혜 퇴진 요구 촛불 집회 때 수많은 시민들이 하나로 똘똘 뭉친 것과 똑같다.

"여러분! 처음에는 회유하고 협박할 겁니다. 다음에는 공권력을 투입하고, 지도부를 구속할 겁니다. 그다음에 조합원들에게 손해배상을 청구하고, 조합원들 사이를 이간질시키고, 공격해서 조직 내부를 균열시키려고 합니다. 이 모든 과정을 여러분이 단단하게 버텨낼 때 비로소 승리할 수 있습니다."

앞으로 벌어질 수 있는 온갖 어려운 일들을 미리 말해주고, 그것을 이겨낼 수 있다는 것 또한 알려주는 것. 그것이 늘 내가 하는 교육이었다.

교육을 해보면 특히 공권력 투입에 대한 두려움이 크다는 것을 느낄 수 있었다. 우리나라에서는 개별 사업장의 파업을 진압하는 데 국가 권력을 동원하는 일이 비일비재했다.

파업을 진압하는 데 공권력을 동원한다는 것은, 정부가 노사 관계에서 일방적인 중재자 역할을 한다는 것이다. 그러나 유럽만 봐도 노사 관계에 정부가 끼어드는 정도가 크지 않다. 노동조건을 법으로 정하거나, 행정명령으로 규제하는 경우도 별로 없다. 유럽은 노동조합 조직률이 70~80퍼센트나 되기 때문에, 기본적으로 노사 협상을 통해 노동조건들이 결정된다.

문재인 정부에서 법정 최저임금을 높일 때, "국가가 일방적으로 임금을 정해도 되냐? 우리나라의 최저임금이 그리 낮은 편이 아니다"라는 반론이 있었다. 그러나 우리나라의 최저임금과 유럽의 최저임금은 위상이 다르다. 유럽에도 법정 최저임금이 정해져 있지만, 실제 임금은 노사 간 협상에 의해 그 최저임금보다 대부분 높은 수준에서 결정된다. 그런데 우리나라의 경우 어떤 이들에게는 '최저임금'이 곧 '최고 임금'이 되기 때문에 전혀 다른 차원에서 보아야 하는 것이다.

만약 우리나라에도 노사 간 협상 구조가 제대로 작동하고 있다면, 정부가 나서서 최저임금 인상을 강제하지 않아도 될 것이다. 이런 구조가 만들어지지 않는 것은 절대적으로 노동자들의 협상력이 약하기 때문이다. 강력한 협상력을 키우기 위해 가장 필요한 것이 노동조합, 특히 산업별 노조(산별노조)다.

산별노조를 통해 협상을 하게 되면, 우선 개별 회사와 공장을 넘어선 요구가 만들어진다. 더 많은 노동자들과 시민들이 관심을 갖게 되고, 더 많은 다수가 지지할 수 있는 보편적인 요구에 집중하게 된다. 협상 테이블의 중요성도 강제력도 커지게 된다. 협상의 이행 과정과 결과에 대한 공동의 책임감도 커지게 된다. 유럽의 복지국가를 만든 추동력은 산별노조와 진보 정당이었다. 강력한 조직력과 협상력을 갖고 있는 산별노조와 산별노조의 정치적 파트너인 진보 정당의 협력 구조를 통해 복지국가를 만들어온 것이다.

우리나라는 1997년에야 법이 개정되면서 기업별 노조의 산별노조 전환이 법적으로 가능해졌다. 이후 병원 노련(1998년), 대학 노조(1998년), 운송 하역 노조(1999년), 금융·언론 노조(2000년), 금속·택시 노조(2001년) 등이 산별노조로 전환하였다. 나는 전노협 쟁의국장을 거쳐 1996년부터 2002년까지 민주금속연맹, 금속산업연맹, 금속노조에서 일했다. 금속노조는 자동차, 철강, 조선 등의 노조들이 가입되어 있는 우리나라 최대의 산별노조다.

힘 센 사람과 힘 약한 사람이 함께

여러 훌륭한 산별노조들이 있지만, 특히 금속노조에 대한 당시 사회 개혁 세력들의 존경심은 대단했다. 5월 1일 메이데이 날 거리에 금속노조의 깃

발이 지나가면 대학생들이 열렬한 박수를 보내고, 단병호 위원장이 연단에 올라가면 집회 장소에 모인 모든 사람들이 크게 환호하며 존경을 표했다. 상업 고등학교를 중퇴하고 건설 회사에 들어간 젊은 청년, 박정희를 존경했던 청년 단병호는 1987년 동아건설에서 연말 상여금 투쟁을 시작으로 노동조합을 만들고 이후 최전선에서 노동운동을 이끌었다. 단병호 위원장은 죽지 않고 살아남아 노동자들의 대표가 된 전태일이었다. 전태일과 달리 너무 키가 크긴 했지만.

나 또한 금속노조에 대해 한없는 애정을 가졌다. 지금 사용되고 있는 금속노조의 배지, 조끼, 깃발 등도 내가 사무처장으로 있을 때 만들어진 것이다. 그 상징들을 볼 때마다 가슴이 뭉클하다. MT 가서 한마음을 모았던 불꽃놀이와 같은 일들이 생각나고, 많은 노동자들과 함께 '해방춤'을 추던 즐거움도 생생하다.

금속노조에서 일하던 시절, 스웨덴, 독일, 오스트레일리아 등의 금속노조 사람들과 만나서 서로의 경험을 나누는 일도 열심히 했다. 전 세계 노동자들과의 연대는 예상했던 것보다 훨씬 더 자유롭고 즐거웠다. 2001년 스웨덴 금속노조의 초청을 받아 간 적이 있었다. 4년마다 한 번씩 열린다는 스웨덴 금속노조의 대의원 대회를 참관하고, 스웨덴 금속노조가 2년 동안 지원해준 비정규직 연대 기금을 연장하기 위해서였다. 당시 연대 기금 액수가 연간 4000만 원 정도였으니 매우 중요한 일이었다.

프랑크푸르트에서 스톡홀름으로 가는 비행기에 앉았다. 옆자리에 칠순이 넘은 노부부가 생후 6~7개월 돼 보이는 한국인 아기를 안고 있었다.

—— 많은 복지국가에서 산별노조와 진보 정당은 두 축이었다. 금속노조는 그 한 축인 산별노조의 대표 조직이었다. 금속노조에서 일하던 시절 나의 자긍심은 매우 높았다. 나는 노무현 정부 시절 2003년 9월까지 금속노조 사무처장으로 일했다.

입양되는 아이를 데려다주러 가는 길이라고 했다. 그 순간 도덕적 자괴감 같은 게 스쳐 갔다. '한강의 기적을 이뤘다면서 아직도 이 나라에서 태어난 아이를 키울 수가 없다고 먼 나라로 보내고 있다니.' 스웨덴 체류 기간 내내 비행기에서 만난 아이의 눈빛이 따라왔다. 그래서 통역을 맡고 있던 스톡홀름 대학교 한국학 교수의 도움을 얻어 이미 청년으로 성장한 한국인 입양아들을 만났다. 핏덩이일 때 입양돼 온 그들은 밝고 한결같이 한국어를 잘했다. 그들 앞에 부끄러웠다. 다른 나라들은 이미 이 정도 경제 수준일 때 복지 시스템을 마련하여 이런 아이들을 사회가 키워왔을텐데, 우리나라는 뭘 하고 있는가.

그때 나는 비정규직 연대 기금 연장에 성공했다. 다행이었다. 하지만 20여 년 노동운동가로서의 자부심이 구겨지는 순간이었다. 스웨덴 금속노조 국제국장은 연대 기금을 연장하면서도 "현재 한국 노동자들의 임금 수준을 고려할 때 한국은 사실 지원의 대상이 아니라 더 어려운 나라의 노동운동을 지원해야 할 위치에 있다"고 강조했다. 그럼에도 한국 금속노조를 지원 1순위로 정한 것은 "한국 산별노조 운동의 성장이 신자유주의에 맞서는 세계 노동운동의 발전을 위해 중요하기 때문이다"라고 덧붙였다.

해외의 노동운동가들을 만날 때 그 사람들이 놀라워하는 것은 우리나라 노조가 주로 기업별 노조라는 것이었다. 그들은 기업별 노조는 태생적으로 황색노조라고 말한다. '황색노조'는 노동자 입장에 서지 않고 자본가에게 협조적인 어용 조합 또는 우익 조합을 이르는 말이다. 이는 우리나라의 기업별 노조가 자본가에게 협조적이라는 뜻이 아니라, 기업별 노조는 자본의 힘에 비해 너무 약하기 때문에 결국 기업의 뜻대로 갈 수밖에 없다는 것이었다. 또한 기업별 노조 형태로는 복지, 세금, 교육, 비정규직 문제 같은 사회적 연대를 도모하기가 어렵다. 임금, 근로조건과 같은 작은 이익, 경제적 이익에 집중할 수밖에 없다.

때문에 노동자들의 연대가 사회 구성원 대다수의 연대가 되기 위해서는 개별 기업 노조 수준을 뛰어넘어 자본과 대등한 교섭력을 확보할 수 있는 산별노조가 필요하다. 연대라는 건 힘이 센 사람들과 힘이 약한 사람들이 서로 도움으로써 더 큰 이익을 얻는 것이다.

이는 내가 속해 있었던 금속노조의 성과를 통해서도 확인할 수 있다. 금속노조는 산별 차원의 집단 교섭을 통해 금속노조 소속 사업장 모두에게 적용되는 주 40시간 노동을 최초로 쟁취했고, 산전·산휴 휴가를 60일에서 90일로 확대했다. 산전·산후 휴가 확대는 여성 노동자가 많은 병원 노조, 금융노조보다 금속노조에서 먼저 쟁취했는데, 이는 금속노조에 여성이 적기 때문에 이와 같은 조항을 기업이 받아들이기에 부담이 덜했던 측면이 있다. 이렇게 하나의 산별노조에서 보편적인 성과를 내면, 이는 곧 다른 산업계에도 빨리 퍼지게 된다.

산별노조란?

1990년대 초반 노동운동도 질적인 변화를 맞고 있었다. 당시 경찰서에 가면 조서를 쓰던 크로버 타자기가 워드프로세서로 막 바뀌던 때였는데, 대기업 노조에 가면 퍼스널 컴퓨터를 쓰고 있었다. 한국의 기업들이 글로벌화 되면서 노동운동이 고려해야 하는 요소들도 많이 달라지고 있었다. 기업의 국제경쟁력, 해외 공장 운영 등을 고려하면서 교섭 조건을 만들어야 했다. 이렇게 노동운동의 시야도 더 넓어졌고, 더 많은 연구를 진행했다. 그래야 기업과의 협상력도 높아질 수 있기 때문이었다.

산별노조는 노동운동계뿐 아니라 기업과 정부의 입장에서도 필요하다. 당시 금속 산별노조를 추진하던 과정에서 '현대자동차의 노사 관계 모델'을 연구 프로젝트로 진행한 적이 있었다. 나는 그 연구 결과를 가지고 현대자동차 한 임원에게 이렇게 말했다.

"현대자동차 노조는 기업별 노조답지 않게 큰 조직입니다. 노조를 없앨수 없고, 노조의 요구를 무시하기 어렵습니다. 그렇다면 현대자동차가 앞장서서 산별 교섭을 수용하는 것이 장기적으로 회사의 입장에서도 득이 될 것입니다. 지금 노조에 지불한 대가를 회사는 하청 비정규직을 통해 보전하려고 하고 있지만 앞으로 몇 년 안에 비정규직 문제가 전면화될 것입니다. 그러니 산별노조를 수용해 정규직 – 비정규직 – 하청업체 등이 단일한 협상 팀을 구성할 수 있는 구조로 만들면 평균적인 요구들이 만들어집니다. 장기적으로는 기업과 노동자가 서로 합리적인 협상의 파트너가 될 것입니다. 파업도 줄어들 겁니다."

그 임원은 이 이야기를 이해했으나, 실제로 산별노조 협상을 받아들이지는 않았다. 지금도 마찬가지지만 한국의 기업은 노사 관계 선진화에 자신들이 나설 생각을 전혀 하지 않는다. 우리나라에 산별노조들이 있긴 하지만 실제로 산별 교섭이 이루어지고 있다고 보기 어려운 이유가 이것이다. 노조만 산업별 협상 조직을 만들면 되는 게 아니라, 기업들도 산업별 협상 구조를 받아들여야 하는데, 우리나라 기업주들은 여전히 기업별로 노조를 무력화할 수 있고, 파괴할 수 있다는 미망에 사로 잡혀 있다.

이러니 노동자들도 노사 관계를 통해 문제를 해결하기보다는 정부에 해결을 촉구하는 대정부 투쟁의 양상을 띠게 된다. 나는 정부가 민간 부문의 임금 교섭까지 관여하고 책임지는 상황은 벗어나야 한다고 생각한다. 정부가 할 일은 이런 것이다. 최저임금제 등을 통해 최소한의 인간의 존엄성을 보장하는 기준을 만드는 일, 헌법이 보장하는 권리를 통해 노동자들이 스스로 사용자에 대한 협상력을 키우도록 지원하는 일, 부당노동행위를 근절하기 위해 감시하는 일 등을 해야 한다. 이와 같은 일을 하도록 이미 우리나라 헌법에 명시되어 있다. 헌법 32조, 33조가 그것이다.

헌법 32조와 33조

"모든 국민은 근로의 권리를 가진다. 국가는 사회적·경제적 방법으로 근로자의 고용의 증진과 적정 임금의 보장에 노력하여야 하며"로 시작하는 헌법 제32조. "근로자는 근로조건의 향상을 위하여 자주적인 단결권·단체교섭권 및 단체행동권을 가진다"는 헌법 제33조.

이 두 조항의 헌법적 권리를 온전히 되찾는 것이 '노동이 당당한 민주주의'다. 우리 국민들이 촛불 혁명으로 헌법 제1조의 가치를 되찾았다면, 이제 정권을 바꾼 촛불이 일터를 바꾸고 지켜야 한다. 나는 문재인 정부 출범 이후 첫 정치적 행보로 여야 의원들, 사회운동가들, 학자들과 '헌법33조위원회'를 시작했다. 32조 위원회가 아니라 33조 위원회인 것은 33조가 노동자들의 주체적인 권리를 강조하기 때문이다.

노동자들은 수혜를 바라는 이들이 아니라, 자신들의 정당한 권리를 지키고, 공동체를 함께 지켜나가는 사람들이다. 민주주의가 누가 준다고 실현되는 것이 아니듯, 노동의 권리도 마찬가지다. 33조는 32조에 나온 노동의 권리를 노동자들이 스스로 쟁취할 수 있게 하는 세 가지 기본권을 명시하고 있는 조항이다. 우리나라 노동운동 역사를 보면 알 수 있듯이, 노동 탄압은 언제나 33조를 막는 일이었고, 노동운동은 33조를 실현하고자 하는 일이었다.

여전히 갈 길이 멀다. 정규직 노동조합이라고 하면 마치 억대 연봉을 받는 이들의 이기적인 집단처럼 취급하는데, 2017년 문재인 정부에서의 첫 최저임금 인상 적용 대상이 되는 사람들이 정규직의 20퍼센트나 된다. 이는 우리나라 임금 구조에서 비롯된 문제다. 사업장마다, 업종마다 차이는 있지만 우리나라는 워낙 기본급이 약하다. 이를 메우기 위해 노동자들은 잔업하고, 특근하고, 위험한 일을 하면서 수당을 받아온 것이다. 정규직의 20퍼센트나 되는 노동자가 최저임금 적용 대상이라는 사실을 아는 국민이 얼마나 될까?

이뿐 아니다. 더 큰 어려움이 닥쳐오고 있다. 사라지는 일자리 문제다. 벌써부터 제조업이 쇠락하면서 조선소 같은 곳은 이제 일거리가 없다. 자동화와 기계화도 심각한 문제다. 이러면 수당으로 임금을 채우던 일자리조차 머지않아 바닥을 드러낼 것이다.

그런데 보수 정치권은 "상위 10퍼센트의 억대 연봉을 받는 대기업 노조는 기득권 계층이다"라고 공격한다. 왜 노동자는 억대 연봉을 받으면 안 되는가? 자신들의 노동으로 일군 기업의 성과를 정당하게 나눠 갖는 게 왜 문제인가? 게다가 우리나라의 임금 불평등 수준은 엄청나다. 10대 그룹 상장사 78곳을 보면 일반 직원과 경영자의 임금이 35배나 차이 난다. 최저임금과 비교하면 180배 수준이다. 나는 2017년 4월 '살찐 고양이(Fat Cat)법'이라 불리는 '최저－최고임금 연동제'를 발의했다. 이 법안의 주된 내용은 대기업 임직원은 30배, 공공기관 임직원은 10배, 국회의원과 고위공직자는 최저임금의 5배를 넘지 말도록 하자는 것이다. 이 법안을 발의한 것은 지금 우리나라 임금 시장이 극심한 불평등에 시달리고 있기 때문이다.

물론 비정규직 문제 등을 해결하기 위해서 정규직의 양보도 필수적이다. 그러나 정규직 노동자라 해도 그들도 당장 해고되면 갈 곳 없는 파리 목숨이다. 노동조합원들 중에 '금수저' 출신이 있는가? 대부분 '흙수저' 출신들이다. 일하지 않아도 부모로부터 물려받은 재산으로 살 수 있는 이들, 부를 세습해가며 특권을 유지하는 1퍼센트와 같은 취급을 당할 이유가 없다. '흙수저'라서 노동조합을 만든 것이다. 느닷없이 누군가가 낙하

산으로 입사하는 일을 막기 위해, CEO의 연봉이 최저임금의 180배 차이 나는 세상에 맞서기 위해 노동조합을 만든 것이다.

그러니 국가가 나라의 주인인 국민에게 다양한 참여의 장을 마련하듯이, 노동의 주인인 노동자들에게도 자신의 권리를 지킬 노동조합을 만들 수 있도록 지원하는 나라가 되어야 한다. 청소년, 이주 노동자, 청년, 노인들이 저마다 자신의 권리를 지킬 수 있는 나라가 되어야 한다. 25년 동안 노동운동을 하면서 만난 사람들은 이런 나라를 만들고 싶었던 이들이었다. 지금까지 그래왔듯이 이 길에 함께하는 이들이 점점 더 늘어날 거라 믿는다. 흩어지면 죽지만, 뭉치면 산다.

평등해야 풍요롭다

일하는 사람들의 힘이 커지다

2017년 초여름, 서울 광화문에서는 문재인 정부 출범 후 처음으로 노동자들의 대규모 집회가 있었다. 민주노총이 진행한 '사회적 총파업 주간'의 일환이었다. 최저임금 1만 원, 특수 고용 노동자 노동기본권 보장, 비정규직 철폐, 대정부 직접 교섭 등이 주요 요구 조건이었다.

'새 정부 들어선 지 얼마나 되었다고 또 노동운동계가 이러나?' 이런 생각으로 지나가던 시민들이 막상 집회 자리에 앉은 사람들을 보더니 아무 말도 못 했다. 얼굴만 봐도 누구인지 알 수 있는 사람들이기 때문이었다. 마트에서 일하는 분들, 대학에서 청소하는 분들, 병원의 비정규직들, 퀵서비스 기사, 택배 기사 같은 운송 노동자들 그리고 이른바 '알바' 청년들……. 그들이 왜 거리에 나왔는지 공감할 수 있었던 것이다.

"3년 사이 시민들 태도가 달라졌다. 예전에는 농성장 앞을 지나는 시민들 중에 '시끄럽다', '다른 데 취직하면 되지'라고 하는 이들이 많았는데, 이제는 천막에 커피도 사다 주면서 공감해준다. 대재벌 정몽준이 해도 해도 너무한다고 함께 분노해준다."

울산과학대학교 청소 노동자 김순자의 인터뷰에서 읽은 대목이다. 한 시간에 5210원 받던 청소 노동자들은 6000원으로 시급을 올려달라고 요구했다가 만 3년, 1000일 넘게 파업을 해야 했다. 몇백 원 더 달랬다가 벌금 1억 원에, 집까지 압류당한, 환갑이 넘은 아주머니들이 거리에 서게 된 것이었다. 그분들에 대한 태도가 촛불 혁명 이후에 달라졌다.

촛불 혁명처럼 모두 다 함께 이룬 승리의 경험이 있을 때 분열, 오해, 갈등을 넘어 소통과 이해의 국면이 열릴 수 있다. 앞으로 기존 노동조합 운동의 주된 기반이었던 정규직 노동자들이 계속 줄어들면, 불안정한 노동자들을 중심으로 사회연대의 장이 열려야 한다. 이 사회연대의 중심이 되어야 하는 곳이 정의당 같은 진보 정당이다. 그러나 한국에서 진보 정당을 만드는 일은 쉽지 않았다.

'책임 있는 혁신 정치, 수탈 없는 계획경제, 민주적 평화통일.' 지금도 누구나 공감할 이 구호를 내걸고 1956년 한국 최초의 사회민주주의 정당 '진보당'이 만들어졌었다. 그러나 진보당의 대선 후보였던 조봉암은 간첩죄 및 국가보안법 위반으로 검거되어 사형에 처해졌다. 조봉암이 대법원 전원 합의로 무죄 판정 받고 신원이 복권된 것은 52년이나 지난 2011년의 일이다. 조봉암은 일제강점기 독립운동가였고, 해방된 조국에서 제헌 국회의원, 초대 농림부 장관을 지냈다. 그런 이도 한순간에 죽일 수 있는 곳이 반공 이데올로기가 지배하는 대한민국이었다. 대한민국에서 진보 이념을 내세운 당을 만드는 것은 목숨을 내놓는 일과 같았다.

우리나라에 다시 진보 정당이 등장한 것은 21세기가 시작된 2000년 1월, 민주노동당이 창당되면서다. 민주노동당이 만들어질 수 있었던 것은 1980년대와 1990년대를 거쳐 형성된 노동자들의 조직된 힘이 뒷받침되었기 때문이다.

그 조직된 힘의 상징이 바로 전국민주노동조합총연맹(민주노총)이었다. 지금은 민주노총이 명실공히 노동자들의 대표 조직으로 자리 잡았지만, 1995년 11월 창립 당시에는 비합법 조직이었다. '복수의 노조를 금지'하는 법 조항 때문이었다. 합법 조직은 한국노총뿐이었다. 그러나 당시 한국노총은 정권이 노동자들을 통제하기 위해 만든 조직이나 다름없었다. 과거에 노조를 만들고 인준 증명 받으러 가면, 노조 결성 정보를 회사 측에 팔아넘기기도 한 것이 한국노총이었다.

그래서 수많은 민주 노조들이 단결하여 새로운 상급 단체인 민주노총을 만든 것이다. 민주노총이 만들어지자 한국노총에 소속되어 있던 많은 사업장의 노조들이 민주노총으로 상급 단체를 변경해왔고, 그로 인해 한국노총도 점점 노동자들의 목소리를 대변하는 조직으로 바뀌어갔다.

이후 민주노총의 사회적 지위는 계속 커져갔다. 민주노총은 한국 현대사에서 노동자들이 사회적 주체로 자기 자리를 찾는 역사적인 국면을 연 것이었다. 민주노총에서 일하고 싶어 하는 이들이 사회 각층에서 몰려들었다. 나중에 나와 함께 17대 국회에서 일한 오건호(현 내가 만드는 복지국가 대표)가 민주노총에 들어왔을 때, 당시 신문에 서울대학교 박사 출신이 민주노총 상근자가 되었다는 기사까지 날 정도였다.

평등이 무너지면

1996년 김영삼 정부는 노동자, 기업가, 학자 등이 참여하는 '노사관계개 혁위원회'를 출범시켰다. 여기에서 기업 측은 노동시장 유연화를 강조하 며 정리해고, 파견 근로, 변형 근로시간제 등을 주장했고, 노동계는 주 40 시간 노동 등 기본권 보장을 강조하면서 복수 노조, 정치 활동, 제3자 개 입 허용 등을 주장했다. 합의 과정은 고됐고, 진통이 따랐다. 1996년 11 월, 일부 조항이 완전히 합의되지 않은 상태에서 정부와 당시 여당이었던 신한국당은 노동법 개정안을 국회에 제출했다.

그리고 크리스마스 다음 날인 12월 26일 새벽, 여당 단독으로 노동법 개정안이 통과되었다. 그때 함께 처리된 법안이 안기부법이다. 안기부법 은 김영삼 정부가 개혁 입법의 하나로 삭제했던 국가보안법 상의 불고지 죄와 고무찬양죄 등에 대한 안기부의 수사권을 회복시키는 법이었다. 군 부독재 시절로 퇴보한 것이다. 그날 새벽 동이 트기 전 영등포역에 모인 신한국당 의원 154명은 대절해놓은 버스를 타고 국회로 이동했다. 거기 에는 나와 함께 노동운동을 했던 김문수도 있었다. 법안 처리는 채 10여 분도 걸리지 않았다. 그 짧은 시간에 의사봉이 마흔여덟 번 두들겨졌고,

신한국당 의원들은 여섯 차례 앉았다 일어서는 일을 반복했다. 한국 의회사에 길이 남을 풍경이다. 이게 바로 '노동법 날치기 통과'다.

　노동법과 관련한 날치기 풍경은 후에 또 한 번 반복된다. 이명박 정부 시절이었던 2009년, 당시 국회 환경노동위원회 위원장 민주당 추미애 의원이 한나라당 의원들만 참석한 가운데 노동법 개정안을 표결로 통과시킨 것이다. 야당 의원 모두가 반대하는 가운데 이루어진 날치기였다. 그때 통과된 개정안으로 인해 복수 노조는 허용되었지만, 산별 교섭은 받아들여지지 않았고, 노동조합 전임자에 대한 임금 지급이 금지되었다.

　1996년 노동법 날치기 통과는 전 사회에 엄청난 충격을 가져왔다. 날치기 통과 소식이 알려지자 노동계는 새벽 6시 즉각 총파업을 선언했다. 한겨울이었다. 당시 벌어진 전국적인 차원의 총파업은 1987년 노동자대투쟁에 맞먹는 거대한 투쟁이었다. 날치기로 통과시킨 그 법은 노동자들은 '사회적 발언'을 하지 말라는 것이었고, 노동자들은 언제든지 정리 해고해도 된다는 것이었다. 이에 전국의 노동자들이 들고 일어났다.

　'노개투(노동법 개정 총파업 투쟁) 총파업'이라 불리는 투쟁이 계속될수록 함께하는 노동자들이 점점 늘어났다. 조직이 없던 사업장에도 이 투쟁 과정에서 노동자 조직이 생겨났다. 민주노총과 한국노총이 함께 한 대투쟁이라는 의미도 컸다. 이 위력적인 총파업으로 인해 결국 국회는 1997년 3월 8일, 변칙 처리된 개정안을 폐기하고 여야 합의로 재개정한 노동법을 통과시켰다.

　이 투쟁을 두고 다양한 평가가 있을 수 있다. 하지만 노동자들이 전 국민의 지지를 바탕으로 이처럼 거대한 일을 이루어냈다는 점에서 역사적으로 매우 중요한 의미를 가진다. 그러나 이 투쟁의 성과를 한 번에 날린 일이 벌어졌다. IMF 외환위기가 닥친 것이다. 자본도 노동도 우리 모두가 글로벌한 세계경제 질서 안에 편입되어 있음을 극명하게 느끼게 해준 일이었다. 엄청난 대량 해고로 인한 실직자들, 파탄에 빠진 자영업자들과 미래를 잃은 청년들……. IMF 외환위기 시절 벌어졌던 일들은 일일이 나열할 수 없을 정도다.

IMF 외환위기는 너무나도 급작스러웠다. 그때의 고통이 여전히 생생하다. 문제는 그 고통이 회복되지 않은 데 있다. 우리는 IMF 외환위기를 극복한 것처럼 생각하지만 그렇지 않다. 이후 한국 경제는 다소의 회복기가 있기는 했지만 계속해서 저성장의 길에 들어섰다. 그 이유는 바로 경제 위기를 맞으면서 한국 경제가 신자유주의적으로 개편되었기 때문이다.

신자유주의의 핵심은 노동시장의 규제를 푸는 것이다. 신자유주의 이론은 노동자들의 임금을 낮추면, 고용을 더 많이 할 수 있고, 실업률도 낮아지고, 투자도 더 많이 할 수 있게 되어 경제가 좋아진다고 말한다. 임금이 높으면 경제에 독이 된다는 입장이다. 그러나 그 이론이 틀렸음은 유럽을 비롯하여 이미 곳곳에서 증명되었다.

과거의 한국이 분명한 사례이다. 한국 경제가 발전했던 1970년대에서 1990년대 초반까지 한국의 노동소득은 계속 늘었다. 1990년대 초반은 한국 경제가 가장 풍요로웠던 시기였는데, 그 시기가 가장 평등한 시기이기도 했다. 이는 1987년 노동자대투쟁 이후의 성과를 바탕으로 노동자들의

—— 일하는 사람들의 권리가 보장되면 사회 전체가 평등하고 풍요로워진다. 1990년대 한국의 노동운동은 이를 증명해왔다. 1996년 노동법 개악도 노동자들과 시민들의 힘으로 막아냈다. 그러나 전 세계에 불어 닥친 신자유주의는 이와 같은 성과를 무너뜨렸다. 사진은 1996년 11월 노동자 대회를 준비하던 모습이다.

협상력이 강해졌기 때문이었다.

그러나 IMF 외환위기 이후 본격화된 신자유주의 개편으로 인해 지난 20여 년 동안 한국의 노동소득 상승률은 계속 낮아졌다. 노동소득 내부의 불평등도 매우 심해졌다. 이 와중에 노동소득에 대한 세율은 늘고 자본소득에 대한 세율은 줄었다.

이로 인해 깨달은 교훈이 최근에 많은 학자들이 주장하는 '소득 주도 성장론'인 것이다. 임금이 적정 수준으로 계속 올라갈 때 노동자들이 새로운 기술을 습득하려는 열정도 생긴다. 노동자들의 소비가 늘어야 경제가 성장하고 새로운 투자도 느는 것이다. 때문에 소득 주도 성장론의 핵심은 무너진 노동정책을 바로 잡는 것이다. 그래야만 한국 경제의 새로운 성장도 기대할 수 있다. 결국 평등이 풍요를 가져다준다. 그러나 이런 평등의 구조를 만들어야 하는 정치가 제 역할을 못하면서 우리나라의 불평등은 이토록 심각해진 것이다.

권력의 자리에 가야

강력한 노동자들의 힘으로 법 집행을 가까스로 유보시켰지만, 정리해고제는 결국 그다음 해인 1998년 김대중 정부 초반에 시행되었다. 김대중 대통령이 당선된 후 금속노조의 단병호 위원장에게 식사를 하자는 요청이 왔다. 그 자리에 나도 함께했다. 당시 김중권 비서실장이 배석했는데,

이런 말을 했다. "지금 경제가 어려우니 노사분규는 안 됩니다. 민주 정부가 들어섰으니, 노사 문제는 해결이 된 게 아닙니까." 그 말에 나는 시대의 벽을 느꼈다. 내가 기대했던 말은 '민주 정부가 들어섰으니, 이제 제대로 노동의 권리를 행사할 수 있을 겁니다'였는데, 정반대의 말을 들은 것이다.

이후 정리해고제 실시 등으로 인해 숱한 노동자들이 해고되었다. 노동운동도 위기에 처했다. 너무 고통스러웠다. '노동운동만으로 되지 않는구나, 노동자들을 위한 정치가 필요하구나.' 정치에 대한 고민이 본격적으로 깊어졌다.

미국 오바마 대통령의 자서전을 읽으면서 이와 비슷한 고민의 흔적을 발견했었다. 오바마는 정계에 입문하기 전 시카고에서 3년 넘게 시민운동을 했다. 그런데 문제가 잘 해결되지 않았고, 힘들게 만든 시민 단체도 자꾸 깨지는 과정을 겪었다. 그러던 중 시카고 최초의 흑인 시장 해럴드 워싱턴이 탄생하고, 그가 흑인들을 위한 법안에 서명함으로써 자신이 그동안 애타게 이루고자 했던 것이 일거에 해결되는 것을 보면서 자신도 정치를 해야겠다고 마음먹었다는 대목이 있었다.

그런 오바마가 대통령이 되어 첫 번째로 서명한 법안이 '동일 노동, 동일 임금'을 보장하는 '릴리 레드베터 공정임금법'이었다. 오바마 대통령은 임기 동안 노동자에 대한 애정을 많이 표현했다. 파업 현장에 가서도 파업을 멈춰달라고 하는 것이 아니라, 노동자의 권리가 보장되어야 한다고 말하는 대통령이었다. 노동자들의 파업을 지지한다고 말하는 대통령을 둔 나라와 그렇지 않은 나라는 노동자들을 대하는 기업의 태도부터 다르지 않겠는가? 무엇보다 국민의 대표자가 하는 발언과 행동을 통해 대다수의 노동자 서민들은 자신들의 삶에 긍지와 자존감을 가지게 된다. 그 긍지가 정치에 대한 관심으로 이어지는 것이다.

드디어 노동자의 이름으로 정당이 준비되었다. 여기에는 여러 민주화 세력이 함께했다. 1992년 민중 후보로 대선에 출마했던 백기완의 선거운동 본부로부터 이어져 내려온 진정련(진보정치연합, 당시 노회찬이 대표를 맡고 있었다)과 한국 최대의 재야단체 전국연합(민주주의민족통일전국연합), 그리고 민주노총이 힘을 합쳐 1997년 대선을 준비하게 된다. 이것이 '국민승리21'이다. 국민승리21은 민주노총 권영길 위원장을 후보로 대통령 선거를 치렀다.

당시 국민승리21이 얻은 표는 306,026표로 1.19퍼센트의 득표율이었다. 1992년 대선에서 민중 후보로 출마했던 백기완이 받았던 238,648표보다는 높지만 기대에 미치지 못한 결과였다. 그러나 국민승리21은 포기하지 않고 진보 정당 설립을 추진한다.

1998년 6월 4일 지방선거에서 국민승리21은 23명의 당선자를 냈다. 대단한 성과였다. 이후 본격적인 창당 준비가 진행되었고, 2000년 민주노동당이 만들어졌다. 민주노동당은 집권 정당으로서의 미래도 분명히 했다. 지지율도 올라갔다. 노무현 후보가 당선된 2002년 대선에서 민주노동당 권영길 후보는 "국민 여러분, 살림살이 좀 나아지셨습니까?"라는 희대의 명언을 남기기도 했다. 이런 일화들이 말해주듯 민주노동당의 존재감은 나날이 뚜렷해졌다.

나 또한 금속노조에 있으면서 동시에 민주노동당 중앙위원 등으로 열심히 활동했다. 그러나 전업으로서 정치를 고민한 건 2003년 9월 금속노조 사무처장 임기가 끝나면서였다.

어느 날 감옥에 있던 단병호 위원장을 면회 갔다. 단병호 위원장은 불법 파업을 선동하고 도심 불법 집회를 주도한 혐의로 구속되어 감옥에 있었다. 그때 단병호 위원장에게 징역을 구형한 검사가 박근혜 탄핵 소추안 가결 이후 대통령 권한을 대행한 황교안(전 국무총리)이다. 그날 단병호 위원장이 처음으로 내게 "정치를 하면 아주 잘할 것 같다"고 했다. 그때는 예사로 흘려들었는데, 이후 출소한 단병호 위원장이 내게 2004년 총선에 민주노동당 비례대표 후보로 출마할 것을 강력하게 권했다. 노동자들을 위한 정당을 만들었는데, 노동운동을 이끌었던 사람이 정치를 안 하면 누가 하겠냐고. 맞는 말이었다.

이후 본격적인 총선 준비에 들어갔다. 당시 나는 당원 직선으로 치러진 비례대표 후보 선거에서 여성 후보 최다 득표로 1번을 배정받았고, 국회의원이 되었다. 내 나이 마흔다섯이었다. 내가 비례대표 1번이 되었던 것은 민주노동당의 여성할당제 때문이었다. 민주노동당은 비례대표 50퍼센트를 여성으로, 그리고 정당 최초로 1번으로 시작하는 홀수 순번을 여성들에게 부여했다. 창당 때부터 선출직과 임명직 간부의 30퍼센트를 여성에게 할당하는 제도도 만들었다. 여성들에게 정치 리더로서 성장하는 기회를 적극적으로 제공하기 위해서였다.

선출직과 임명직 간부 30퍼센트 할당은 어렵지 않게 채택되었지만, 비례대표 50퍼센트 여성 할당과 홀수 순번 부여를 결정하는 것은 쉽지 않았다. "당이 출범한 지 얼마 되지 않았는데 솔직히 여성 활동가의 수가 적지 않은가? 사회조직에서 훈련받은 경험이 있는 여성 후보가 별로 없다" 이런 공방이 오갔다. 표결을 앞둔 회의에서 간호사 출신의 보건의료노조 위원장 차수련이 여성할당제를 강력하게 지지했다.

"지금까지 여성들이 잘 성장하도록 자리를 내준 적이 있습니까? 여성들이 그동안 요직에서 배제되고 소외된 것, 요직을 맡아 수행할 기회 자체가 없었다는 것부터 인정해야 하지 않습니까? 그러지 않으면 그게 보수지, 어떻게 진보라고 말할 수 있겠습니까?"

한양대의료원에서 노조 활동을 하다 서른한 살 젊은 나이에 쫓겨나 이후 다섯 번이나 투옥되었던 차수련도 여성 활동가들이 겪는 고충을 이해하고 있었다. 결국 이 안건은 두 표 차이로 통과되었다.

노동운동 그만두고 정치하는 게 아닙니다

국회의원이 되니 "노동운동 그만두고 이제 정치하신다면서요?"라는 질문을 많이 받았다. 나는 노동운동을 그만둔 게 아니라 노동이 당당한 나라를 만드는 길에 들어선 거였다.

우리 사회에서 노동계가 해야 하는 역할은 점점 커지고 있었다. 노동계는 우리나라가 복지국가로 가기 위해 필요한 다양한 가치들을 포괄할 것을 요구받고 있었다. 늘어가는 비정규직, 만성화된 실업, 해고된 뒤 창업한 소상공인 등의 문제도 노동계의 몫이었다. 이를 위해서는 '노동자 정치 세력화'가 필요했다. '노동자 정치 세력화'는 노조 출신이 정권을 잡겠다는 것이 아니다. 법조인, 대학교수, 언론인만 정치를 하는 게 아니라, 어떤 직업을 갖고 있든지 우리 사회의 일원이라면 누구나 정치에 참여할 수 있도록 기반을 만드는 일이었다. 특히 우리 사회 다수를 구성하는, 일하는 사람들의 정치 참여를 통해 평등한 복지국가를 만들고자 했다. 한국 사회가 한 단계 더 발전할 수 있도록.

그런 사회를 만들기 위해 만들어진 민주노동당에서 내가 비례대표 1번이 될 수 있었던 것은, 그간 우리 사회의 민주주의를 위해 헌신한 무수한 노동자들 덕분이었다. 마흔이 넘어가던 즈음부터 학교 동창들을 만나면 "너 아직도 운동판에 있냐"는 소리를 듣곤 했다. 예전에는 고생한다며 격려금도 주던 친구들이 나이가 드니까 한마디씩 거들었다. 나는 그나마 사정이 나았다. 대학생 출신의 활동가였던 탓에 내 주변에는 후원을 해줄 형편이 되는 이들이 꽤 있었기 때문이다. 노동자 출신 활동가들 중에는 안타까운 경우가 많았다. 이미 나이도 많고 결혼도 한 분들이 노동운동을 했다가 해고당하고 수배당하면서 삶이 피폐해졌다. 정말 훌륭한 활동가들이 목구멍이 포도청이라고, 생계 때문에 노동운동을 그만둘 때 너무 가슴이 아팠다. 그런 이들의 헌신으로 지금의 내가 존재한다고 생각한다.

나는 여전히 금속노조의 조합원이고, 민주노총의 조합원으로 조합비를 내고 있다. 내가 죽을 때까지 그럴 것이다. 나는 우리 사회의 노동자 중 한 사람이다. 미국 하와이대학교 사회학과 구해근 교수가 쓴 『한국 노동 계급의 형성』이라는 책에 보면 이런 대목이 나온다. "심상정은 1980년대 노동운동의 산증인이다. 목적의식을 지니고 현장으로 들어가 대중운동을 해온 대표적인 여성 노동운동가다."

하지만 내 이름이 들어간 자리에는 더 많은 이름들이 들어갈 수 있다. 공순이, 공돌이가 아니라 '노동자'라는 떳떳한 이름, 시민이라는 당당한 이름을 찾기 위해 노력했던 이들이라면 모두가 노동운동의 산증인이다.

2004년 4·15 총선에서 노동자, 서민들은 그들이 한 푼 두 푼 모아 만든 정당에 기꺼이 표를 던졌다. 가진 자원은 많이 없었지만 지하철에서, 거리에서 수많은 노동자들이 열심히 헌신적으로 민주노동당을 위해 선거운 동을 했다. 그리하여 얻은 13퍼센트의 비례 득표율. 처음 치른 총선에서 거둔 놀라운 지지율이었다. 민주노동당은 엄청난 돌풍을 일으키며 대표 적인 수구 세력이었던 김종필의 자유민주연합(자민련)을 4석으로 완전히 밀어내고 원내 제3당이 되었다.

—— 수많은 진보 세력들이 힘을 모아 민주노동당을 만들었다. 그리하여 첫 총선에서 열 명의 국회의원이 나왔다. 다함께 국회에 처음 등원하던 날의 풍경이 아직도 생생하다. 노동자 출신, 농민 출신의 국회의원이 아니라, 노동자를 대변하고 농민을 대변하고 서민을 대변하는 진보 정치의 출발이었다.

내 삶을 바꾸는 정치

알아서 하라는 거지?

"의원님, 저희 자료는 홈페이지에 다 있습니다."

'저게 무슨 말인가?' 내 옆에 앉아 있던 오건호 보좌관의 얼굴이 벌게졌다. 맞은편에 앉은 재경부(재정경제부, 현 기획재정부) 기획실장은 저렇게 말해놓고도 아무 부끄러움이 없었다. 17대 국회가 개원하기 전 소문을 들었다. 국회 상임위(상임위원회)가 열리기 전에 해당 부처에서 각 당 국회의원들에게 사전 브리핑을 해준다는 것이었다.

나는 상임위 가운데 재정경제위원회에 배정되었다. 상임위는 16개인데, 민주노동당 국회의원은 고작 열 명이었다. 그것도 나중에 조승수 의원의 의원직이 박탈되면서 아홉 명으로 줄어들었다. 조승수 의원의 의원직이 박탈된 것은 2005년 국정감사 기간에 사전 선거운동으로 선관위(중앙선거관리위원회)에 고발되었기 때문이다. 지역구 현안인 음식물 처리 시설 관련 서명운동에 참여했다는 게 그 이유였다. 선거운동이 아니라 지역 민심을 파악한 것이었고, 뇌물 수수 등의 불법행위가 일절 없었지만 소용 없었다. 조승수 의원은 같은 해 9월 대법원에서 확정판결을 받고 의원직을 박탈당했다.

민주노동당의 정당 득표율은 13퍼센트였지만, 전체 의석 수 중 13퍼센트를 주지 않는다. 우리나라의 정치는 승자가 자신이 얻은 것보다 더 많은 것을 가져가는 구조이다. 그것이 기득권 정치를 지탱해왔다. 이런 구조에서 '머릿수의 한계'를 어떻게 뛰어넘을까가 최대의 고민이었다.

우리 의원실도 해당 부처인 재경부에 현안 업무 보고를 해달라고 요청했다. 하지만 "의원이 한 분밖에 안 계시는데……"라며 거절당했다. 그래서 한 명이든 열 명이든 원내 정당이므로 공정하게 대해달라고 항의했더니, 업무 보고는 하기 어렵고 언제 아침을 같이 먹으면서 이야기를 나누자고 했다. 그래서 서울고속버스터미널 근처에 있는 어느 호텔에서 조찬 모임이라는 걸 했다. 적어도 차관 정도는 오지 않을까 했던 우리 의원실의 생각은 순진했다. 기획실장과 두 명의 직원이 나와 있었던 것이다.

나는 "저희가 아직 이쪽을 잘 모르니 도와달라"는 말밖에 할 수 없었다. 국회의원이 일을 잘하기 위해서는 정부 측 자료를 제대로 받아내는 게 관건이기 때문이었다. 그때 기획실장이 필요한 자료는 홈페이지에 다 있다고 말한 것이다. 그 말은 곧 협조하지 않겠다는 뜻이었다. '네가 알아서 해라' 하는 뜻이었다. 노동운동 출신 정치인이 얼마나 우습게 보였던 것이다.

이런 일을 겪은 건 나만이 아니었다. 국회의원은 국민으로부터 권한을 위임받은 사람인데, 관료들은 민주노동당 국회의원들을 존중하지 않았다. 상임위에서는 해당 부처의 장관이 그 국회의원을 대하는 태도가 중요하다. 그러나 나는 장관은커녕 차관도 제대로 만나본 적이 없었다. 민주노동당의 다른 국회의원들도 마찬가지였다. 당시 노동부 장관 김대환이 민주노총 위원장 출신 단병호 의원을 대하는 태도가 단적인 예였다. 장관은 단병호 의원을 노동자들의 대표로 대하지 않고 파업만 하는 싸움꾼, 말이 통하지 않는 사람으로 대했다. 이는 민주노동당을 지지한 국민들을 무시하는 것이었으나, 기득권 정치는 그런 기본적인 자각도 없었다.

당시 국회는 상상했던 것 이상이었다. 수십 년 동안 수구·보수 세력이 독점해오면서 부패와 권위로 군림해온 역사가 고스란히 온존하고 있었다. 방마다 짙은 갈색의 육중한 책상과 소파로 장식된 본청은 마치 로마 시대 귀족들의 원로원을 연상케 했다. 툭하면 육탄전을 벌이고 싸우지만, 자신들의 특권을 위해서는 기꺼이 단합했다. 국회에 오니 서로를 부를 때 "존경하는 아무개 의원님"이라고 꼭 '존경하는'이라는 수식어를 붙였다. 나도 공식 석상에서는 그렇게 부를 때가 있지만, 존경할 마음이 생기지 않는 사람에게는 그렇게 부르지 않는다.

또 하나, 국회에 와서야 '돈의 위력'을 제대로 실감했다. 노동운동을 하면서 기업주들과 임금 협상을 많이 했고, 돈 때문에 얼마나 사람이 비참해질 수 있는지, 어떻게 살아도 죽는 것만 못한 삶을 살게 되는지, 눈으로 수없이 보았다. 하지만 돈의 실체에 대한 생각을 많이 하지는 않았다. 그런데 정치를 해보니 달랐다. 이곳이야말로 '돈'에 따라 움직이는 곳이었다. 자신들에게 이익을 나눠주는 특정 집단을 위해 인간으로서 최소한의 도리, 공직자로서의 기본 윤리까지 무시했다. 우리 사회가 돈의 위력이 이처럼 절대적인 사회라는 것을 정치를 하면서 더 극명하게 느꼈다. 그제야 정치가 '공적 권력'으로 '자원을 배분하는 것'임을 여실히 깨달았다. 누가 권력을 잡느냐에 따라, 우리 사회의 불평등과 평등이 좌지우지 될 수 있다는 것을 알게 된 것이다.

2004년 6월 5일 17대 국회 개원 첫날. 우리는 예고된 10시 개회식에 늦지 않도록 10분 전에 본회의장에 자리를 잡았다. 그런데 한 시간이 지나고 두 시간이 지나도 다른 당 의원들은 나타나지 않았다. 민주노동당 의원들만 덩그러니 앉아 있었다. 개회식 행사가 왜 늦어지는지 귀띔해주는 사람조차 없었다. 국회 사무처에 항의했더니 열린우리당, 한나라당이 각각 의원 총회를 하고 있어서 그렇다는 답이 돌아왔다. 앞으로 늘 겪게 될 일이니 어디 가서 쉬다 오라는 투였다. 개회식은 예정보다 12시간 지난 오후 10시에 열렸다. 진보 정당 의원들은 첫날부터 호되게 신고식을 치른 셈이다. 그뿐 아니었다.

국회의장을 선출할 때였다. "국회의장단 선출의 건을 상정하겠습니다. 바로 투표에 들어가겠습니다." 임시 의장의 의사봉 소리에 우리는 당황했다. 누가 국회의장 후보인지 모르고 있었기 때문이다. 그때 열린우리당과 한나라당 의원들 사이로 쪽지가 돌고 있었다. 그게 뭐냐고 물으니 옆자리 열린우리당 의원이 계면쩍게 웃으며 '답안지'라고 했다. 방금 전 교섭단체 간에 합의가 되었으니 투표용지에 이름들을 써넣으면 된다는 거였다. 입후보 절차 없이 알아서 이름을 직접 적어 넣는 방식인데, 이른바 '교황 선출 방식'이라고 했다. 그럼 그 합의라도 미리 알려주었어야 하는 거 아닌가?

국회의원 20석 이상을 갖고 있는 정당으로 구성되는 교섭단체는 국회를 효율적으로 운영하기 위해 만들어진 것이었다. 그러나 이 '교섭단체들의 합의'라는 명목 아래 발목 잡히는 일이 너무 많았다. 의원들의 발언권도, 심지어 의사 진행 발언조차도 교섭단체의 허락을 얻어야 했다. 우리나라 양당제의 많은 폐해도 교섭단체로 인해 가중된 바가 크다. 국회가 정쟁과 파행으로 치달을 때도, 교섭단체의 합의가 없다는 이유로 아무것도 진행할 수 없는 상황이 될 때가 한두 번이었는가. 국민들의 지대한 관심과 박수를 받으며 국회에 들어왔지만, 진보 정당이 할 수 있는 일은 거의 없었다. 기득권 구조는 매우 단단했다.

여담이지만 국회의원이 되고 나니 우리 사회가 어떤 네트워크로 움직이는지를 단번에 알 수 있는 일이 있었다. 국회의원 사무실에 첫 출근하니 축하 화환이 속속 도착하고 있었다. 제일 먼저 도착한 화분에 고부 이씨 종친회 리본이 달려있었다. 나는 한참만에야 시댁이 고부 이씨라는 것이 떠올랐다. 청송 심씨 종친회 화분은 한 시간쯤 뒤에 도착했다. 다음 날에는 파주 향우회와 서울대학교 동창회에서 보낸 화환이 도착했다. 종친회, 향우회, 동창회 같은 곳들과 마주할 일 없는 인생을 살았는데, 그들의 축하를 받으니 얼떨떨했다. 어쩌면 그렇게 화환이 도착하는 것도 혈연,

지연, 학연 순인지. 현실 정치의 첫 대면이 그동안 생전 마주한 적도 없었던 혈연, 지연, 학연이라는 사실이 매우 인상적이었다. 이후에 정치를 하면서 혈연, 지연, 학연이 우리 사회에서 얼마나 큰 위력을 갖고 있는지 거듭 확인할 수 있었다.

늙은 너구리를 잡다

이렇게 모든 것이 처음이라 얼떨떨한 초선 의원이 홈페이지나 뒤져보라는 소리를 듣고 나서 어떻게 했을까? 알아서 하라고 했으니 알아서 했다. 그렇지 않아도 우리는 이미 미친 듯이 준비하고 있었다. 총선이 끝나기 무섭게 우리는 바로 공부 모드에 들어갔다. 민주노동당 다른 국회의원들도 열심히 준비했지만, 특히 단병호 의원과 나는 더 열심이었다. 두 사람이 노동계를 대표하는 데다, 나는 비례대표 1번이었기 때문에 TV 토론을 하게 되는 일도 종종 있었다.

그래서 새벽 공부 모임을 만들었다. 심상정 특별 과외 팀이었다. 오건호, 손낙구 박사 등과 함께 새벽 6시에 모여서 공부했다. 대학 공부는 진즉에 접었는데, 구로공단 시절도 그렇고 국회에 들어온 이후에도 공부할 일이 어찌나 많은지 모르겠다.

국회에 등원 첫날에도 공부 일정이 잡혀 있었다. 서울 안국동 참여연대 회의실에 가서 당시 참여연대 경제개혁센터 소장이었던 김상조 교수와 경제 분야를 공부했다. 김상조 교수는 정말 귀에 쏙쏙 들어오게 강의를 잘하는 선생이었다. 김상조 교수는 가르치는 사람과 배우는 사람 사이에도 궁합이 있는데, 심상정 의원은 정말 탁월한 학생이라는 칭찬을 자주 했다. 이렇게 일주일에 하루 이틀은 꼬박꼬박 공부를 했다. 우리 의원실은 진보 진영의 연구자나 학자들만이 아니라 일선에 있는 공무원, 정부 산하 연구소 사람들도 초대해 함께 토론했다. 혹여 '높은 사람'이 오려고 하면 '우리는 높은 사람 싫고 담당자들이 더 좋다'며 만류했다. 어떤 날은 한국은행의 누구를 부르고, 어떤 날은 정부 모 부처의 누구를 불렀다.

우리 의원실은 팀워크가 매우 좋았다. 나는 국회의원 첫해 국정감사에서 홈런을 쳤다. 그건 모두 의원실 동료들과 함께 이루어낸 성과다. 국정감사에서 국회의원들이 질의하면 관련 부처 사람들은 질의 내용을 인정하지 않고 버티는데 우리가 준비한 자료가 너무 꼼꼼해서 그들도 결국 인정할 수밖에 없었던 것이다.

가장 큰 건은 재경부가 파생 상품 거래로 인해 1조 8천억 원가량의 외환 보유고를 날린 사실을 밝혀낸 것이다. 그때 국정감사에서 우리가 상대한 사람은 경제부총리 이헌재였다. 당시 이헌재는 '모피아'의 실세로 그 위세가 대단했다. 모피아(Mofia)는 재경부(MOFE, Ministry of Finance and Economy)와 마피아(Mafia)의 합성어다. 재경부 출신 인사들이 정계, 금융계 등으로 진출해 산하기관들을 장악하여 강력한 영향력을 행사한 것을 마피아에 빗댄 표현이다.

그들은 대한민국 최고의 엘리트라는 자부심에 차 있는 사람들로 소문

—— 의원실에 전설처럼 내려오는 17대 보좌진 사진. 학익진 사진이라고 불린다. 초짜 국회의원, 초짜 보좌관이 사고를 크게 쳤던 시절. 우리 사회의 정의와 평등을 위해 모든 걸 헌신했던 용맹하고 영리했던 동료들이었고, 지금도 진보 정치의 든든한 받침돌이다.

으로는 다른 부처와는 체육 행사도 같이 하지 않는다고 했다. 2002년 대선 전야, 이회창 후보의 낙승을 예상하고 있던 관료 사회는 노무현 후보의 당선 가능성이 높아지자 충격에 휩싸였다. 그때 재경부의 한 고위 관료가 내뱉은 말이 있었다. "노무현이 아니라 권영길이 돼도 상관없다." 얼마나 무서운 말인가. 선출된 권력은 임기상 유한하지만 그들 관료는 영원하며, 국가 중추를 장악하고 있으니 결국 권력도 좌지우지할 수 있다는 오만함의 표현이었다.

그런 사람들을 상대로 재경부가 규정에 어긋난 시장, 위험한 시장에 들어가 장난을 하다가 무려 1조 8천억 원이나 되는 손실을 냈다는 '감추고 싶은 진실'을 업무 보고도 못 받는 작은 정당의 초선 국회의원이 잡아낸 것이었다. 언론에서는 "초선이 '늙은 너구리'를 잡았다"고 연일 특집 기사를 실었다.

연이어 나는 그해 국정감사에서 "생계형 소액 신용 불량자의 연체 원금을 정부가 갚아주고, 이후 일정한 소득이 생기면 상환하도록 하자"고 제안했는데, 이에 대한 국민들의 호응이 매우 컸다. 문재인 대통령의 신용 불량자 빚 탕감 제도의 초안도 그때 우리가 만든 것이었다. 노무현 정부 시절 보수 야당들은 정부에서 서민을 위한 구제 정책을 내면 정부에 반대하기 위해 "세금을 아무 데나 쓰냐? 도덕적 해이다"는 식으로 무조건 덮어놓고 공격을 했다. 그런데 야당인 우리는 오히려 세금을 더 쓰자고 하니, 당시 재경부에서는 매우 놀라는 반응이었다.

이듬해인 2005년 국정감사에서도 우리 의원실은 대단한 활약을 했다.

당시 국정감사의 키워드는 '삼성'이었다. 나는 '금산법(금융산업법) 개정'의 문제점이 삼성과 얽혀 있다는 사실을 집중적으로 파헤쳤다. 2005년 7월 개정된 금산법이 국무회의를 통과했는데, 전에는 전혀 없던 내용이 추가되어 있었다. 이는 삼성생명이 삼성전자의 지분을 취득하는 과정에서 저지른 위반 행위를 합법적으로 승인해주기 위한 변칙 조항이었다. 즉, 삼성그룹 총수 일가의 경영권 유지와 세습을 위해서 멀쩡한 법에 온갖 편법 조항들을 주렁주렁 달아놓은 것이다.

이렇게 한두 해가 가니 사람들이 우리 의원실을 대하는 태도가 달라졌다. 전에는 몇 달씩 텐트 농성을 벌여도 만나기 힘들던 유수 은행의 은행장도 쉽게 만날 수 있었고, 전국 기관장들이 의원실을 찾아왔다. 신나던 시절이었다.

물론 그 뒤에는 엄청난 우리의 노력이 있었다. 의원실의 보좌관들 가운데 제때 집에 들어가는 사람이 없었다. 나도 일을 시작하면 끝을 보는 사람이지만 우리 보좌관들도 만만치 않았다. 국정감사 내내 가장 늦게까지 불이 켜진 의원실이 우리 의원실이었다. 하나라도 더 제대로 질의하기 위해서 밤을 꼬박 새웠기 때문이다. 우리 의원실은 "너무 힘들지만 너무 재미있다"라는 말과 "너무 재미있지만 너무 힘들다"라는 말 사이에 존재했다. 그럴 수 있었던 것은 당시 민주노동당 국회의원에게 부여된 사명을 누구보다 잘 알고 있었기 때문이었다. 그래서 모두가 최선을 다했다. 이런 우리에게 '두드려라 그러면 열릴 것이다'라고 하는 성경 구절처럼 때로는 놀라운 도움의 손길이 찾아오기도 했다.

우리가 국회에 들어온 것은 국민들의 대의기관인 국회를 더 국민들 삶에 가깝게 만들어달라는 요구 때문이었다. 국회의 특권과 권위주의를 없애는 일에도 나섰다. 가장 상징적인 일이 국회의원 전용 엘리베이터를 없앤 것이다. 의원 전용 엘리베이터가 있으니 보좌관이나 손님들과 이야기 나누면서 걷다가도 엘리베이터 앞에서는 이산가족이 되었다. 따로 엘리베이터가 필요할 정도로 복잡하지도 않았다. 전용 엘리베이터를 폐지하자는 제안은 '개혁'을 내걸었던 17대 국회의 초기 효과로 인해 쉽게 관철되었다.

2년 동안의 끈질긴 제기 끝에 '성인지(性認知) 예산'을 제도화한 것도 큰 성과였다. 성인지 예산 제도는 성평등적 관점에서 국가 예산을 배분하는 제도다. 흔히 성인지 예산을 여성 관련 지원 예산으로 오해하는데 그게 아니다. 예를 들면 남성과 여성이 실제로 화장실을 사용하는 시간을 계산하면 여성 화장실이 남성 화장실보다 개수가 더 많아야 균형이 맞는다. 반대의 경우도 마찬가지다. 한 사업에 여성만 수혜를 보고 있다면, 남성들이 수혜를 받을 수 있게 조정하는 방안을 고민하는 것이 성인지 예산이다. 이제는 이와 같은 개념이 사회 전반에 많이 확대되고 있지만, 당시만 해도 이 제도를 시행하는 데 이해를 구하는 게 쉽지 않았다. 2006년 드디어 성인지 예산 제도가 국가재정법 개정 때 도입되었다. 이후 준비 기간을 거쳐 2010년부터 시행되고 있다.

질의서 못 구하면 저 잘려요

나뿐 아니라 민주노동당 국회의원 모두가 일당백 활동을 펼쳤다. 우리는 중원에 등장한 변방의 칼잡이들이었다. 제대로 실력을 보여주어야 했다. 노동운동의 대부 단병호 의원, 도포 자락과 수염을 휘날리는 농민 대표 강기갑 의원, 1970년대 민주 노조의 상징이었던 YH노조 출신 최순영 의원, 두 번이나 진보 진영의 대통령 후보였던 권영길 의원 등 모두가 열심이었다.

그중 노회찬 의원의 활약이 대단했다. 노회찬 의원은 기존 언론에서 거의 다루지 않는 노동자들의 소식을 담았던 〈매일노동뉴스〉의 발행인, 진정련(진보정치연합) 대표, 국민승리21 정책기획위원회 위원장을 거쳐 민주노동당의 초대 부대표를 지냈다. 그는 나와 함께 민주노동당 비례대표로 국회에 들어갔고, 후에 함께 진보신당을 창당했다. 통합진보당 만들때도 함께했으며, 19대 총선에서 다시 지역구 국회의원으로 국회에 나란히 들어왔다. 전 국민이 한때 우리를 부부라고 알 정도였고, '노심'이라는 이름으로 함께 불리기도 했다. 때로는 경쟁자였고, 때로는 이견도 없지 않았지만, 함께 풍찬노숙하며 세상을 바꾸는 길을 걸어가고 있는 소중한 동지이다.

2005년 8월, 노회찬 의원은 삼성그룹으로부터 뇌물을 받아온 검사 일곱 명의 실명을 밝혀냈다. '삼성 X파일 사건'이다. X파일은 1997년 대선에서 안기부가 당시 삼성그룹 부회장 이학수와 중앙일보 사장 홍석현의 대화를 도청하여 만든 보고서를 말한다. 여기에는 삼성이 이회창 한나라당 후보에게 엄청난 자금을 건넸으며, 명절 때마다 최고위급 검찰 간부들에게 500만 원~1000만 원의 '떡값'을 뿌리며 검찰 인맥을 관리했다는 내용이 들어 있었다. 그러나 검찰은 뇌물을 받아온 고위 검사들은 수사하지 않고 노회찬 의원을 명예훼손과 통신비밀보호법 위반 혐의로 기소했다.

이 사건은 오래갔다. 박근혜 정부가 들어선 2013년 2월, 대법원은 상고를 기각하고 징역 4개월(집행유예 1년)과 자격정지 1년의 형을 확정했다. 그로 인해 노회찬 의원은 2012년 4월 11일 19대 총선에서 서울 노원에 출마하여 57퍼센트 득표율로 당선된 국회의원직을 박탈당했다.

여야 국회의원 159명이 벌금형을 부과할 수 있도록 통신비밀보호법 개정안을 제출하고, 대법원에는 법 개정 이후로 선고를 연기해달라는 탄원서를 제출했지만 받아들여지지 않았다. 나는 모든 일을 제쳐두고 '노회찬 구하기'에 나섰다. 대법원 선고 전 탄원서에 서명받기 위해 여야 가리지 않고 국회의원들을 찾아 동분서주했지만, 결국 노회찬 의원은 의원직을 잃었다.

정치를 하면서 대통령보다 강하다는 삼성의 부당한 권력을 한두 번 느낀 게 아니었다. 2005년 금산법 개정 논란, 삼성 X파일에 이어, 2007년 삼성그룹 법무팀장 출신 김용철 변호사가 삼성의 불법 비자금 조성을 폭로했다. 그러나 이러한 중대 비리가 터져도 삼성에 책임을 묻는 일은 쉽지 않았다. 금융정보원에 정보 공개를 요청하기 위해 동료 의원에게 서명을 부탁하니 어떤 의원은 "솔직히 내가 삼성 돈을 너무 많이 받아 못 하겠다"고 털어놓기까지 했다. 또 어떤 의원은 한 수 가르쳐주겠다며 이렇게 말했다. "정치에서 출세하려면 두 가지 금기를 명심해야 하는데, 그게 바로 삼성과 미국의 심기를 건드리지 않는 겁니다." 삼성 측에서도 접촉이 왔다. "수천 억 원씩 사회에 환원하고도 심 의원 같은 사람이 한마디 해버리면 그 효과가 물거품이 된다"고 하소연했다. 내가 국정감사에서 이건희 회장을 증인 신청했을 때도 연락이 왔다. 회장이 국회에 불려 나오면 죄인 취급당하니 꼭 하실 말이 있으면 이건희 회장과의 독대 자리를 만들어 주겠다는 제안이었다. 그때 나는 이렇게 말하며 거절했다.

"이건희 회장은 대한민국 경제 권력의 정점에 있는 사람입니다. 그래서 국민들이 갖고 있는 의구심에 대해 책임 있게 설명해야 할 의무가 있습니다. 나는 국민들을 대신해 증인 신청을 한 것이지, 내가 사적으로 말을 나눌 이유가 전혀 없습니다."

지금도 그렇지만 많은 국민이 한때 '삼성의 성공이 곧 국민들의 성공'이라고 생각했다. 그러나 그건 착시 현상이다. 삼성은 반사회적 기업의 면모로도 단연 초일류이다. 2004년 3월 별세한 설원량 대한전선 회장 유족은 증여세로 1355억 원을 납부했다. 대한전선은 당시 재계 순위 99위였다. 그런데 초일류 기업이라는 삼성의 회장 이건희가 아들 이재용에게 회사를 물려주면서 낸 세금은 달랑 16억 원이었다.

삼성의 거대한 이익이 어디에서 생기겠는가? 그건 응당 내야 할 세금을 안 내고, 노동자들에게 나누어 줘야 할 이익을 독식하고, 하청 업체에 치를 돈을 제대로 치르지 않고, 중소기업 기술을 거의 그대로 가져가면서 남긴 것이다. 이렇게 해서 이익을 남긴다는 건 사실상 '부실 경영'이다. 관료들이 부당한 뇌물을 받고 감싸준 덕분에 성장한 대기업을 어떻게 튼실하다고 할 수 있겠는가?

무엇보다 삼성은 노동자들을 위험한 환경으로 내몬 기업이었다. 2007년 삼성 반도체 공장에서 일하던 황유미 씨가 급성 백혈병으로 사망했다. 이 사건을 계기로 삼성 반도체 공장에서 근무하다 백혈병 등 산업재해로 의심되는 질환으로 사망하거나 투병 중인 이들에 대한 이야기가 수면 위로 올라왔지만, 자신들에게는 아무런 책임이 없다고 말하는 게 삼성이었다.

나는 '삼성 저격수'가 되고자 한 것이 아니라 삼성 외에 더 많은 건강한 기업이 성장할 수 있도록 내 자리에서 할 일을 한 것뿐이었다. 그런 기업이 많아져야 노동자들의 삶도 나아질 수 있기 때문이다. 하지만 삼성만 독식하는 구조에서는 그럴 수 없다.

나만 삼성과 맞선 것은 아니었다. 문재인 정부의 첫 공정거래위원회 위원장을 맡은 김상조 교수도 나와 함께 '삼성 저격수'라는 별명을 얻었다. 김상조 교수는 2008년 현대자동차 그룹의 현대글로비스 사례와 같은 일을 막기 위한 '회사기회 유용 금지'를 상법에 넣기 위해 노력했다. 회사기회 유용 금지란, 이사회 3분의 2 이상의 승인 없이 회사의 사업 기회를 타인에게 넘길 수 없도록 하는 조항이다. 그때 김상조 교수에게 설명을 듣고 "아! 결국 자기 일가가 운영하는 회사들에 일감을 몰아주는 거군요"라며 '일감 몰아주기'라는 말을 만들어냈다. 김상조 교수는 그 말이 매우 멋

지다고 좋아했는데, 노동운동을 하면서 노동자들에게 쉽게 설명하기 위해 말을 만들어내던 습관에서 나온 것이었다.

이처럼 '대활약'을 하다 보니, 국정감사나 업무 보고 때면 재경부 직원들이 의원실 문 앞에 뻔질나게 나타났다. "심 의원님 질의서 입수 못 하면 저 잘려요!"라고 말할 정도였다.

17대 국회의원 임기가 거의 끝나갈 때쯤 노무현 정부의 마지막 국무총리였던 한덕수 총리로부터 점심을 함께 하자고 연락이 왔다. 퇴임을 앞둔 총리가 왜 보자는 것일까? 만난 자리에서 한 총리는 "재경부 장관과 경제부총리를 하면서 내게 가장 인상을 깊게 남긴 사람이 심 의원이었습니다. 끝나가는 마당에 꼭 식사 한 끼 함께 하고 싶었습니다"고 했다.

돌이켜보면 기존 정치권에 있는 이들은 노동운동을 하던 이가 국회에서 잘할 수 있을 거라고 전혀 기대하지 않았다. "거리에서 주먹질만 하던 사람들이 무슨 경제를 알겠냐?"라고 말할 때마다 나는 이렇게 대답했다.

"거리에서 투쟁하는 것보다 훨씬 더 많은 시간을 회사 측과 마주 앉아서 협상합니다. 그렇게 협상을 통해 사용자 측의 이해와 노동자 측의 요구를 조정하고 타협하는 것이 원래 노동조합의 기본 임무입니다. 노동조합은 자기 논리로 회사를 설득해야 합니다. 그래야 요구와 투쟁의 명분이 있는 것이지요. 그래서 공부를 많이 합니다. 그러니 한국 경제를 잘 이해하는 게 당연하지요. 노동운동을 우습게 보면 안 됩니다."

정말 맹렬하게 일했던 시절. 그 맹렬함이 국회의사당 안에서만 있었던 것은 아니다. 심상정이 국회에서 일하면 머리에 빨간 띠 매고 거리에 나올 일이 없을 거라 생각했겠지만, 나는 툭하면 거리로 나갔다. 민주노동당을 '데모당'이라고들 했는데, 억울하고 막막하고 어디 하소연할 데조차 없는 사람들이 민주노동당을 찾아오는데 어쩌겠는가. 노동자들만이 아니라 대형 마트 때문에 죽어가는 소상공인들, 건물주의 마구잡이 횡포에 시달리는 자영업자들처럼 오갈 데 없는 이들이 찾아왔다. 당시 민주노동당은 '상가임대차보호법 개정' 등 영세상인들을 위한 일에도 앞장서고 있었다. 그런 이들과 함께 거리에서 피켓도 들고, 서명운동도 함께하는 일들이 태반이었다. 달라진 게 있다면 머리에 빨간 띠는 안 둘렀다는 것 정도랄까.

대통령과의 설전

인권변호사와 노동운동가

이명박 정부 초기에 있었던 '미국산 쇠고기 수입 재협상을 요구하는 촛불 집회'를 기억하고 있는 이들이 많을 것이다. 2008년 제일 먼저 촛불을 든 여중생들부터 시작하여, 유모차 부대, 명박산성 등이 등장한 그 촛불 집회는 100회도 넘게 지속되었다. 촛불 집회가 등장한 것은 2002년 경기도 양주에서 길을 가던 신효순, 심미선 두 여중생이 주한 미군 장갑차에 깔려 숨진 사건을 규탄하면서부터다. 추모 성격이 짙은 집회였기에 촛불이 등장했던 것인데, 이후 촛불은 평화로운 집회의 상징이 되었다. 이후 2004년 '노무현 대통령 탄핵 반대' 집회를 비롯, 촛불 집회는 한국에서 민주 시민들이 직접적으로 의사를 표현하는 장(場)이 되었다.

이명박 정부의 미국산 쇠고기 개방의 출발점인 한·미 FTA(자유무역협정)는 2006년 7월 말 노무현 정부에서 시작되었다. 노무현 대통령이 한·미 FTA 추진을 선언하자, 모두가 놀랐다. 측근들을 비롯한 여권은 물론이거니와, 더 놀란 건 한나라당이었다. 그렇게 빠르게 진행할 수 없는 중대한 일이었는데 노무현 정부가 밀어붙이는 속도는 매우 빨랐다. 노무현 정부가 한·미 FTA 협상을 개시한 지 6개월 만에 국회에 한·미 FTA 특위가 시작되었다.

내가 FTA에 부정적이었던 것은 농업에 대한 우려가 제일 컸다. 우리나라는 제조업 수출 중심으로 경제 발전을 해오면서, 농업을 후진 산업으로 여기는 경향을 갖고 있다. 농업 분야에 대한 대책이 나오긴 했지만, 대부분 농민들을 달래는 보조금 정책에 불과했다. 농업을 미래화하기 위한 전략도 실행도 제대로 되지 않은 상황이니 농민들은 개방에 무작정 반대할 수밖에 없는 것이다.

한나라당은 노무현 정부의 한·미 FTA 추진의 진의를 계속 의심했다. 그러자 청와대는 국회 특위와 대통령과의 간담회를 마련했다. 한나라당은 불참했다. 민주노동당 한·미 FTA 특위장이면서 국회 한·미 FTA 특위 위원이던 나도 간담회에 참석했다. 내게 대통령을 바로 마주 보는 자리가 배정되었다. 한나라당이 불참해서 참석 의원 중 야당 의원이 나뿐이었다. 특별히 발언 시간이 길게 주어졌다. 그 덕분에 나는 50분가량을 노무현 대통령과 논쟁했다. 그 논쟁의 포문은 대통령이 먼저 열었다.

"과거에 우루과이라운드, 마늘 협상, 한국·칠레 협상 등 개방이 될 때마다 '개방하면 나라 망한다'고 반대했던 사람들이 또 반대를 하는데, 개방 때문에 우리나라 망했어요? 개방을 했기 때문에 세계 10위권이 된 것이지요. 반대를 위한 반대에 굴복할 순 없지요."

대외 의존도가 70퍼센트나 되는 나라에서 개방 안 하고 먹고살 수 있느 냐는 재경부의 익숙한 논리 그대로였다. 나는 반박했다.

"그러면 양극화가 심화되고 서민들이 먹고살기 힘든 것이 쇄국정책 때 문이란 말입니까? 우리나라는 한·미 FTA가 아니라도 멕시코와 선두 다 툼을 할 정도로 이미 최고 수준으로 개방된 나라입니다. 광우병 쇠고기, 유전자조작 식품 등 거대 독점 자본들이 밀어 넣을 위험한 먹거리에 국민 의 생명과 건강을 맡길 수 있습니까?"

이어서 대통령이 "우리 국민들이 '신의 손'을 갖고 있어 다 잘될 것입니 다"라고 말하자, 나는 "그건 종교적 낙관 같은 게 아닙니까?"라고 까칠하 게 받아쳤다. 분위기가 심상치 않자 국회 한·미 FTA 특위 홍재형 위원장 이 재빨리 내가 쥐고 있던 마이크를 낚아챘다.

나는 노동운동 하던 시절에 만난 인권 변호사 노무현을 기억하고 있다. 경남 거제 대우조선에서 일하던 스물한 살 청년 이석규가 사망했을 때다. 가난 때문에 중학교 졸업 후 직업훈련을 택했던 그는 열일곱 살부터 조선 소의 노동자가 되었다. 그리고 1987년 노동자대투쟁 때 노동자의 생존권 과 관련된 시위가 번지던 시절, 이석규는 거제 옥포아파트 사거리에서 경 찰이 쏜 최루탄을 오른쪽 가슴에 맞고 숨졌다. 진상 조사를 위해 부산 지 역에서 인권 변호사로 활동하던 노무현이 거제에 머물렀다. 젊은 노동자 의 죽음을 제대로 밝히고자 했던 노무현 변호사는 도리어 장례식 방해, 노동쟁의조정법 위반 혐의로 20일 동안 부산구치소에 수감되었다. 이 사건의 구속적부심 재판에서는 부산지방변호사회 소속 변호사 90여 명이 항의의 표시로 출석하는 진풍경이 벌어지기도 했다.

영화 〈변호인〉의 마지막 장면은 그때의 일을 다룬 것이다. 그때 나는 수배자 신분이었지만 이석규의 죽음을 애도하러 집회에 갔다. 내 옆에 작업복 차림의 한 남자가 앉아 있었는데 그 사람이 노무현 변호사였다. 잠시 후 그분이 연단 앞으로 나가더니 어떤 노동운동 활동가보다 더 격렬한 몸짓으로 온몸을 던져 감동적인 연설을 했다. 그 모습이 너무나 인상적이었다.

그 후로도 여러 곳에서 함께 했다. 영남권의 주요 사업장인 대우정밀, 현대중공업 등에서 파업이 벌어질 때마다 내려가면 그 자리에 어김없이 노무현 변호사가 있었다. 일주일에 두세 번씩 만난 적도 있었다. "노동자들이 대접받는 세상을 만들자"고 열변을 토하던 모습이 눈에 선하다. 그로부터 17년 후 노무현 변호사는 대통령이 되고, 노동운동가는 국회의원이 되어 마주하게 된 것이다.

정치적 민주주의와 사회경제적 민주주의

대통령과 설전을 벌이긴 했지만, 나는 참여정부의 어려움을 알 수 있었다. 노무현 대통령이 부딪혔던 개혁에 대한 저항도 알고 있다. 반 발짝의 개혁이라도 그것 때문에 손해를 보는 세력이 있게 마련이다. 그 조그마한 손해도 보지 않으려고 하는 것이 우리나라의 수구 세력이다. 대한민국의 수구 세력은 수십 년간 대한민국 정치에서 한 번도 손해를 본 적 없는 대단한 세력이다. 이런 세력과 협력하여 개혁을 추진하는 과정에서 어떤 면은 좌절할 수밖에 없고, 어떤 면은 변할 수밖에 없었다는 것을 이해한다.

나는 노무현 정부를 비판하면서도 늘 진보 정치의 반면교사로 삼아야 한다고 생각했다. 우리가 추구하고자 하는 진보는 참여정부의 개혁보다 더 강력한 저항을 불러올 것이기 때문이다. 그 저항의 크기를 감당할 수 있는 비전과 힘을 어떻게 만들 수 있을지, 그 저항과 맞설 수 있는 국민들의 거대한 지지는 어떻게 얻을 수 있는지, 실제적인 개혁을 위한 정치적인 연대는 어떻게 가능한지. 그런 고민을 했다.

난생처음 들어보는 낯선 용어와 차단된 정보, 보수 정치권의 역공 속에서 특위 활동은 고단했다. 한·미 FTA는 농업 문제만이 아니었다. 개방 자체를 반대하는 문제도 아니었다. 우선 한·미 양국 협상에서 한국이 절대적으로 불리한 위치에 있는 협상일 게 분명했다. 또한 한·미 FTA에는 '투자자-국가 직접소송제'가 들어 있었다.

투자자-국가직접소송제는 이런 것이다. 대한민국에 들어온 외국 기업이 있다. 그런데 우리나라에서 어떤 새로운 정책을 시행하면서 이 외국 기업의 사업에 타격을 주었다. 그로 인해 그 기업이 재산상의 피해를 보았다면서 우리 정부를 상대로 국제상사중재 재판소에 제소할 수 있는 것이다. 거기서 우리 정부가 패소하면 우리는 배상금을 지불해야 한다. 이 조항이 한·미 FTA에 들어 있었다. 예를 들어 문재인 정부가 실현하려고 하는 '통신비 인하 공약'도 이 투자자-국가소송제의 소송 제기 요건에 해당한다는 논란이 있다.

이런 다양한 측면을 두루 살피는 과정이 필요했다. 어떤 정책이든, 그것이 옳으냐 그르냐보다 제대로 검토하고 국민들과 소통하는 과정을 잘 밟는 것이 훨씬 더 중요하다.

그러나 한·미 FTA 공방은 너무 격렬했다. 한쪽은 너무 빨리 달려 나가고, 또 다른 한쪽에서는 끌려가지 않으려고 거센 반발을 했다. 그 한복판에 놓였다. 이때 17대 국회의 동료 의원들이 많은 힘이 되어 주었다. 당시 17대 국회의원 중 3분의 2가 초선 의원이었다. 이들은 다양한 현안에서 여야를 넘나들며 함께 했다. 한·미 FTA 때는 김태홍, 이인영, 임종인, 정청래 그리고 농촌 출신의 한나라당 의원들까지 함께 하는 시국회의가 만들어졌다. 여기서 큰 역할을 한 사람이 열린우리당 김태홍 의원이었다. 보건복지위원회 위원장이라는 굵직한 직을 맡고 있는 여당 의원이 정부의 정책에 반하는 입장에 서기가 쉽지 않았을 텐데, 김태홍 의원은 그 역할을 맡아주었다.

그 중 열린우리당 임종인 의원은 민주노동당의 백기사였다. 조승수 의원의 의원직 상실로 민주노동당은 법안 발의의 조건이 되는 열 명의 의석을 확보하지 못하고 있었다. 민주노동당이 독자적인 법안 발의조차 어렵게 되자, 임종인 의원은 '나 개인의 입장과 관계없이 진보 정당의 입법 활동은 한국 정치의 발전을 위해 중요하다'며 민주노동당의 모든 법안 발의에 동참할 것을 선언했다.

—— 노무현 정부에서 청와대 경제 비서관을 지낸 정태인(사진 가운데. 사진 왼쪽은 민주노동당 대표를 지냈던 문성현)은 진보 정치에 대한 애정이 강한 경제학자였다. 대학 시절, 학생운동의 지도부였던 친구들과 달리 자기는 그냥 돌 던지는 일반 학생이었다고 말하지만. 그가 가진 국정 운영의 경험과 한국 경제에 대한 식견으로 인해 나뿐만 아니라 진보 정치는 큰 지원군을 얻었다.

이즈음 또 한 명의 든든한 지원군을 얻었다. 청와대 경제 비서관이었던 정태인(현 칼 폴라니 연구소 소장)이었다. 정태인은 한때 '노무현 대통령의 경제 선생님'으로 알려졌던 진보적인 경제학자로, 경제 관료들인 '모피아' 세력에 의해 결국 정부에서 쫓겨났다. 한국을 스웨덴과 같은 복지국가로 만들기 위해 오래전부터 고민하고 행동하던 인물이었다. 유시민, 나와 함께 서울대학교 동기였지만, 가깝게 된 건 한·미 FTA에 대한 자문을 받으면서였다. 청와대에서 나와 있던 어느 날, 그는 영화배우 문성근으로부터 연락을 받았다고 했다. 청와대 내부에 한·미 FTA를 반대할 경제학자가 없으니 대통령을 한 번 만나보라는 제안이었다. 만나보니 대통령 뜻이 너무 확고했다고 한다. 한·미 FTA에 반대하며 민주노동당에 들어온 정태인은 그 뒤로 나와 정치적 동지가 되었다.

서민을 위한 정당이라면서

2006년 5월 31일 지방선거가 있었다. 결과는 한나라당의 압승이었다. 정당 지지율도 한나라당이 열린우리당보다 두 배 이상 높았다. 왜 국민들은 민주 정부로부터 마음을 돌린 것일까?

나는 지난 19대 대선 후보 토론에서 국민의 정부, 참여정부 시절에 노동 정책이 후퇴했던 것을 논하며 문재인 후보와 날을 세웠다. 이로 인해 여러모로 각계의 반응이 뜨거웠다. 그 반응은 충분히 이해할 수 있다. 내가 날을 세운 이유는 민주 정부가 다시는 실패하지 않아야 하기 때문이었다. 정치적 민주주의와 사회경제적 민주주의는 함께 가야 한다. 둘 중 하나가 후퇴하면 다른 한 쪽도 위협 받는다.

그런데 지난 두 번의 민주 정부에서 정리해고법, 기간제법이 실시되는 등 사회경제적 민주주의가 후퇴하는 일이 벌어졌다. 노동자들의 소득은 줄어들었고, 이로 인해 국민들의 경제적 고통이 커졌다. 그러면서 정치적 민주주의도 위협받게 되는 상황이 왔던 것이다. 2006년 지방선거는 바로 이에 대한 증거였고, 2007년 대선의 예고편이었다.

민주노동당도 17대 총선의 지지율에 못 미치는 12퍼센트를 얻었다. 문제는 지지율이 아니었다. '왜 열린우리당에 실망한 서민들이 서민 정당을 표방한 민주노동당이 아니라 한나라당에게 몰렸는가?' 심지어 진보 정치 1번지인 울산에서도 조승수 의원의 의원직 박탈로 실시된 국회의원 보궐 의석과 구청장을 다 잃었다.

적은 의석 수와 주류 사회의 편견이 면죄부가 될 수는 없었다. 정치인은 상황에 책임을 물으면 안 된다. 국민들의 눈에 비친 민주노동당은 운동권 티를 벗지 못한 비판 세력에 불과했다. 우리는 땀 흘려 일하는 사람들의 정치를 자임했지만, 아직 일하는 사람들의 희망과 대안으로 인정받지 못하고 있었던 것이다. 우리는 더 발전하고 더 검증되어야 할 존재였다. 어떻게 해야 국민들에게 집권 세력의 대안으로 선택받을 수 있을까? 그러려면 민주노동당은 변해야 했다. 국민들은 개별 국회의원 몇 명이 잘한다고 우리에게 권력을 주지는 않는다. '우리가 교섭단체도 꾸리지 못하는 작은 소수 정당으로서, 비판만 하는 정당이 되려고 진보 정당을 시작했던가?' 이런 고민이 본격적으로 시작되었다.

2004년 총선에서 당선된 민주노동당 국회의원들이 처음으로 국회에 출근하던 날이 새삼 떠올랐다. 그날 기자회견에서 단병호 의원은 "고통받던 현장의 노동자들이 그동안 '우리를 대변할 의원들이 한두 명만 있었으면 좋겠다'고 했다"고 말하다가 목이 메었다. 그 말에 분위기가 숙연해졌다. 그리고 우리는 다짐했다. 노동자, 농민, 서민을 대변하는 의원, 희망을 주는 정당이 되겠다고. 거대 보수정당이 둘러친 기득권의 벽을 넘기에는 아직 힘이 약하지만, 민주노동당이 옹골찬 성년으로 성장할 수 있도록 가꾸어달라고 국민들에게 호소했다. 그날 등원할 때 내가 입은 정장은 함께 노동운동을 하던 한 동지의 부인이 직접 만들어 보내준 옷이었다. 맨날 점퍼에 바지만 입고 다니던 내게 변변한 옷 하나 없을 것이 걱정돼서 보내준 것이다. 이렇게 우리의 첫 등원은 노동자들의 희망이고, 설렘이었다. 그러니 우리는 노동자 대통령을 만들어내는 것으로 보답해야 했다.

당시 우리는 '2012년 집권'이라는 슬로건을 호기롭게 들먹였지만, 과연 민주노동당은 집권 전략을 세우고 있는가? 때때로 돌아오는 당장의 선거에만 목을 매달고 있는 게 아닌가? 집권을 바라보려면 최소 25~30퍼센트의 고정 지지층이 필수적이라고 하는데, 고작 몇 퍼센트의 지지율이 미미하게 움직일 때마다 일희일비해야 하는가? 노동자, 농민, 청년, 학생, 여성의 정당이라고 내세웠는데, 우리는 그들을 제대로 만나고 있는가?

비정규직의 삶을 대변하겠다고 해놓고, 여전히 정규직 노조 중심의 민주노총에 의존하고 있는 게 아닌가?

우리는 새로운 정치 모델을 보여주기보다는 과거의 방식에 머무르고 있었다. 그러다 보니 '친북당', '민주노총당'이라는 부정적인 이미지가 누적되고 있었다. 한때 20퍼센트까지 치솟던 지지율이 5~6퍼센트대로 내려앉았다.

이즈음 '일심회 사건'이 터졌다. 2006년 10월 서울 지방검찰청은 북한과 접촉하는 일심회라는 단체를 적발했다고 밝히고, 중국에서 북한 공작원과 접촉한 혐의로 민주노동당 전 중앙위원 이정훈 등을 체포했다. 이후 같이 활동한 혐의로 민주노동당 사무 부총장 최기영 등이 추가로 구속되었다. 검찰은 이들이 북한의 지령에 따라 민주노동당의 동향과 활동가들의 개인 정보 등을 넘기는 활동을 했다고 밝혔다.

창당 이후 처음으로 당원들이 감소세로 들어섰다. 적신호가 켜진 것이다. 지방선거 패배에 대한 책임을 지고 지도부가 거듭 사퇴했지만 상황이 나아질 조짐이 보이지 않았다. 당원들의 요구는 단지 '선거 패배 책임론'이 아니었기 때문이다. 당원들은 민주노동당이 개혁 세력으로서 더 많은 국민들의 지지를 받기 바랐다. 그러려면 대중과 소통하고 새로운 지지층들을 만들어내는 대중정당의 면모를 갖춰야 했다. 그런데 당이 보여주는 모습은 과거 독재 정권 시절에 운동권들이 내세웠던 낡은 논리에 머무르고 있었다. 너무 답답했다.

그 와중에 2007년 대선이 다가오고 있었다. 이제는 '살림살이 좀 나아지셨습니까?'라는 슬로건으로 국민들의 마음을 움직일 수 없었다. 민주노동당은 서민들의 삶을 바꿀 대안을 제시해야 했다. 하루가 다르게 치솟는 집값으로 인해 엄청난 대출을 받아 빚쟁이가 된 하우스푸어들, 점점 더 불안정한 노동에 몰릴 비정규직들, 어떤 전망도 없이 소규모 창업에 내몰린 이들의 삶을 대변해야 했다. 대한민국의 '사회경제적 민주화'를 이룰 수 있는 정치 세력으로서의 모습을 보여주어야 했다.

　당시 민주노동당 대선 후보로 권영길, 노회찬 두 의원이 거론되고 있었다. 이 두 사람은 민주노동당의 굵직한 두 흐름을 대변하고 있었다. 언론에서는 이 두 사람을 각각 당내 주요 정파인 자주파와 평등파를 대변하는 것으로 설명했다. 자주파가 당시 당의 다수파였다. 그랬기에 일심회 사건, 떨어지는 지지율 등에 대한 책임론이 아무래도 자주파에게 쏠릴 수밖에 없었다. 노회찬 후보 진영에서는 이를 계기로 자주파 중심의 구도를 뒤집을 준비를 하고 있었다. 노회찬 후보에 대한 당원들의 지지율이 권영길 후보 못지않게 높아지면서, 정파 대립 구도가 더 강해지는 양상이 벌어졌다.

　나는 생각이 좀 달랐다. 대통령 후보 경선은 당의 비전을 놓고 경쟁하는 당권 선거와 다르다. 대통령 후보 경선은 국민들의 지지를 끌어올 새로운 비전을 놓고 경쟁해야 하는 것이다. 특히 지금 맞이할 대선을 민주노동당의 정책과 비전을 국민들에게 최대한 알리는 계기로 만들어야 했다. 그런데 이렇게 되면 민주노동당의 대선 후보 경선은 운동권의 옛 정파 구도를 그대로 재현하는 모양이 될 것이었다. 이렇게 되면 국민들이

—— '가난한 사람들을 위한 민주주의'를 내걸었던 2007년 민주노동당 대통령 후보 경선. 정치적 민주화가 사회경제적 민주화로 나아가지 못하고 있었고, 불평등 구조는 심화되고 있었다. 신자유주의가 신기득권주의의 다른 말이라는 것을, 서민들은 이미 알고 있었다.

우리를 외면하게 될 것이었다. 이래서는 안 된다는 절박함이 들었다. 이것이 대다수 당원들의 마음이라고 생각했다. 나는 당 대선 후보 경선에 출마하기로 했다.

다들 예상하지 못한 일이었다. 그때까지 누가 '심상정'을 대통령 후보라고 생각할 수 있었겠는가? 그러나 지난 날을 돌이켜보면 누가 나를 추대해준 적도, 다수의 박수를 받으면서 어떤 길에 나섰던 적도 별로 없었다. 나는 정치인은 해야 할 일이라고 생각되면 주저 없이 나서야 하고, 하지 말아야 할 일이라면 아무리 개인이 원하는 일이라도 해서는 안 된다고 생각해왔다.

지금도 정태인이 종종 하는 이야기가 있다. "심 의원은 대통령 할 생각 없어요?"라고 자기가 가장 먼저 제안했다는 것이다. "사람이 큰 꿈을 꾸어야 하는데, 본인도 주변도 그런 대담한 꿈을 안 꾸고 있더라. 그래서 내가 그렇게 추동을 한 거다." 그렇게 장난스럽게 말한다. 맞다. 나 자신은 그랬던 것 같다. 하지만 내 주변 사람들은 그렇지 않았다. 그들은 노동자 대통령을 만들겠다고, 심상정 같은 사람이 대통령 되는 나라를 만들겠다는 꿈을 품고, 청춘을 바친 이들이다. 진보 정당이 집권하는 나라를 만들기 위해 헌신한 이들이었다. 그런 마음을 가진 사람들과 함께 나는 2007년 3월 민주노동당 대선 후보 경선에 뛰어들었다.

가난한 사람들을 위한 민주주의

세 박자 경제

서울 문래동에 있던 민주노동당 중앙당사 4층 회견장은 이미 꽉 차서 들어갈 틈이 없었다. 회견장으로 올라가는 계단은 물론, 건물 밖에까지 사람들이 넘쳐났다. 2007년 3월 7일 대선 후보 출마 선언 기자회견을 하던 날이었다. 국회가 아니라서 기자들이 많이 오지 않을 거라던 걱정은 저만치 날아갔다. 가장 먼저 대선 후보 출마 선언을 하자는 전략은 적중했다. 뉴스거리에 목말라 하던 기자들이 당사로 달려왔다.

언론은 특히 심상정과 함께하는 명망가들이 누군지에 관심을 보였다. 구체적인 이름을 알려달라고 했다. 많은 이들이 함께했지만 소수 정당의 예비 후보에게 공개적으로 이름을 거는 것은 부담스러운 일임에 틀림없었다. 청와대 전 비서관 정태인은 일찌감치 나를 지지한다고 여기저기 말하고 다니고 있었다. 오랫동안 노동운동을 지원해온 경남대학교 임영일

교수도 선뜻 공개에 동의해주었다. 경제개혁연대 김상조 교수의 공개 지지 표명은 나로서도 뜻밖이었다. "시민 단체 대표인데 괜찮겠냐?"고 걱정하는 내게 오히려 "심 의원 지지하는 게 사실인데 뭐가 문제냐?"면서 "정운찬 총장이 출마한다고 도와달라 했지만, 내가 스승을 사랑하는 진심에서 절대 그분이 정치하면 안 된다고 생각해서 선을 분명히 그었다"고 덧붙였다.

출마 선언 회견장의 열기가 그렇게 고마울 수가 없었다. 왜냐하면 민주노동당 부설 진보정치연구소가 일찌감치 당원들을 대상으로 지지율 조사를 했는데, 권영길, 노회찬 두 후보는 30~40퍼센트의 지지율이 나왔지만, 나는 고작 7퍼센트 수준에 불과했기 때문이다. 당 내부에서조차 나를 대선 후보감으로 생각하지 않는 분위기였다.

그래서 나는 더욱 출마 선언 장소로 중앙당사를 고집했다. 대통령 후보 심상정이 국민들에게 퍼져나가기 위해서는 우선 당원들의 지지를 받는 게 먼저였다. 또한 나는 민주노동당의 강력한 개혁을 주장하고 있었다. 그런 이유로도 중앙당사에서 출마 선언을 한 것이었다.

출마 선언문 작성에 엄청난 노력을 기울였다. 그 모습을 보고 정태인이 놀랐다. "언론 홍보 활동이나 당원들 조직 사업부터 해야지, 선거 준비에 글 쓰는 게 뭐가 중요하냐?" 하지만 진보 정치의 무기가 뭐가 다른 게 있나. 우리에게 '말과 글'만큼 중요한 게 어디 있는가. 사실 언론이나 조직을 움직일 힘도 별로 없었다.

출마 선언의 핵심 메시지는 '가난한 사람들을 위한 민주주의'였다.

2017년 대선의 핵심 메시지인 '노동이 있는 민주주의'는 여기에서부터 시작한 것이었다. 국민들은 경제적 고통을 겪고 있었다. 집값은 폭등했고 비정규직은 계속 늘어났다. IMF 외환위기의 그늘에서 벗어나기 위해 온 국민이 고생했지만, 그 과정에서 가난한 사람은 더 가난해졌다. 한번 실패한 사람이 재기하는 것은 불가능해졌다. 보수 세력은 "민주주의가 밥 먹여주냐?"는 말로 민주 세력들을 공격했다.

민주 세력의 반성도 필요했다. 두 번의 민주 정부 집권으로 정치적인 민주주의가 이루어졌다고 생각했다. 경제적인 민주화도 해결될 것이라고 생각했다. 이는 현실적이지 못한 낙관주의였다. 오히려 사회경제적인 민주주의가 이루어지지 않으면 정치적 민주주의가 언제든지 후퇴할 수 있다는 것이 우리가 깨달아야 했던 교훈이었다.

무엇보다 진보 정당인 민주노동당의 반성이 절실했다. 나는 당시에 이 반성의 의미를 '정권 교체를 넘어 시대 교체로'라고 정의했다.

"강한 진보 정당만이 '시대 교체'를 이루어낼 수 있습니다. 정권 교체는 난사람 몇 명이 할 수도 있습니다. 그러나 시대 교체는 개인이 할 수 없습니다. 강한 진보 정당만이 할 수 있습니다. 서민들은 민주노동당에도 책임을 묻고 있습니다. 민주노동당에 '실망'이라는 경고를 보내고 있습니다. 보수 정치의 무능력과 한계가 빈곤과 양극화를 초래했다 할지라도 민주노동당 역시 자유로울 수 없습니다. 집권 세력에 대해 비판하고, 한나라당의 허구성과 타락을 따져 묻기 앞서 민주노동당을, 우리 자신을 이야기해야 합니다. 적은 의석수와 주류 사회의 편견도 면죄부가 되지 못합니다."

"서민이 주인 되는 경제 비전을 세우겠습니다. 대안이 무엇이냐고 많은 사람들이 묻습니다. 저는 여기 세 박자 경제론을 제시합니다. 우리 진보 운동이 지니고 있었던 분배 경제 모델, 일국 모델의 한계를 넘는 미래 비전을 세우고자 합니다. '국내 서민 경제론, 한반도 평화 경제론, 동아시아 호혜 경제론'으로 구성되는 '세 박자 경제론'은 50년, 100년 한국 사회를 지탱할 경제 패러다임을 지향합니다."

이것이 장장 40여 분이나 읽어 내려간 장문의 출마 선언문에 담긴 핵심 메시지였다. 서민 경제가 몰락한 것은 사회경제 민주화를 못해서였다는 점을 분명히 해야 했다. 그리고 사회경제 민주화를 어떻게 이룰 것인지, 그 플랜을 제시해야 했다. 그러지 않고 여당을 비판하는 것만으로 민주노동당 대선 후보를 대통령으로 뽑아달라고 말할 수 없는 것이었다. 우리는 비판 세력이 아니라 대안 세력으로서의 면모를 보여야 했다. 대안의 핵심은 '경제와 평화'의 결합이었다.

그동안 진보 진영에 숱하게 제기된 문제가 "경제 대안이 없질 않느냐?"는 것이었는데 '세 박자 경제론'이 그에 대한 내 답변이었다. 우리나라는 미국 중심의 금융 세계화에 깊숙이 편입돼 있고, 분단 상황에 놓여 있다. 이런 조건에서 일국 차원의 대안 경제 구상은 성립하기 어려웠다. 또한 진보 진영이 말해온 '분배 중심론'만으로는 경제 위기를 돌파하지 못한다는 생각이었다. 진보의 해답으로 경제를 살릴 수 있다는 비전을 제시하고 싶었다. 남한 – 한반도 – 동아시아 세 차원에서 신자유주의 경제체제를 극복할 진보적 대안 경제 패러다임을 지향했다.

미흡한 게 많았지만 여러 전문가들과 함께 거듭된 토론과 연구 끝에 나온 성과물이었다. 우리는 "송대관의 네 박자엔 사랑과 이별, 눈물이 있지만, 심상정의 세 박자엔 일자리와 집, 복지가 있다"는 말로 세 박자 경제론을 전달했다. 세 박자 경제론은 당시 바닥 민심의 메신저인 택시 기사들이 뽑은, 가장 기대되는 공약 2위에 오를 정도였다. 당시 1위 공약은 이명박 후보의 대운하 정책이었다.

반면 권영길 후보는 코리아 연방제 통일을, 노회찬 후보는 헌법 개정을 포함해 서민 정권인 '제7공화국'을 만들겠다는 기조를 내세우며 선거에 돌입했다. 나는 이들과 경쟁하는 게 아니라, 민생 경제 대안을 가지고 보수 세력과 경쟁해야 한다는 생각을 더 강하게 이야기했다.

"저의 경쟁 상대는 권영길, 노회찬 후보가 아니라 한나라당의 박근혜, 이명박 후보입니다."

"진보 정당의 대표 선수를 심상정으로 교체해주면 세기의 대결에서 이변을 일으키겠습니다."

드디어 본격적으로 유세가 시작되었다. 나는 당원들을 믿었다. 당원들과 지지자들이 원하는 것은 "이것이 진보 정당 민주노동당이다"라고 자랑스럽게 말할 수 있는 새로운 대안이라고 믿었다.

공주님 잡는 무수리

선거전의 열기는 매우 뜨거웠다. 이때 처음으로 '본선 경쟁력'이라는 말이 우리 당 안에서도 나오기 시작했다. 이즈음 박사모(박근혜를 사랑하는 모임) 카페에서 내가 화제가 되었다. "근혜 님이 공주라면 심상정은 무수리인데, 감히 무수리가 공주님을 넘볼 수는 없는 일"이라는 댓글이 달렸다. 우리 선거운동 본부는 이를 인용하며 "이 심상정이 공주마마 잡는 무수리가 되어 시대를 확 바꿔버리겠다"며 본선에서의 경쟁력을 더욱 강조했다.

그러나 대세로 인정받았던 권영길 후보와 지지율이 앞서 나가는 노회찬 후보에 비해 많이 부족했다. 지역 합동 유세를 마치면 캠프별로 뒤풀이를 하는데 우리 선거운동 본부는 지역별 책임자도 없는 상태였다. 그래서 뒤풀이 자리가 썰렁할까 봐 일부러 작은 식당을 잡았다. 그런데 가는 곳마다 뒤풀이에 오는 사람들이 예상보다 훨씬 많았다. 그들 중에는 당에 실망하여 활동을 중단했던 당원들, 새로 가입한 당원들이 많았다. 그들을 만나는 것이 너무나 즐거웠다. 당원들은 "심상정은 저평가 우량주야"라고 말했다. 그 말은 내게 큰 용기를 주었다.

7월 말 당원들을 상대로 선거운동 본부에서 자체 여론조사를 실시했다. 그 결과 노회찬 35.5퍼센트, 권영길 31.9퍼센트, 심상정 22.5퍼센트로 나타났다. 마의 20퍼센트를 넘어선 것이다. 우리는 환호성을 질렀다. 투표를 20여 일 남겨둔 날이었다. 뒤집을 수 있겠다는 자신이 생겼다.

—— 2007년 민주노동당 대선 후보 경선에서 '셰 박자는 심바람'라는 말이 유행했다. '셰 박자 경제론을 내세운 심상정 후보의 상승세가 높다'는 말이었다. 촌스러워도 서민들의 입에 붙고 가슴에 가서 박히는 말이었고, 무엇보다 진보 정치가 본격적으로 국가 경제에 대한 담론을 벌이는 첫 시작이었다.

"세 박자 심바람, 본선 돌풍!"이라는 피켓을 든 지지자들이 함께했다.

8월 20일, 제주를 시작으로 지역별 투표와 개표가 시작되었다. 호남, 경남을 거쳐 부산에 이르는 중반전부터 '심바람'이 거세졌다. 이제 경선의 관전 포인트는 '과연 결선 투표에 누가 오르느냐?'는 것으로 바뀌었다. 결과가 나왔다. 권영길 후보는 1차 투표에서 49.37퍼센트로 과반수 확보에 실패했다. 노회찬 후보는 24.56퍼센트, 나는 26.08퍼센트. 내가 2위였다. 다들 설마설마 하던 일이 벌어진 것이다.

만약 심상정이 권영길 후보를 누르는 대역전 드라마가 펼쳐진다면 온 국민의 이목이 민주노동당으로 집중될 수 있는 상황이었다. 나는 이렇게 이야기했다. "대선 민심의 절반 이상을 차지한다는 추석 밥상에 민주노동당이 오르내리게 합시다. 전을 굽는 시어머니와 며느리, 시누이도 심상정을 말하게 될 것입니다. 심상정이 자랑스러운 민주노동당의 이름으로 진보 정치의 새 시대를 힘차게 열겠습니다."

그러나 거세게 불던 '심바람'은 아쉽게 멎었다. 결선 투표 결과 권영길 후보가 지명되었다. 47.3퍼센트 대 52.7퍼센트. 1차 투표 후 결선 투표까지 주어진 시간은 불과 일주일뿐이었다. 사람들은 결선 기간이 조금만 길었어도 결과를 뒤집을 수 있었을 것이라고 안타까워했다.

하지만 결과가 아쉬워도 우리 당의 후보를 최선을 다해 돕는 것이 너무나 마땅했다. 나는 권영길 후보의 선거대책위원회 위원장직 제안을 받아들였고 대선 동안 열심히 뛰었다. 당시 민주노동당 권영길 후보의 대선 슬로건은 '일어나라, 코리아!'였다. 결과는 3퍼센트 득표. 참담한 패배였다.

왜 3퍼센트의 지지율이 참패였나. 한때 민주노동당의 지지율은 20퍼센트에 달하기도 했다. 2002년 대선 때는 민주노동당이라는 이름조차 익숙지 않았을 때인데도 권영길 후보가 출마해 3.9퍼센트를 얻었다. 그 뒤 2004년 총선에서 국회의석 열 석을 획득했고, 의정 활동에 대한 평가도 좋았다. 게다가 이명박 후보가 당선되었던 2007년 대선은 보수의 집권 가능성이 아주 높았던 때고, 두 번의 민주정부 이후에 치러진 대선이었다. 때문에 범민주 세력의 승리를 위해 소수인 진보 정당의 후보가 양보하라는 사퇴 압박도 거의 없었던 때였다. 그런데 5년 전에 비해 오히려약 25만 표를 덜 받았다. 게다가 민주노동당은 제3당의 위치였는데, 창조한국당 문국현 후보의 지지율 5.8퍼센트에도 밀려났다. 우리가 왜 국민들에게 선택받지 못했는지, 왜 3위도 못했는지 철저하게 반성하는 게당연했다.

실패한 혁신

당은 대선 참패로 어수선했다. 어느 날 문성현(현 노사정위원회 위원장) 당 대표로부터 "잠깐 들러달라"는 연락이 왔다. 대표실에 들어가니, 대선 참패의 책임을 지고 지도부가 총사퇴할 예정인데 내가 비대위(비상대책위원회) 위원장을 맡을 수밖에 없지 않겠느냐는 것이었다. 나는 거칠게 대꾸

했다.

"우리 당은 걸핏하면 서둘러 지도부 총사퇴로 모든 걸 덮으려 하는데 그래서는 안 됩니다. 진정으로 책임지고 싶으면 무엇이 잘못됐는지부터 밝히세요. 임기가 며칠 남지도 않은 지도부가 서둘러 사퇴하는 걸로 대충 넘어가려 하지 마세요. 그건 책임지는 게 아니라 도망가는 겁니다."

그러나 지도부는 결국 사퇴했고, 내게는 비대위 위원장이 제안되었다. 주변에서는 그 자리를 맡지 말라며 반대했다. 고양시 덕양구 갑에서 18대 총선을 준비해야 했기 때문이다. 다른 국회의원 준비자들에 비해 지역구 선정이 매우 늦었는데, 거기에 비대위 위원장까지 맡으면 어떻게 선거를 하겠는가. 그러나 "당내 경선에서 당의 혁신을 주장했던 사람이 그 일을 안 하면 누가 하겠느냐"는 말도 맞았다. 그리고 내가 민주노동당에 있는 이상 당의 혁신은 언제 넘어도 넘어야 할 산이었다.

"대기업 정규직당이라는 비판에서 벗어나겠습니다. 비정규직 노동자를 중심으로 하는 노동 정치 혁신 방안을 찾겠습니다. 편향적 친북당이라는 이미지와 단절하고, 책임 있는 평화 정당으로 거듭나겠습니다. 강력한 진보 야당을 만들겠습니다. 정권이 내놓은 것에 찬반만 말하는 야당이 아니라, 정권이 내놓는 것보다 더 좋은 것을 내놓고 국민에게 평가받는 합리적이고 강력한 대안 야당이 되겠습니다. 심상정 비대위는 생활 속의 진보를 실현하는 대중적 진보 정당으로 나아갈 것입니다."

비대위 위원장을 맡고 이튿날 기자 간담회를 가졌다. '이명박 정부를 맞은 대한민국에서 이제 창당 8년의 진보 정당은 어디로 향할 것인가?' 진보 진영 모두의 시선이 집중되어 있었다.

그러나 그 시선이 호의적인 것은 아니었다. 민주노총 지도부는 섭섭함을 토로했고, 다수파인 자주파는 비대위의 단호함에 반발했다. 평등파의 일부는 자주파의 '종북주의'와 과감히 단절하고 새로운 당을 만들자고 했다. 전국적으로 탈당 흐름이 형성되고 있었다.

비대위는 대의원 대회에 제출할 '혁신과 제2창당 안'을 준비했다. 먼저 당내 다수파인 자주파의 책임을 묻는 것이 불가피했다. 당시 국민들의 관심은 '일심회 사건'에 쏠려 있었다. 이미 언론은 민주노동당의 '종북주의'를 둘러싼 논쟁을 연일 기사화하고 있었다. 일심회 사건과 연루된 몇몇 당원들에 대해 당이 어떤 결정을 내릴지가 최대 관심사였다. 당원 제명이 불가피했다.

그러나 '종북주의'로 인해 대선에서 참패했다는 식으로 몰아가서는 안 되었다. 나는 당시 '종북주의'라는 말을 쓰지 않았다. 그 말 자체가 냉전 시대의 유물이었고, 수구 보수가 진보 진영을 공격할 때 쓰는 용어이기 때문이다. 나는 종북주의 대신 '편향된 대북 인식'이라는 점을 비판했다. 또한 이 사태의 핵심은 자주파의 낡은 대북 인식만이 아니었다. 오히려 당이 직면한 문제는 노동자와 서민의 정당이라면서 그들의 신뢰를 받지 못하고 있는 것이었다. 일심회 관련 당원들을 제명하겠다는 것은 민주노동당이 국민들의 신뢰를 회복하겠다는 의지를 보여주는 최소한의 조치였다.

총선을 앞두고 당의 운명을 결정하는 중요한 고비였다. 나는 민주노동당을 함께 만들어온 동료로서 그들에 대해 마지막 신뢰까지 거두고 싶지 않았다. 설령 내부에서 갈등이 계속된다 하더라도 국민들에게 정치적으로 책임을 져야 하는 일에 있어서는 합의를 할 것이라고 생각했다.

2008년 2월 3일 오전 11시, 대의원 대회가 열리는 서울 센트럴시티 강당에 도착했다. 대회장을 가로질러 가면서 가장 먼저 눈에 들어온 사람은 최고위원을 지낸 이정미(현 정의당 대표)였다. 이정미는 당시 당대회 부의장으로서 대의원대회 진행을 앞두고 있었다. 그는 무대 한 쪽에서 울고 있었다. 그는 '자주파'의 주요 구성원이었다. 나는 그 울음의 의미를 이해했다. 마지막까지 기대했으나 '일심회 사건 관련자 두 명에 대한 제명 안건'은 결국 무산되었다. 이에 앞서 처리된 대선 평가는 '참패'가 아닌 '실망스러운 결과'로 수정되었다. 온몸에 맥이 풀렸다.

회의장 뒤쪽에서 결정을 비난하는 외침이 쏟아졌다. 하지만 그 외침은 결정을 반기는 함성과 박수 속에 묻히고 말았다. 이어 양쪽의 거친 말다툼이 벌어졌다. 좌석 맨 앞줄에 앉아 있던 나는 자리에서 일어섰다. 다른 비대위 위원들이 뒤를 따랐다. 방송 카메라와 기자 들이 몰려들었다. 엘리베이터에 올랐지만 기자들은 문을 몸으로 열어젖힌 채 질문을 쏟아내고, 보좌관들은 그들을 떼어놓기에 바빴다. 그 북새통이 아련하게만 느껴졌다. 다음 날 나는 기자회견을 열어 비대위 위원장 사퇴를 선언했다. 전날 당 대회는 당 소생의 마지막 기회였다. 응급실에 실려 온 환자를 구해내는 게 나의 소임이었는데 나는 응급실 밖으로 쫓겨난 꼴이 되었다. 통

—— 지지율 20퍼센트까지 올랐던 노동자, 서민의 정당 민주노동당은 '운동권 정당, 민주노총 정당, 종북주의 정당'이라는 오명에 스스로를 가뒀다. 민주노동당은 스스로 변화하지 못했다. 그 안에서 혁신을 주장한 나는 과연 최선을 다했을까? 잘못을 저지른 사람보다 잘못을 고쳐보겠다는 사람의 무능함이 더 크다. 2008년 나는 민주노동당을 나왔다.

퉁 부은 눈으로 국민들에게 고개를 숙였다.

자다가 벌떡 일어나고, 뜬눈으로 아침을 맞아도 방법은 없었다. 당을 지키기 위해 과감한 혁신을 시도했는데 실패했다. 당원들이 대거 당을 떠나고 있었다. "탈당은 분열 행위다. 심상정, 노회찬 의원의 탈당을 막겠다." 천영세 원내 대표의 다급한 인터뷰가 연일 중계되었다.

그때의 절망감은 아직도 강하게 남아 있다. 나뿐 아니라 민주노동당에 청춘을 걸었던 사람들의 절망은 매우 컸다. 나는 분당을 원하지 않았다. 그러나 이미 나와 함께하던 많은 동지들이 민주노동당에서 나가고 있었다. 거센 물결 위에 떠서 떠밀려 가는 심정이었다. 2월 17일 나는 민주노동당을 탈당했다. '우리 청춘이 고스란히 바쳐진 첫 진보 정당 민주노동당이 이렇게 되다니.' 상처가 너무 컸다. 하지만 그 상처를 돌이켜볼 틈도 없이 진보신당을 창당해야 했다. 18대 총선이 임박해 있었다.

3부

꿈을 꾸겠다 말해요

오늘의 고통을 내일의 희망으로 바꾸려면 잘못된 어제를 완전히 밀어내
야 한다. 그렇지 않으면 우리는 다하지 못한 숙제를 언젠가 또다시 받아
들게 될 것이다. 그러기 위해 우리는 과거에 머무르지 말고 끊임없이 변
해야 한다. 진보 정치의 가능성은 여기에 있다. 끊임없이 변신함으로써
언제나 그 시대의 가장 아래에 있는 다수의 '편'에, 새로운 세대의 '편'에
설 수 있어야 한다. 한때 옳고 새로웠던 것도 변하지 않으면 낡는다.

지켜주지 못해 미안해

지역구 선거

"정말…… 지켜주지 못해 미안합니다. 다음에는 이사를 와서라도 지켜
드리겠습니다."

"동네 벤치에 퍼질러 앉아 막 울었습니다. 진보신당 미안해요. 심상정
님 미안합니다."

이른 아침에 일어나 낙선 인사를 마치고 오니, 홈페이지에 이런 글이
마구 올라오고 있었다. 선거 기간에도 잠잠하던 자유게시판의 글 목록이
계속 이어지고 있었다. 2008년 4월 18대 총선에서 경기도 고양시 덕양구
갑에 진보신당 후보로 출마했던 나는 낙선했다.

덕양구에 사무실을 낸 건 2007년 연말이었다. 사무실만 덜렁 내놓고

나는 지역구에 가보지도 못하고 문래동 당사에서 민주노동당 비대위를 맡고 있었다. 후보는 없이 '후보 남편'만 지역에서 벌어지는 모임에 가서 인사를 하고 다니고 있었다. 본격적으로 출마 인사를 시작한 건 2008년 2월, 선거를 50일 남겨둔 즈음이었다.

고양시 덕양구를 지역구로 선정한 데는 정서적 친밀감이 컸다. 나는 덕양구 북쪽에 잇닿은 파주에서 태어나 자랐고, 덕양구와 인접한 서울의 은평구에서 20여 년을 살았다. 고양시가 직접 연고지는 아닐지라도 파주, 고양, 은평을 잇는 서울·경기 서북부는 나의 오랜 생활권이었다.

지역구 선거가 쉽지 않다는 것은 알고 있었지만, 17대 국회에서의 활약이 지역 주민들이 나를 지지해줄 근거가 되지 않을까 하는 기대가 있었다. 그러나 세상에 공짜는 없는 법이었다. 고양시 덕양구 갑은 17대 국회에서 유시민의 지역구였다. 상대편 한나라당 후보는 몇 년 전부터 지역에 공을 들여온 사람이었다. "중앙 정치만 신경 쓰고 텔레비전에 많이 나오는 사람들은 지역구는 신경 안 쓴다"는 네거티브 공세가 거셌다. 그래서 사전 조사를 해보면 인지도는 내가 높았지만, 지지도는 한나라당 후보가 두 배 이상 앞서고 있었다. 진보신당 대표로 연일 9시 뉴스에 나와도 오히려 지역 주민들에게 '저 사람은 지역구 의원 할 사람이 아니다'라는 인상만 주는 꼴이 되고 있었다. 밤낮없이 뛰는 도리밖에 없었다. 부지런하고 성실한 거야 원래 내가 잘하는 일이니까.

그렇게 돌아다닐 때마다 내가 비운 자리를 메웠던 남편의 흔적을 만날 수 있었다. 만나는 사람마다 남편 이야기를 했다. 후보 부인이 선거운동 하는 건 많이 보았어도 남편이 발 벗고 나서는 모습은 처음 본다며 신기해했다. 사실 남편은 낯을 가리는 편이다. 국회의원으로 언론의 조명을 받을 때, 이런저런 곳에서 부부가 함께 나와달라는 요청도 많았다. 집 안을 보여 달라는 방송의 요청도 있었다. 그럴 때마다 남편이 거절했다. 뒤에서는 헌신적으로 뒷바라지를 하면서도 대중 앞에 서는 것은 매우 불편해했던 남편이었다. 그런 남편이 내가 없는 동안 안면이고 뭐고 내던지고 아내를 위해서 온 동네를 다니며 사람들을 만났던 것이다. 선거운동 기간 중에 아버지가 돌아가셨는데, 그때 아버지 빈소에 왔던 이웃 선거구인 민주당 김현미 의원의 첫마디가 이거였다. "심상정 의원님 남편 분 덕분에 우리 남편도 선거운동을 다 하더라고요. 처음이에요, 처음!"

그렇게 늦게 시작한 선거운동. 지역 정치는 나에게 새로운 도전이었다. 덕양은 지역 주민들의 소외감이 큰 곳이었다. 서울도 아니고 일산도 아닌 곳, 아이들이 중학교에 가게 되면 입시 교육 때문에 일산으로 이사 가야 하나를 고민하는 곳이었다. 때문에 항상 덕양 발전에 대한 욕구가 강했다.

보수 정당 후보들은 일제히 '자사고 - 특목고 유치', '원당 뉴타운 개발 조기 착공'과 같은 공약을 들고 나왔다. 그리고 힘 있는 여당 후보가 당선되어야 지역 발전을 챙길 수 있다는 논리로 밀어붙였다. 고양시의 불균형 발전을 주도한 당시 시장이 한나라당 소속이라는 사실은 뒷전으로 밀렸다. 자사고·뉴타운의 위력은 덕양에서도 강했다. 지역구 내에 있는 화정동 일대에서 특목고 유치 서명 운동도 진행됐다. 특목고가 유치된들 이 지역 학생들의 5퍼센트 정도밖에 못 갈 텐데도, 특목고가 유치되면 집값이 오를 것이라는 기대 때문에 먹혀들었다. 나는 교육 문제에 정면으로 대응했다.

"왜 사립학교만 명문 학교가 될 수 있단 말입니까? 우리 아이들 80퍼센트가 다니는 공립은 왜 좋은 학교로 못 만든단 말입니까? 아이들 교육이라면 모든 것을 거는 게 우리나라 부모들입니다. 우리가 낸 세금을 가장 먼저 교육에 투자하도록 해야 합니다. 이 지역을 공교육 특구로 지정하여 예산을 집중적으로 배정하고, 좋은 선생님 유치하고, 교육 방식을 혁신해 공교육 시범학교를 만들겠습니다. 핀란드형 공교육 자율 학교를 만들 수 있습니다."

이 공약이 학부모들의 관심을 받은 데는 교육운동가 이범의 등장이 결정적이었다. 연봉 17억의 대치동 학원 강사, 강남과 분당에서는 엄마들을 피해 모자를 쓰고 다닐 만큼 인기를 끌었던 그가 "공부에 반(反)했다"는 소문은 익히 듣고 있었지만, 전에는 조금도 알지 못하던 사이였다. 그런 그가 자기 발로 선거운동 본부를 찾아왔다.

'핀란드형 자율 학교' 공약이 너무 반가웠다며 적극 돕겠다고 했다. 그는 곧바로 지원 유세에 나서 선거가 끝날 때까지 아파트 단지를 누비고 다녔다. 이범은 "심 후보가 당선되면 덕양 지역 고등학교에 방과 후 학교 강사로 참여해 학생들을 가르치고, 핀란드형 자율 학교로 전환되면 교사로 일하면서 새로운 공교육 모델을 만드는 데 힘쓰겠다"고 약속했다. 정말 고마운 일이었다.

이제까지 수많은 정치인들이 공교육 정상화를 이야기했지만, 대한민국의 교육 문제, 특히 사교육 문제가 심각한 것은 '대학 입시'라는 목표를 버리지 못하기 때문이다. 한때 각자 잘하는 특기 하나만 있으면 대학에 갈 수 있다는 교육 담론이 유행한 적이 있었다. 그러나 여기서도 최종 목표는 '대학'이었다.

교육의 목적은 성공적으로 자립할 수 있는 사회인을 키워내는 것이다. 그러나 우리 교육의 목적은 오로지 '묻지마 대학'에 몰려 있었다. 여기에는 국가의 책임이 제일 크다. 국가는 성장제일주의를 내세우면서 한 명이 10만 명을 먹여 살린다는 엘리트주의를 부추겼다. 그러니 대학 졸업장이 곧 신분이 되는 학벌 사회가 되었다.

국가가 공교육을 하는 이유는 어떤 조건에서 태어나든 교육을 통해 한 사람이 자립할 수 있는 평등한 기회를 갖게 하기 위한 것이다. 그러나 이제는 빚을 내어 대학을 보내도 아이들의 미래가 불투명하다. 대학이 취업 학원으로 변모한 지도 오래 되었지만, 아이들의 취업문은 점점 더 바늘구멍이 되어가고 있다. 2017년 국정감사에서 우리 의원실이 공개한 '우리은행 취업 비리' 사례에서 보듯이, 이미 청년들이 선호하는 직장들은 돈-권력-연줄이라는 기득권의 짬짬이 구조에 의해 결정되어 있다.

가장 큰 문제는 다양한 직업으로 충분한 경제생활을 꾸릴 수 있으리라는 믿음도 파괴된 것이다. 그리하여 한 나라의 기초과학을 책임질 과학고 등학교 학생들 대부분이 과학자가 되는 게 아니라, 의대 진학을 희망하는 나라가 된 것이다.

'핀란드형 자율학교'로 대표되는 공교육 혁신을 제기하면서 내가 교육에 대해 강하게 갖고 있는 문제의식 중의 하나는 교육과 '노동'을 연결시키는 것이다. 19대 대선에서 대부분의 후보들이 입시 교육을 이야기할 때 나는 교육을 노동의 관점에서 접근했다. 대표적인 정책이 바로 직업계 고등학교 육성 정책이다. 북유럽의 복지 강국에서는 직업계 고등학교와 일반 고등학교가 똑같이 중요하다. 스웨덴에서는 직업계 고등학교를 지원하는 국가 예산이 일반 고등학교 예산의 약 두 배에 이른다. 학력 차별 없는 노동, 그것이 바로 복지국가의 교육 경쟁력이다. 그런 나라에서는 사회 진출 연령이 낮으며, 기술자가 최고의 대우를 받는다.

우리에게 필요한 교육혁명은 세계에서 가장 늦게 성인으로서의 인생을 시작하는 대한민국 청소년들에게 20대를 돌려주는 것이다. 안정적인 일자리를 갖고 자신의 일에 열정과 긍지를 갖는 시민의 길을 열어주는 것이다. 그런 점에서 이명박 대통령이 유일하게 잘한 일이 마이스터 고등학교를 만든 것이라고 생각한다. 그러나 우리나라의 직업계 고등학교 비중은 마이스터 고등학교, 특성화 고등학교, 일반 고등학교 직업반을 다 합쳐, OECD 평균 47퍼센트에 훨씬 못 미치는 19퍼센트 수준이다. 직업계 고등학교 출신 청년 노동자들의 노동권이 보장되고 있지 않으니 '일단 대학을 가자'가 목표가 되는 것이다.

이명박 정부 때도, 박근혜 정부 때도 광화문 광장에서 가장 먼저 촛불을 든 이들이 중고생들이었다. 대한민국의 십 대들은 선거권도 없고, 책임을 질 이유도 없었지만, 세상을 바꾸자고 가장 먼저 나섰다. 그런 이들이 사회에 나오자마자 마주쳐야 하는 노동의 현실은 처참하다.

2017년 1월 23일 전주의 한 특성화 고등학교 졸업을 앞둔 여학생이 스스로 목숨을 끊었다. 애완동물학을 전공했지만 통신업체 콜센터에서 현장실습생으로, 베테랑들도 어려워하는 해지 고객 담당 부서에서 일해야 했다. 2011년 광주 기아자동차 공장에서 뇌출혈로 쓰러진 특성화 고등학교 학생은 아직도 의식을 회복하지 못하고 있다. 그 학생은 가장 고되고 열악한 스프레이 도장을 맡아 법정 근무시간을 30시간이나 초과하는 주 70시간의 노동을 해야 했다. 2014년 진천에서는 명절 수요를 맞추기 위해 초과근무에 혹사당하던 청소년 노동자가 자살했고, 2016년에는 한 외식업체의 현장실습생이 자살했다.

온 국민이 가슴 아파했던 서울 지하철 2호선 구의역 청년 노동자의 죽음도 마찬가지다. 지하철 스크린도어를 수리하다 열차에 치여 숨진 열아홉 살의 청년이 일하던 회사는 그가 현장실습생 시절부터 일을 시작한 곳이었다. 너무 위험하고 고된 노동에 계속 선임들이 그만두는 곳이었다. 이직률이 72퍼센트나 되는 위험한 직장이었지만, 서울메트로의 자회사가 되면 정규직이 될 수 있을 거라고 그 고된 노동을 참다가 사고를 당했다.

19대 대선 출마를 선언한 날에는 구의역을, 선거 기간 도중에는 전주의 현장실습생 여학생 추모제를 찾았다. 수십 년간 노동운동 하면서 목격했던 젊은 죽음을, 촛불이 만든 대선 기간에 또 마주해야 한다는 사실이 너무 비통하고 참담했다.

지금 우리 사회의 위험하고 불안한 노동을 갓 사회에 나오는 청년들이 담당하고 있는 이 구조와 '출신 대학에 따른 신분 사회'는 한국 교육 문제

―――― 교육의 목적은 더 좋은 대학에 가기 위한 것이 아니라, 자기 삶을 꾸릴 수 있는 기회를 제공하는 것이다. 노동이 망가진 사회에서 교육 개혁은 불가능하다. 2016년 5월 서울 지하철 2호선 구의역 사고로 사망한 비정규직 청년 노동자 김 군은 직업계 고등학교 현장실습생 출신이었다.

의 양 축이다. 이 두 축을 동시에 고려하지 않는 한 교육 개혁은 불가능하다. '핀란드형 자율 학교'로 시작된 '공교육 혁신'은 이런 생각의 출발점이었다.

한편 고양시 덕양구 원당 지역의 뉴타운 개발은 이미 승인이 나 있었다. 17대 국회 재경위 위원으로 일하면서 뉴타운 개발 사례를 많이 보았다. 많은 경우 뉴타운으로 조성된 집값이 너무 비싸서 돈 없는 원주민과 세입자는 그 동네에서 결국 내쫓기고 건설업자들과 땅 부자들만 떼돈을 버는 경우가 허다했다. 나는 세입자 대책을 중심 공약으로 내세웠다.

나는 예전부터 "가난한 사람들이 보수를 지지한다", "가난한 이들이 자신의 계급을 배반하는 투표 행위를 한다"는 말을 믿지 않는다. 물론 오늘의 고통스러운 현실을 바꿀 수 있는 대안을 진보 정치가 제시 못하면, 과거의 익숙한 성공 방식에 눈이 가기 마련일 뿐이다. 심지어 사람들은 오늘 힘 있는 권력이 아니어도, 미래를 바꿀 수 있는 포부를 제대로 밝히는 이들을 선택한다. 나는 2004년 민주노동당의 20퍼센트의 가까운 지지율이 이를 증명했다고 생각한다.

지역에서도 마찬가지다. 지역구 선거에 나왔을 때 누군가는 '핀란드형 자율 학교' 같은 진보적인 공약이 우리나라에는 전혀 먹히지 않을 거라고 했다. 하지만 국민들 대다수가 공교육 시스템 안에서 아이들을 키워야 한다. 특목고(특수목적고등학교)에 갈 수 있는 사람은 손에 꼽을 정도다. 나는 그럴 때 어떤 정치인을 뽑아야 자신의 지역에 훨씬 더 도움이 될지 주민들이 판단할 수 있다고 생각했다. 다만 이를 선거기간 동안에 어떻게 전달할지, 야권의 단합을 통해 당선 가능성을 보여줄 수 있을지가 관건이었다. 마지막 판세는 '심상정이냐, 손범규냐'로 집약되고 있었다. 이 와중에 야권 단일화는 불발됐다. 통합민주당의 한평석 후보가 먼저 단일화를 제안했으나, 곧이어 제안을 철회했기 때문이다.

상복 입은 후보

선거가 끝나기 일주일 전 아버지가 돌아가셨다. 폐암 말기였다. 깔끔하고 검소하신 분이었다. 웬만한 거리는 버스도 마다하시며 걸어 다니셨고, 여든이 넘도록 부지런히 일하셨다. 교편생활로 몸에 밴 습성이었다. 내가 서울대학교 사범대학에 합격했을 때, 온 동네에 자랑을 하고 다니시던 아버지는 그 딸이 운동권이 되어 전국에 지명수배 되자 말을 잃으셨다.

언젠가 친정집에 갔을 때 아버지는 꼬깃꼬깃 모아둔 돈을 내게 내미셨다. 물이 새는 냉장고를 바꾸라며 사돈의 주말 농장에서 묘목을 팔며 어머니도 모르게 모으신 돈이었다. 가난하게 사는 막내딸이 항상 눈에 밟히셨던 것이다. 나 대신 아들 우균이를 살뜰하게 챙겨주시기도 하셨다. 선거운동 하던 와중에 병문안 갔을 때였다. "4월 9일 투표일 이전엔 절대 다시 오지 마라!" 그 말을 몇 번이나 하시던 아버지였다.

부친상 소식에 선거운동 본부는 크게 당황했다. 뒤늦게 시작해서 막 분위기가 살기 시작한 참이었다. 나는 장례 절차가 끝날 때까지 선거 유세

를 중단했다. 오빠들은 빈소를 고양시에 있는 동국대학교 일산병원 장례
식장으로 옮겨 나를 배려해주었다. 유세 차량에는 "부친상 중입니다. 직
접 뵙지 못함을 헤아려주십시오"라는 문구가 붙어 있었다.

내가 빈소를 지키는 동안 문소리, 김부선, 권해효, 강신일, 이범 등 수많
은 이들이 내 빈자리를 메워주었다. 인권위원회에 스포츠계에서의 여성
고용 차별과 프로 여자 농구선수에 대한 남자 감독의 성폭력 사건을 진정
했던, 전 국가대표 농구 팀 박찬숙 감독도 달려와 주었다. 박찬숙은 당시
내가 보냈던 지지를 잊지 않았던 것이다. 함께 진보신당 대표를 맡고 있
던 노회찬 대표는 당시 서울 노원구 병에서 지역구 선거를 치르는 중이었
다. 자신도 박빙의 선거전을 치르는 중에도 걸음을 해서 기꺼이 심상정이
되어주었다.

아버지를 파주에 있는 선영에 모시고 난 다음 날, 고려대 최장집 교수,
전 청와대 정책실장 이정우, 성공회대 조희연(현 서울시 교육감) 교수, 김
민웅 교수, 한겨레 기획위원 홍세화, 경제개혁연대 소장 김상조 교수 등
10여 분의 인사들이 사무소를 찾아왔다. 정당과 정파를 초월해 심상정 후
보 지지를 표하고 싶다는 것이었다. 한나라당 공천에서 탈락한 고진화 의
원은 내 선거 유세를 지원했다가 징계위원회에 회부되기도 했다. 전국에
서 당원들이 달려왔다. 자원봉사자들이 모여들었다. 해군 예비역 김기철
중령은 의왕에서 덕양까지 매일 출근했다. 자원봉사단 양준호 단장은 한
옥을 짓는 목수로 강원도에서 달려왔다. 선거운동 본부에서 흥이 나는 율
동을 만든 홍원기는 놀랍게도 무용과는 전혀 상관없는, 뉴욕 컬럼비아 대

—— 2008년 총선, 첫 지역구 도전에서 나는 낙선했다. 선거 기간 도중 아버지가 돌아가셨다. 상
중인 후보를 대신해 각계 각층의 사람들이 유세를 도왔다. 그분들이 나에게 보내준 지지는 곧 대
한민국에서 진보 정치가 살아나야 한다는 것을 인정하는 것이었다.

학교에서 사회복지를 공부하는 학생이었다.

작은 개미들이 보내주는 큰 응원

그런 많은 분들의 도움에도 불구하고 결과는 낙선이었다. 나뿐 아니라 노회찬도 낙선했다. 진보신당의 두 기둥 모두 낙선한 것이었다. 진보신당은 비례대표 한 석도 얻지 못했다. 문재인 정부에서 국가보훈처장을 맡은 피우진이 당시 진보신당 비례대표 3번이었다. 그런데 그다음 날부터 일명 '지못미(지켜주지 못해 미안해) 후원'과 '지못미 당원'들이 급증하기 시작한 것이다. 진보신당에는 평소 가입 숫자의 네 배가 넘는 신규 당원들이 들어오기 시작했다.

이 '지못미' 바람은 2017년 대선에서는 더욱 거셌다. 유승민 후보를 이기고 4위를 하지 않을까 하는 기대도 있었으나 나는 5위를 기록했다. 6.17퍼센트의 득표율이었다. 선거 초반 3퍼센트도 채 안 되던 지지율과 '사표 심리 논쟁'이 있었던 것에 비하면 선전이었다. 하지만 일부 여론조사에서 10퍼센트 초반 지지율을 기록했었기 때문에 더 큰 선전을 기대하는 이들도 많았다. 투표 시간이 끝나고 각 언론사에서 출구 조사 결과를 발표했다. 나의 예상 득표율이 기대에 못 미치자 여의도 정의당사에는 아쉬워하는 침묵이 가득했다.

출구조사가 발표된 저녁 8시 이후부터 갑자기 후원 계좌로 후원금이 쏟아져 들어오기 시작했다. SNS에는 "심상정 후보 기탁금도 못 돌려받습니다", "표를 못 줬다면 후원이라도 합시다"라는 글들이 올라왔다. 선거법상 대선 득표율이 15퍼센트를 넘으면 선거비용 전액을 보전해주고, 15퍼센트 미만은 절반을 받을 수 있지만, 10퍼센트에 못 미치면 보전 대상에서 제외되기 때문이다. 대선 후보 후원이 공식적으로 인정되는 당일 밤 12시까지 단 4시간 만에 2억 원이 넘는 후원금이 모였다. 그 후에도 후원 문의가 계속 이어지자 당에서는 정의당 소속 국회의원들의 후원 계좌를 안내하기에 바빴다. 나중에 언론 보도를 보니, 대선 기간 동안 가장 많은 후원금을 모은 사람이 나였다. 14억 9763만 원으로 더불어민주당 후보였던 문재인 대통령보다 1억 원가량 많았다. 그중에 500만 원 이상의 고액 후원자는 단 한 명도 없었다. '개미'들이 쌓아준 돈이었다.

이제까지 살아오면서 그런 정성들을 곳곳에서 만났다. 첫 '지못미 바람'이 불었던 덕양구 선거. 선거에서 떨어지고 첫 낙선 인사를 갔던 구두 수선집의 주인도 그랬다. 조그마한 놀이터 옆에 설치된 간이 박스에서 일하시는 그분은 선거 기간 중 심상정을 지지하는 손님들에게는 구두 수선비를 받지 않았다. 그리고 손님 100명이 지불하고 간 수선비를 모아 후원금으로 내주셨다. 나중에 입소문으로 확인한 일이었다. 낙선 인사를 하러 가서, 시커먼 구두약이 손금과 손톱 속까지 깊이 파고든 그 손을 부여잡고 가슴이 떨려 눈을 바로 보지 못했다. 미안해서였다. 돌이켜보면 그분들이 나를 못 지켜줘서 미안한 게 아니라, 그분들을 위해 이기지 못해 내가 항상 더 미안한 삶이었다.

단식

사람을 죽이는 정권

부산 영도에 관광버스들이 도착했다. 대한민국에서 가장 오래된 조선소 앞이었다. 버스에서 내린 사람들은 대부분 평범한 차림의 젊은 사람들이었다. 그들은 꽃이 그려진 커다란 현수막을 바닥에 깔고, 노래를 부르고, 함께 춤도 췄다. 밤새 돌아가며 마이크를 잡고 이야기를 나눴고, 하늘을 향해 손을 흔들었다. 그 손이 향하는 곳에는 커다란 크레인이 있었고 그곳에 사람이 있었다. 대규모 정리해고 철회를 외치며 한진중공업 영도 조선소 85호 크레인에 올라간 민주노총 김진숙이었다. 그를 응원하기 위해 아침 일찍 전국 곳곳에서 버스를 타고 온 시민들, 독선과 폭력이 난무하던 이명박 정부에서 '함께 살자'를 이야기하던 '희망버스' 사람들이었다.

2011년의 희망버스를 기억하는 이들이 많을 것이다. 이명박 정부 시절은 기억해야 할 일이 너무 많지만 '희망버스'를 제일 먼저 이야기하는 것

—— 어떤 일이 있어도 우리 사회의 기본 원리인 민주주의가 망가지면 안 된다는 사실을 이명박 정부 때부터 시민들은 서서히 깨달아가고 있었다. 촛불 시민들은 그 시절을 지킨 희망이었다. 급하게 세운 작은 진보 정당이었지만, 그 자리에 진보신당도 언제나 함께했다.

은 시민들이 노동과 연대하기 위해 직접 나선 행동이었기 때문이다. 이명박 정부 내내 우리가 깨달은 것은 '행동하는 시민'의 힘이었다.

노무현 정부를 지나 보수 정권인 이명박 정부가 등장했을 때, 이 정권이 보일 반민주적인 행태는 쉽게 예상할 수 있었다. 무엇보다 범민주진보 진영의 힘이 매우 약했다. 열린우리당, 대통합민주신당, 통합민주당으로 이어진 야권의 행보는 진통을 겪고 있었고, 진보 진영은 민주노동당과 진보신당으로 나누어져 있었다. 그 와중에 대한민국의 민주주의를 지킨 것은 시민들이었다. 사회 전체가 민주주의의 가치에 대해 다시 생각하기 시작했다.

이명박 대통령이 후보였던 시절 제기된 부동산 투기, 조세 포탈, 주가 조작 등 각종 범죄 혐의는 결코 가벼운 것이 아니었다. 그러나 국민들은 그의 도덕성에 대한 심판을 미루고 그를 대통령으로 선택했다. 게다가 집권 직후부터 강부자 내각(강남의 부자들이 주축이 되는 내각을 빗댄 말), 고소영 정부(고려대, 소망교회, 영남권 사람들이 정치에 깊이 참여한 것을 빗댄 말) 등으로 본색을 드러냈지만, 이어진 총선에서도 국민들은 마치 절망의 끝이라도 보려는 듯이 한나라당에 표를 몰아주었다.

그런 국민들이 2008년 5월 이명박 정부가 미국산 쇠고기를 수입하기로 하자 그에 반대하며 촛불 시위를 시작했다. 무려 1년이 넘는 시간 동안 시민들은 촛불을 들고 교육 문제, 대운하, 공기업 민영화 반대, 정권 퇴진 등으로 이어지는 목소리를 냈다. 또한 YTN, MBC, KBS 등에서 벌어진 언론인 탄압, 용산 참사, 노무현 대통령의 죽음, 쌍용자동차 해고 사태,

—— 노무현 대통령의 묘소는 민주주의를 지키는 이들이 마음을 다잡는 다짐의 공간이 되었다.
2015년 정의당 당대표가 되었을 때도 노무현 대통령을 참배하러 갔다. 정치인으로서 생각을 나눌
기회는 거의 없었지만, 나는 '노동자들을 위한 세상을 만들자'고 외치던 인권변호사 노무현과 함
께했던 순간들을 가슴 아프게 기억하고 있다.

한진중공업 대량 해고 등 임기 내내 이명박 정부 아래에서 자행된 수많은 독선과 비민주적인 행태로 인해 벌어지는 고통에 국민들은 분노했다. 이명박 정부는 자신들이 그냥 보수 정권이 아니라 사람을 죽이는 정권이라는 것을 보여주었다.

노무현 대통령의 죽음은 그것을 극명하게 보여주었다. 이명박 정부는 노무현 대통령 측근들에 대한 강도 높은 세무조사를 진행했고, 뇌물 및 비자금 수수 의혹을 제기하며 검찰 수사를 진행했다. 그리고 2009년 5월 23일 노무현 대통령은 경남 김해 봉하에서 스스로 생을 마쳤다.

그날은 토요일이었다. 나는 다음 날 교육 혁신과 관련된 해외 출장이 예정되어 있었다. 오전에는 출장 전 사전 공부 모임이 잡혀 있었고, 오후에는 민주당 최고위원이었던 안희정(현 충청남도 도지사)과 약속이 있었다. 안희정 위원의 아들과 우리 아들은 대안학교인 이우학교를 함께 다녔다. 이우학교는 뜻있는 학부모들이 공교육을 바꾸기 위한 대안을 실험하기 위해 만들어졌다. 처음에는 정부의 어떤 지원도 없었기 때문에 모든 비용을 학부모들이 십시일반해서 꾸려나갈 수밖에 없었다. 이후 김상곤 경기도 교육감 시절에 혁신학교로 지정이 되어 지금은 일반 학교와 비슷한 수준의 등록금을 내고 있다. 이런 사실을 잘 모르고 내가 아들을 귀족 학교에 보냈다는 비난을 하는 분들도 있다. 교육 혁신을 실험하고자 했던 부모들의 뜻이 왜곡되지 않았으면 한다. 이우학교는 학생들뿐 아니라 학부모들의 교육 참여도 활발한 곳이었다. 그럼에도 학부모로서 학교에서 만날 기회가 없었고, 정치 동료로서 만날 기회도 없었는데, 그날 약속이 잡혀 있었다. 그런데 아침에 문자가 왔다. "오늘 약속을 못 지키게 되었습니다. 그 이유는 아마 보도를 통해서 아시게 될 겁니다."

계속 인터넷 뉴스를 들여다보고 있는데, 노무현 대통령의 사고 기사가 떴다. 계속 기사를 찾아 읽으면서도 아무 생각도 들지 않았다. 노무현 대통령이 퇴임하고 봉하에 내려간 이후, 나는 막연히 그곳에서 전임 대통령이 존경받는 새로운 문화가 잘 자리 잡고 있다고만 여겼다. 검찰 수사가 공개되고서야 노무현 대통령이 받고 있던 엄청난 공세와 압박을 알 수 있었다. '유럽에 다녀오면 검찰 조사도 끝나 있겠지, 그때 만나 뵙고 지금 겪고 계신 어려움도 잘 이겨내실 거라고 말씀드려야겠다.' 안희정과 만나서도 이런 이야기를 해야겠다고 생각하고 있었는데, 결국 그러지 못했다.

공부 모임에 도착하니 함께 출장 갈 정태인이 먼저 와 있었다. 두 눈이 시뻘겠다. 우리는 별말을 나누지 않았다. 함께 조문을 갔다. 감당할 수 없는 미안함에 조문 자리에서 어떻게 나왔는지도 모르겠다. 출국을 미룰까 한참 논의했으나, 도리어 출장 다녀온 다음에 장례가 치러질 때 국내에 있어야 한다는 생각에 그 다음 날 바로 비행기를 탔다. 유럽 출장 중에도 각 나라에 도착할 때마다 마련되어 있던 노무현 대통령 조문 장소를 방문했다. 어딜 가나 애도를 표하는 재외 국민들의 긴 줄을 볼 수 있었다. 출장에서 돌아온 다음에 시청 앞 빈소를 다시 찾았다. 몇 번이라도 조문을 하고 싶은 심정이었다. 6개월 뒤에는 김대중 대통령이 서거했다.

가난한 이들이 보수를 찍는다고?

그때나 지금이나 노무현 대통령을 떠올리면 안타까움부터 밀려온다. 돌아가시기 전 남긴 책 『운명이다』의 한 대목이 뚜렷하다. "구시대의 막차를 뒤로하고 새 시대의 첫차가 되고 싶었다." 그러나 양극화, 노사 갈등, 복지 정책에 대한 사회적 합의의 실패 등으로 결국 '구시대의 막차'가 되었다는 대통령의 좌절이 생생하게 느껴졌다.

그 좌절을 뛰어넘기 위해서는 큰 틀의 사회적 연대가 필요하다. 그러기 위해서는 한계를 드러낸 전통적인 양당 체제를 벗어나야 한다. 그래야 낡은 이데올로기를 동원하는 수구 보수 세력에게 함몰되지 않는 정치 지형을 만들 수 있다. 선거 때마다 '어떻게 보수(진보)를 이길 것인가'하는 단순한 정권 교체에 모든 것을 걸게 만들면 안 된다. 정치가 '국민들의 삶을 어떻게 바꿀까'를 중심에 두고 논쟁과 협의가 이루어지게 만들어야 한다. 그러기 위해서는 '민주주의가 밥 먹여준다'는 것을 증명했어야 했다. 그러나 정치적 민주화는 사회경제적 민주화까지 나아가지 못했다. 서민들은 민주 세력에게서 등을 돌렸다.

이는 대선 투표율이 단적으로 보여준다. 이명박이 대통령으로 당선된 17대 대선의 투표율은 63퍼센트로 역대 최저를 기록했다. 13대 89.2퍼센트, 14대 81.9퍼센트, 15대 80.7퍼센트, 16대 70.8퍼센트였다. 우리나라에서는 전통적으로 소득이 낮을수록, 가난할수록 야당을 지지하는 성향이 분명하다. 서울로 치면 전통적인 서민 동네인 관악구, 은평구 같은 곳이 야당 후보를 강력하게 지지한다. 여기에 세대적인 특징도 더해진다. 우리나라 보수 지지층들은 주로 60~70대 이상 노년층에서 강세를 보인다. 이 노년 세대에서는 상층, 중층, 하층의 투표율도 크게 차이 나지 않는다. 반면 젊은 세대의 경우 서민층일수록 야당을 뚜렷하게 지지하는데, 17대 대선에서 이 세대의 투표율이 낮았던 것이다. 바꾸어 말하면 가난한 이들이, 서민들이 투표장에 안 갔다는 것이다. 이 같은 내용은 17대 국회에서 함께 일한 손낙구 보좌관이 2010년에 출간한 『대한민국 정치사회 지도』라는 책에서 충실한 데이터를 기반으로 증명한 바 있다.

두 번의 민주 정부가 그들의 기대를 채우지 못했던 것이다. 게다가 당시 제1야당의 대선 후보였던 정동영은 노무현 정부를 뛰어넘는 비전을 제시하는 데까지 나아가지 못했다.

이러니 역대 최저의 투표율로 당선된 이명박 대통령이 오히려 더 기고만장할 수 있었던 것이다. 2009년은 새해 첫 달부터 사람이 죽어갔다. 서울 용산 4구역 철거 현장에서 화재가 발생하여, 철거에 반대하며 농성하던 세입자들과 경찰 등 다섯 명이 사망하고 부상자도 발생했다. '용산 참사'라 불리는 사건이다.

철거 투쟁의 양상은 거의 비슷하다. 재개발이 이루어지면서 세입자들에게 주거 이전비가 지급되는데, 그 비용으로는 어디 갈 데가 없는 것이다. 거처 마련이 어려운 상황에다가 겨울철에 철거가 이루어지면 철거민들의 저항은 더 거세질 수밖에 없다. 서울시에도 겨울철 강제 철거를 금지한다는 행정 지침이 있었지만 실제로는 거의 지켜지지 않았다.

점거 농성을 벌이는 철거민들을 1차로 진압하는 과정에서 화재가 발생하여 대형 화재가 일어날 위험이 높았는데도, 경찰은 마땅한 소화 물질도 갖추지 않은 채 2차 진압을 강행했다. 이후 과정에서도 의문스러운 일이 많았다. 당시 망루에 불을 내 경찰관을 숨지게 했다는 혐의로 기소된 세입자들이 국민참여재판을 신청했지만 증인 숫자가 너무 많다는 이유로 기각되었다.

여론 조작도 이루어졌다. 청와대가 직접 나섰다. 청와대 행정관 이성호는 경찰청 홍보담당관에게 경기 서남부 지역 연쇄살인 사건을 적극 활용하여 용산 참사를 덮으라는 이메일을 보내 문제가 되었다. 청와대 측은 이를 이성호의 개인행동이라고 발표했지만, 국민들 모두가 진실을 알고 있었다.

살아 있는 죽음도 이루어졌다. 경제 대통령이라는 이명박 정부 아래에서, 줄줄이 위기를 겪은 큰 기업들이 경영 실패의 책임을 노동자들에게 떠넘겨 숱한 해고가 일어났다. 대표적인 사례가 쌍용자동차와 한진중공업 사태였다.

선한 싸움

쌍용자동차는 쌍용그룹, 대우자동차, 상하이자동차 등 계속 인수자를 바꾸어온 기업이다. 2008년 세계 유가가 급등하자 경영이 어려워졌고,

2009년 1월 법정 관리에 들어갔다. 그리고 정리해고가 예고되었다. 그러나 이는 사실상의 고의 부도였다. 상하이자동차는 쌍용자동차의 이익과 기술만 흡수해 갔을 뿐, 막상 경영이 어려워지자 어떤 책임도 지지 않았고, 노사 간의 대립을 부추겼다. 쌍용자동차 노조는 정리해고에 반대하며 파업에 들어갔다.

77일로 이어지는 파업 과정에서 공권력과 기업은 단전, 단수를 하며, 부당한 대량 해고에 맞서는 노동자들을 고립시켰다. 마지막 진압 과정에서 공권력은 노동자들을 마치 도시를 점령한 테러리스트 취급하며 토끼몰이를 하고 폭력을 휘둘렀다. 2009년 5월 사측은 평택 공장을 폐쇄하면서 976명을 정리해고했다. 쌍용자동차가 법정 관리에 들어가기 전, 협력 업체는 채권 3000억 원을 받지 못했고, 협력 업체의 해고자들은 3000여 명이 넘었다. 이후 해고 노동자와 그 가족 등 20여 명이 자살 등으로 목숨을 잃는 등 많은 가정이 파탄 났다.

"아빠는 왜 다른 사람들을 돕는 거야? 왜 지는데도 계속 싸우는 거야?" 얼마 전 상영된 다큐멘터리 〈안녕 히어로〉는 쌍용자동차 노동자인 아빠와 그 아들의 이야기를 담고 있다. 영화에서 아빠는 해고자 명단에 포함되어 있지는 않았지만 부당하게 내쫓긴 동료들을 돕기 위해 자발적으로 파업에 참가했고, 회사의 근로 분위기를 위협적으로 조장한다는 이유로 1년 동안 교도소에 수감되었다. 영화는 초등학생이던 아들이 중학생이 되고, 아버지의 '선한 싸움'을 이해하는 과정을 그리고 있었다. 그와 같은 '선한 싸움'은 곳곳에서 벌어졌다.

2010년 12월 15일 한진중공업은 수주 실적 부진에 의한 경영 악화를 이유로 "24일까지 부산 영도 조선소 생산직원 400명에 대한 희망퇴직을 신청받겠다. 이를 받아들이지 않으면 정리해고에 들어가겠다"고 노조에 밝혔다. 이에 노조는 농성을 벌였다. 사측은 영도 조선소가 작업장이 좁다는 등 환경이 열악하여 경영할 이유가 없다고 밝혔다. 그 말대로 대한민국 최초의 영도 조선소는 8만 평의 규모로, 이후 만들어진 조선소들이 20~30만 평 되는 것에 비해 매우 작았다. 그렇다면 그 긴 시간 동안 조선소를 경영하면서 일찌감치 대책을 준비하고, 노동자들의 고용 문제 등도 대비 했어야 하는 게 아닌가? 그러나 이미 경영 악화는 다 저질러놓고, 갑자기 해고하는 식이다. 우리나라의 숱한 기업들이 그렇다. 문자로 해고를 통보하는 기업이, 무슨 대화를 하고 협상을 하려고 하겠는가. 그러니 노동자들이 하늘로 올라갈 수밖에 없는 것이다.

그렇게 올라간 노동자가 김진숙이었다. 2011년 1월, 한진중공업이 소속되어 있던 민주노총 금속노조의 김진숙 지도위원이 크레인에서 고공 농성에 돌입했다. 김진숙의 고공 농성은 무려 309일이나 계속되었다. 그는 2011년 11월 10일 정리해고자 94명을 1년 안에 재고용한다는 것을 주요 뼈대로 하는 노사의 잠정 합의안이 통과되어서야 지상으로 내려올 수 있었다. 총파업 이후 326일 만이었다. 이 싸움에 수많은 시민들이 다섯 차례나 희망버스를 타고 가서 함께했다.

김진숙이 크레인 위에 올라가 있을 때, 나는 미국에 있었다. 그때는 국회의원도 아니었고 당에서 어떤 역할을 맡고 있지도 않았다. 지방선거에서 진보신당 경기도 도지사 후보로 나섰으나, 야권 단일화를 위해 사퇴하고 이로 인해 당의 징계를 받은 상태였다. 미국에 간 것은 UCLA 한국학 연구소에 있던 이남희 교수의 제안 때문이었다. 이남희 교수는 '민중'을 그대로 영어로 표기한 「minjung」이라는 논문을 썼는데, 그 논문을 쓰는 과정에서 나와 몇 번의 인터뷰를 함께 했다. 이남희 교수는 MBC 해직기자 이용마의 사촌누나이기도 하다. 이용마 기자는 이명박 정부 아래에서 공정방송을 지키기 위해 170일간의 파업을 이끌다 해고되었다. 나는 미국에서 이남희 교수 부부의 도움으로 대학 순회 강연을 다니고, 많은 교포들을 만났다.

몸은 미국에 있었지만 항상 크레인 위에 올라가 있는 김진숙의 소식을 늘 들여다보고 있었다. 김진숙과 나는 금속노조에 함께 있었다. 그는 나와 20여 년이 넘는 벗으로, 금속노조에서 현장 교육을 가면 우리 두 사람이 앞뒤로 강연을 맡으면서 얼굴을 자주 보았다. 그럴 때마다 그는 진짜이고, 나는 가짜인 것 같은 생각이 들기도 했다. 바닥에서부터 시작한 그의 삶 자체를 존경했기 때문이다. 김진숙은 스물한 살에 대한조선공사(한진중공업의 옛 이름) 직업훈련원에서 용접 교육을 받고, 조선소에 정식 입사한 노동자였다. 노동조합 활동을 하다가 '상사 명령 불복종'의 이유로 해고되었다. 하지만 그는 평생을 한진중공업 노동자라는 정체성으로 노동운동에 헌신했다.

나는 왜 김진숙이 새벽에 아무도 모르게 혼자 35미터 높이의 크레인에 올라갔는지 알 수 있었다. 김진숙이 올라간 크레인은 2003년 당시 한진중공업 노조 위원장 김주익이 129일간 고공 농성을 하다가 "노동자가 한 사람의 인간으로 살아가기 위해서는 목숨을 걸어야 하는 나라"라는 유서를 남기고 목숨을 끊은 곳이었다. 당시 나는 금속노조 사무처장으로 한진중공업의 교섭 대표였는데 교섭을 마무리하지 못하고 9월 말에 임기를 마쳤다. 그 뒤 7일 만에 김주익 위원장이 목숨을 끊었다. 이틀 전 전화가 왔었다. 그 선한 목소리로 "계속 신경을 써달라"고 부탁했다. 한진중공업은 금속노조에서도 늘 '악질 사업장' 1위로 꼽히던 곳이었다. 노사 합의서를 작성해도 조남호 회장이 '노' 하면 모든 것이 원점으로 돌아갔다. '대한항공 땅콩 회항' 사건 당사자 조현아의 숙부가 바로 조남호 회장이다.

누울 자리도 없고 양동이에 용변을 해결해야 하는 비좁은 크레인에서 "내 발로 내려가겠다"고 씩씩하게 싸우고 있는 그에게서 김주익 위원장의 모습을 떠올리고 싶지 않았다. 7월 13일 대한문 앞에서 단식을 시작했다. 나는 25년간 노동운동을 했지만 단식이나 삭발을 한 적은 없었다. 어쩔 수 없는 수단이긴 하지만, 자학적인 투쟁은 반대하는 입장이었다. 그런데 정치를 시작하면서 단식을 여러 번 했다. 한미 FTA 협상 반대 때, 울산 현대미포조선 굴뚝 농성 사태 때 등이었다. 그때는 민주노동당과 진보신당의 일원으로 단식 농성에 참여한 것이었지만, 스스로 단식에 나선 것은 이번이 처음이었다. 김진숙은 하늘에 있는데, 나는 땅에서 어떻게 맘 편히 머물 수 있겠는가. 이런 일을 막겠다고 정치를 시작했으니, 정치인으로서 느끼는 책임감도 매우 컸다.

—— 2011년 여름 대한문 담벼락에 돗자리 하나 펴놓고 시작한 희망 단식. 30일 동안 계속된 노회찬과 나의 단식은 사람을 죽이는 정권에 맞서 사람을 살리기 위한 단식이었다. 한진중공업 대량 해고에 맞서 부산 영도 조선소 크레인 위에서 고공농성을 하던 김진숙과 함께하는 일이었다.

대한문 앞 두 점쟁이

단식은 30일 넘게 진행되었다. 진보신당 상임고문이었던 노회찬이 함께 했다. 대한문 옆 담벼락에 돗자리를 깔고 두 사람이 나란히 흰 옷을 입고 앉았다. 앞에는 작은 책상을 하나씩 놓고, 그 위에 둘 다 똑같이 독서대를 올리고 양반 다리를 하고 앉았다. 신문, 책, 소금, 물만으로 보내는 나날 이었다. 그러고 앉아 있는 우리를 보고 당원들은 '대한문 앞 두 점쟁이'라 고 부르기도 했다. 여름이라 폭우가 쏟아지면 물난리가 나는 단식장이었 지만 '희망버스'와 같은 '희망 단식'이었다. 언론사에서 날마다 취재를 나 왔다. 지나가는 시민들이 지지해주었다. 일부러 멀리서 찾아온 시민들도 많았다. 시민들이 응원을 보낼 때마다 우리는 환히 웃었다. 김진숙이 크 레인에서 매일 웃으며 시민들에게 손을 흔들고 조합원들에게 씩씩한 응 원을 보냈던 것처럼, 우리도 그렇게 했다. 우리의 소중한 삶을 지키려고 하는 단식이었으니까.

단식이 장기화되자 사회 원로들, 정치인들, 진보신당 조승수 대표를 비 롯하여 당 중진들이 찾아와서 그만하라며 만류했다. 30일이 되었을 때 '더 해도 될 것 같은데?' 하는 느낌이 들었지만 육체는 버티지 못했다. 마 지막 날 구급차에 실려 갈 때 나는 완전히 기절했다. 나중에 김진숙이 '자 기 발'로 내려올 수 있었으니 그때의 단식을 이렇게 이야기할 수 있지만, 이후 세월호 때 청와대 앞에서 단식을 했을 때는 너무 고통스러웠다. 희 생자들은 이미 돌아올 수 없었고, 유가족들을 위로해야 할 청와대는 꿈쩍도 하지 않았으니까.

단식을 마치고 몸을 추스를 때 많은 분들이 도와주었다. 이런 말은 좀 우습지만 '단식의 달인' 강기갑 대표도 이런저런 조언을 많이 해주었다. 나는 단식은 결국 살기 위해 하는 일이라고 생각한다. 그런 느낌을 내 몸이 먼저 강하게 깨닫는 일이 있었다. 세월호 단식을 마치고 난 다음이었는데 체력이 도무지 회복이 안 되었다. 몸이 망가지니 말하는 것도 생각하는 것도 제대로 되지 않았다. 바보가 되어가는 것 같았다. 이래서는 안 되겠다 싶어서 집에 돌아가는 길에 안심 한 덩어리를 샀다. 그러고는 커다란 솥에 무국을 잔뜩 끓였다. 아침에 일어나니 남편이 아들과 자기 국그릇에는 무와 고기를 넣고, 내 국그릇에는 국물만 담아 내놓았다. 나는 두 사람의 국그릇을 뺏으며 말했다. "그거 다 내 거야. 여러분은 고기 못 먹어."

남편과 아들이 놀라면서 "엄마 큰일 나", "여보 큰일 나. 지금 미음만 먹어도 될까 말까 한데!" 하며 말렸지만, 나는 아랑곳하지 않고 고기 한 덩어리를 입안에 넣었다. 고기를 계속 씹고 씹어서 곤죽이 되도록 만들어 조심스럽게 삼켰다. 내가 원래 고기보다 채소를 좋아하는 사람이지만, 그때 느낌은 달랐다. 천천히 몸 안에 힘이 붙는 게 느껴졌다. '이렇게 다시 튼튼해져야지. 돌아가신 분들 몫까지 살아서 싸워야지.' 나는 사람을 살리는 정치를 해야 하는 사람이니까.

낡은 것과의 이별

'함께 살자'고 외치기 시작했다

'진보와 보수의 차이가 이념의 차이가 아니라, 사람을 살리고 죽이는 차이구나.' 이명박 정부를 지나면서 시민들은 느끼고 있었다. 철거민의 투쟁에 동의하지는 않아도 사람이 죽으면 안 되는 일이고, 정리해고가 아무리 불가피하다고 해서 폭력적인 방식으로 이루어져서는 안 되는 것이라는 것을 서서히 공감해가기 시작했다. 이런 일을 막기 위해 정치가 중요하다는 것을 알기 시작했다. 여기에 불평등이 심해지면서 복지국가에 대한 요구도 늘어났다.

정치권보다 사회가 먼저 움직였다. 기존 정당에 대한 불신은 여전히 컸지만, 시민들은 촛불을 들었고, 희망버스를 타고 내려가는 정치인들에게 아낌없는 박수를 보내주었다. '함께 살자'라는 구호가 등장했다.

2010년 6월 2일 지방선거에서 이러한 요구가 강렬하게 표출되었다.

1인 8표로 치러진 첫 선거였고, 최초로 교육감 직선제가 실시된 선거였다. 2008년 18대 총선에서 야권 단일화를 했으면 성적표가 달랐을지도 모른다는 아쉬움 때문이었는지, 야권 단일화의 압력이 강했다. 진보신당 후보로 경기도 도지사에 출마했던 나 또한 그 압력을 받고 있었다. 당시 경기도 도지사 후보는 한나라당 김문수, 국민참여당 유시민, 진보신당 심상정이었다. 사퇴하려고 선거에 나오는 사람이 어디 있겠는가? 적어도 나는 그런 마음으로 나간 적은 없었다. 그러나 민주노총 경기 본부가 야권 단일화를 촉구하는 등 사퇴 요구는 거셌다. 결단은 소수 정당의 후보인 내 몫이었다.

투표 하루 전날인 5월 30일, 나는 후보 사퇴를 선언했다. 의연하고 담담하게 이야기하려 했지만, 그럼에도 목이 잠기고 얼굴이 굳었다. 눈가가 자꾸 뜨거워졌다. "유시민 후보에게 이명박 정권 심판의 과제를 부탁합니다. 또 하나, 미래를 품고 있는 기호 7번 진보신당에 애정을 보내주시고, 노회찬 서울 시장 후보를 비롯한 진보신당 후보들을 지지해주십시오." 사퇴의 변이었다.

사퇴에 반대하는 이들도 많았다. 당연히 당에서 가장 반대했다. 어려운 중에 선거를 치르고 있는 진보신당의 후보들과 당원들은 물론, 당 밖에서도 많은 이들이 진보 정치의 필요성을 이야기하며 사퇴를 만류했다. 당시한 당원은 경기도 도지사 홍보물에 내가 한 페이지밖에 나오지 않자, 돈이 없어서 사퇴하려는 것이냐며 자신의 전세금을 빼가지고 찾아왔다. 사퇴하던 당일에는 한 분이 사재를 털어 80평짜리 선거 사무실을 내고, 지원 유세 차량을 준비하기도 했다. 그런데 바로 그날 밤에 사퇴를 했으니, 그분들의 심정이 어땠을까?

언젠가 "정치에 양보는 없다"라는 말을 한 적이 있다. 양보한 것이 아니라 힘이 약하니 사퇴한 것이었다. 힘이라는 게 꼭 쪽수를 의미하는 건 아니다. 작은 정당이기에 발휘할 수 있는 힘도 있다. 국민들에게 야권 연대의 필요성을 진보 정당이 더 주도적으로 끌고 나가는 모습을 보였더라면 어땠을까? 돌이켜보면 진보신당은 어떤 정당보다 훨씬 더 야권 연대의 필요성을 강하게 이야기하면서 치고 나갔어야 했다. 당시 국민들은 이명박 정권에 대항하는 강한 야권의 필요성을 절감하고 있었다. 만약 진보신당이 민주노동당과 '진짜 진보' 논쟁을 하는 데 주력할 게 아니라, 과감하게 기존 정당인 민주당과 연합하는 모습을 보이는 등 국민들 열망에 부응하는 모습을 앞장서서 보여주었다면 진보신당에 대한 국민들의 지지는 많이 다르지 않았을까? 이런 고민을 나중에서야 하게 되었다.

아쉽게도 경기도 도지사 선거에서는 유시민 후보가 아닌 김문수 후보가 당선되었다. 서울 시장 선거에서도 한명숙 후보가 아닌 오세훈 후보가 당선되었다. 서울 시장 선거의 경우, 결과를 두고 사퇴하지 않았던 진보신당의 노회찬 후보를 탓하는 이들도 있었다. 하지만 이미 선거 결과가 그렇지 않다는 것을 말해주고 있었다. 당시 구청장으로는 민주당 후보를 찍었으나 서울 시장으로는 오세훈 후보를 뽑은 이들이 무려 27만 명이나 되었다.

오세훈 후보가 당선되긴 했으나, 이듬해인 2011년 서울시 초등학교 무상 급식 논쟁이 벌어졌다. 오세훈 후보는 무상 급식에 반대하며 주민 투표를 제안했다. 이때 투표율이 미달되자 서울 시장직을 사퇴했는데, 이후 치러진 보궐선거에서 박원순 시장이 당선되었다. 이때 나는 박원순 서울 시장 후보의 공동선거대책위원회 위원장을 맡았다. 이런 아쉬운 결과도 있었지만, 2010년 지방선거 결과는 김상곤 경기도 교육감의 당선을 비롯하여 진보 개혁 진영의 압승이었다. 곳곳에서 이변이 속출했다.

그러자 뭉치면 바꿀 수 있다는 생각이 진보 진영 내에서도 강하게 작용하기 시작했다. 국민참여당, 민주노동당, 진보신당의 통합 논의가 본격화된 것이다. 이미 2012년 총선을 앞두고 민주당의 손학규 대표가 민주대통합 논의를 꺼낸 바 있었으나 누구도 그 제안의 진의를 믿지 않았다. 그러나 국민참여당, 민주노동당, 진보신당의 통합 논의는 달랐다. 여기에는 유시민이 이끄는 국민참여당의 역할이 컸다. 국민참여당은 2010년 창당된 당으로 참여정부 시절의 인사들과 옛 열린우리당 사람들이 주축이 되어 만들어진 당이었다. 이 통합 논의는 진보의 오른쪽과 왼쪽이 만나는 의미를 가지고 있었다.

당시 이정희 대표가 이끄는 민주노동당은 '유연한 진보'를 내세우고 있었다. 나중에서야 그 판단이 섣불렀다는 것을 알게 되었지만. 당시에는 과거의 자주파가 보여주었던 낡은 모습에서 많이 탈피하고 있다고 판단되었다. 만약 국민들의 뜻과 반대되는 일이 벌어질 경우, 이정희 대표는 국민을 선택할 것이라는 기대도 있었다. 국민참여당의 경우, 노무현 대통령의 죽음과 이명박 정부 아래에서의 야당의 역할에 대한 성찰을 바탕으로 진보 정치에 한 걸음 더 다가간 상태였다. 한편 진보신당에게도 통합은 절실하게 필요했다. 당시는 국민들에게 왜 여러 개의 진보 정당이 필요한지 설득할 수도 없었고, 집권 정당의 꿈을 이루려면 정치 연합이 불가피했다. 선거 때마다 국민들에게 '야권 단일화'라는 고민을 안겨줄 수 없었다. 18대 총선에서 민주노동당은 열 석에서 다섯 석으로 의석이 반토막 났고, 진보신당으로 출마한 나와 노회찬은 지역구에서 당선되지 못했다.

국민참여당의 통합 행보는 발 빨랐다. 국민참여당과 민주노동당의 통합 논의가 먼저 본격화되었다. 그러나 국민참여당에 대한 진보 진영의 반응은 예상보다 훨씬 더 싸늘했다. 이에 민주노동당 내부에서 "진보신당이 참여하지 않은 진보 통합은 불가하다"는 의견이 모아졌다.

이에 진보신당과 민주노동당의 통합이 추진되었다. 원래 한 몸이었다가 갈라져 나온 이들이 다시 만나는 것은 더 쉽지 않았다. 서로의 당원들을 설득할 수 있는 통합의 조건이 숱하게 논의되었다.

그리고 두 당의 통합안이 어렵게 만들어졌다. 그러나 진보신당 당 대의원 대회에서 통합안은 부결되었다. 재석 대의원 410명 중 찬성 222명, 반대 188명. 정족수의 3분의 2를 넘지 못했던 것이다.

진보신당 내 독자파의 주장은 이랬다. "민노당이 북한에 대해 갖고 있는 관점은 여전히 문제가 많다. 통합안에 비정규직, 성소수자 문제 등에 대한 구체적인 방안이 없다. 게다가 이후 국민참여당과의 통합이 추진될 텐데, 국민참여당의 경우 신자유주의적이고 친자본가적인 정당이 아니냐. 통합하기 어렵다."

　그런 우려를 이해못하는 바는 아니지만, 이 통합은 진보 정치의 새로운 출구와 대안으로서의 의미가 있었다. 진보적 자유주의와 사회민주주의(사민주의)의 결합으로, 진보 정치가 국민들에게 더 가깝게 다가가는 기회가 될 것이었다. 통합하는 데 있어 신뢰도 중요하지만, 이때는 신뢰보다 전망의 관점에서 결단을 내릴 때라고 생각했다.

　통합안이 부결되고 나서, 통합을 추진하던 진보신당 지도부는 책임을 지고 사퇴했다. 뒤이어 이른바 '노심조'라 불리는 노회찬, 심상정, 조승수를 비롯해 많은 당원들이 진보신당을 탈당했다. 나는 그들과 함께 '새진보통합연대'를 만들었다. 그리고 2011년 12월 새진보통합연대, 국민참여당, 민주노동당이 함께하는 통합진보당이 만들어졌다. 심상정, 유시민, 이정희 공동 대표 체제가 시작되었다.

　대의에 의해 통합은 했으나 내부에서 오래 쌓인 골들이 깊었다. 당명을 정하는 일도 쉽지 않았고, 특정 계파의 패권주의도 강했다. 유시민 공동 대표가 이런 패권주의를 비판하며 일주일간 당무를 거부한 적도 있었다.

170표의 기적

그러나 총선이 코앞이었다. 2012년 19대 총선에서 나는 고양시 덕양구 갑에 다시 출마했다. 이번에 덕양구 갑에 돌아갈 때는 각오가 남달랐다.

진보 세력이 통합한 데다 두 번째 출마였다. 4년 전 18대 총선에서 떨어지자마자 나는 고양시에 '마을학교'를 만들었다. '서로 가르치고 더불어 실천하는'이 마을학교의 모토였다. 당시 나는 공교육 혁신을 주요 공약으로 내걸었다. "아이들 교육 때문에 일산으로, 목동으로, 강남으로 갈 것을 고민하는 동네가 되지 말자." 그건 선거 때의 환심성 공약이 아니었다. 지역에서부터 대안을 만들어가는 것이 진짜 진보 정치가 할 일이었다. 마을학교의 1차 목적은 공교육의 대안을 찾는 교육 프로그램을 만드는 것이었다. 나아가 주민들이 세상에 대한 다양한 이야기를 들을 수 있는 강좌를 운영했다. 마을학교 강좌는 정말 놀라웠다. 지역에서 쉽게 만날 수 없는 각 분야의 전문가와 명사 들이 기꺼이 달려와 주었다. 화정역 근처에 있는 마을학교에 가면 이제까지 강의를 맡아주었던 이들의 사진이 쭉 붙어 있다. 이화여자대학교 석좌교수 최재천, 당시 아름다운 재단 이사장이었던 박원순 서울 시장, 서울대학교 법학과 교수 조국, 뇌과학자 정재승 등을 보면 많은 사람들이 놀란다. 지역에서도 시민들과 함께 정말 좋은 교육 프로그램을 만들 수 있다는 것을 보여주었다.

"유명한 정치인은 지역에 관심 없다"는 말이 잘못되었단 것도 증명해 냈다. 동네마다 필요한 사안들을 찾아내서 맞춤형 공약을 내세웠다. 오랫동안 지역에 관심을 두지 않았다면 낼 수 없는 공약들이었다. 돈도 사람도 적은 선거운동 본부였지만, 우리의 공세가 만만치 않자 상대 후보는 당황했다. 온갖 흑색 음모가 넘쳐났다.

그해 총선에서 고양시 덕양구 갑은 전국 최고의 격전지였다. 4월 11일

투표일을 넘어 그다음 날 새벽까지도 결과가 나오지 않았다. 우리는 적은 표로 앞서거니 뒤서거니 했다. 뒤집을 수 있을지 없을지 한 치 앞도 예측할 수 없는 개표가 진행되었다. 전국의 다른 선거구들이 대부분 당선자를 확정했지만 우리는 아니었다. 개표가 99퍼센트 완료된 새벽녘, 우리는 근소한 차이로 지고 있었다. 그때 재외 국민 투표함이 열렸다. 개표 결과 170표 차. 재외 국민 투표함에서 몰표가 나왔다. 극적인 역전이었다. 19대 총선 결과 중 최소 표차였다. 밤새 투표를 지켜보다 지쳐 잠든 지지자들이 아침에 눈을 뜨자마자 한 말이 "심은?"이었단다. 그렇게 하여 통합진보당에서 13명의 국회의원이 탄생했다.

하지만 그 기쁨을 누릴 새도 없었다. 징조는 이미 총선이 시작되기 전에 있었다. 서울 관악구 을 선거에서 이정희 후보 측이 야권 후보 단일화 여론 조사를 조작했다는 의혹을 받은 것이다. 결국 이정희 후보는 관악구 을 후보에서 사퇴했다. 총선 이후 더 큰 문제가 터졌다. 당원들의 직선 투표로 뽑은 비례대표 후보 경선에서 부정이 있었다는 폭로였다. 당시 통합진보당은 여섯 명의 비례대표 국회의원을 배출했는데, 그 과정에 부정이 있었다는 의혹이었다.

당 차원에서 진상조사위원회가 꾸려졌다. 5월 4일 민주노총 출신의 조준호 통합진보당 공동 대표를 위원장으로 하는 진상조사위원회 보고서가 발표되었다. 이 보고서에서 비례대표 1번, 2번, 3번인 윤금순, 이석기, 김재연의 당선에 부정과 조작이 있었던 것이 밝혀졌다. 일단 사건에 대한 책임을 지고 비례대표 1번으로 당선된 윤금순이 사퇴를 선언했다. 윤금순은 전국여성농민회총연합 출신의 후보였다. 윤금순은 비례 1번, 2번, 3번 당선자 등 경선에 참여한 비례대표 전원의 사퇴를 촉구하고 나섰다.

그러나 이석기, 김재연 등은 사퇴 권유를 받아들이지 않았다. 그들은 이정희로 대표되는 '당권파'의 핵심 인물들이었다. 이정희 공동 대표는 정계 은퇴로 해석될 수 있는 성명을 발표하는 것으로 사태에 책임을 지려는 것처럼 보였으나, 이후 진상조사위원회의 결과를 인정할 수 없다는 입장을 밝힘으로써 오히려 갈등에 더 큰 불을 붙였다. 민주노총, 전국농민회총연맹, 전국여성농민회총연합을 비롯, 많은 지지자들이 강력한 쇄신을 하지 않을 경우 통합진보당에 대한 지지를 철회하겠다는 입장을 밝혔다.

그러나 관련자들은 사퇴하지 않았다. 게다가 이정희 대표는 대표단 사퇴까지는 동의하지만, 정작 문제가 된 비례대표 사퇴안은 거부한다는 입장을 보였다. 당은 비당권파와 당권파로 나누어졌다. 회의를 열 때마다 당권파의 회의 방해가 심했다. 이에 비당권파 운영위원들을 중심으로 비공개 전자 투표를 통해 쇄신안을 통과시켰다. 그 쇄신안을 바탕으로 당의 혁신을 논의하는 중앙위원회가 5월 12일에 열렸다.

중앙위원회 장소는 고양시 일산에 있는 킨텍스 회의장이었다. 격렬한 대립을 예고하듯 당권파 측의 참관인들이 대거 참석했다. 회의가 열리자마자 이정희 공동 대표가 대표직을 사퇴하고 퇴장했다. 그 전날 밤, 나와 유시민은 이석기를 만나러 갔다. 이대로 가면 당이 완전히 망가지니 중앙위원회에서 서로 극한 대립은 보이지 말자고 설득하러 간 것이었다. 이정희가 회의장을 나가버린 건 그에 대한 답이었다. 협조하지 않겠다는 의사

표현이었다. 파행은 이미 예정되어 있었다.

　나는 중앙위원회 의장으로서 회의를 진행했다. 내가 단상 가운데 앉고 유시민, 조준호가 양옆으로 앉았다. 당권파 측은 계속 회의를 방해했다. 의사 진행을 방해하는 발언을 시도하고, 피케팅을 하며 구호를 외쳤다. 정회와 속개가 반복되었다. 그날 밤 9시 40분경 내가 첫 번째 안건인 '강령 개정안' 통과를 선언하려고 의사봉을 들자 그걸 신호탄으로 흥분한 당권파 측 사람들이 단상으로 우르르 몰려들었다. 단상은 당원들 간의 격렬한 물리적 충돌로 아비규환이 되었다.

환청 같은 말발굽 소리

오랜 논쟁 끝에 나는 의사봉을 들었다. 의사봉을 첫 번째 두들겼을 때, 갑자기 환청처럼 말발굽 소리가 들려왔다. 고개를 들어보니 멀리서 당권파 사람들과 카메라 기자들이 뒤엉켜 단상을 향해 우르르 달려오고 있었다. 곧 이어 사람들이 단상 위를 덮쳤다. 서로 몸이 부딪치고 정신이 아득해지는 순간에도 나는 오른손에 힘을 꽉 주고 의사봉을 계속 두들겼다.

　그 '킨텍스 사태'를 생각하면 참담하다. '이제 회복할 수 없겠구나' 할 때 느껴지는 참담함. 그리고 우리를 지지해준 국민에게 뭐라 말할 수 없는 죄송함. 그런 감정들이 주체할 수 없이 올라왔다. 회의는 인터넷으로 생중계되고 있었다. 전국의 당원들과 국민들이 그 난투극을 지켜본 것이다. 보이지 않는 곳으로 사라져버리고 싶었다.

대표단들은 단상에서 내려와 대기실로 피신했다. 밖에서 기자들이 연신 대표단의 동정을 물어왔다. 공동 대변인을 맡고 있는 천호선이 들어왔다. "자꾸 기자들이 묻는데요. 대표단 중에 다치신 분 없냐고." 그래서 내가 말했다. "유시민 대표가 나를 보호하다가 엄청 맞았다고 전하세요." 이 말에 유시민이 나를 감싸는 사진까지 더해져 온 언론에 유시민의 기사도 정신이 빛나는 기사가 실렸다.

시간이 꽤 지났으니 이렇게 이야기하지만 정말 힘든 사건이었다. 이 사태를 보고 당원들과 지지자들이 받은 충격은 엄청났다. 언론에도 대서특필되었다. 진보 정치가 이와 같은 일로 정치 1면을 장식하게 되는 날이 오리라고는 생각조차 못했었는데, 나 또한 충격이 컸다. 그러나 통합진보당을 혁신하는 것만이 진보 정치가 살 길이었다. 어떻게 만든 당인데……. 이후 비당권파를 중심으로 비상대책위원회가 구성되었고, 강기갑 의원이 위원장을 맡았다. 당을 살리기 위해 당의 주요 인사들은 물론 외부의 많은 지지자들까지도 나서주었다. '새로운 사회를 여는 연구소' 원장을 맡고 있던 정태인이 '진보 시즌2 운동'을 시작하자며 입당했다. 비례대표 14번 서기호 전 판사도 탈당을 멈춰줄 것을 호소했다. 오히려 당원들이 늘기도 했다. 특정 정파의 패권주의로부터 진보 정치를 지키겠다고 통합진보당에 가입하는 사람들이 생겨났다.

그러나 당권파의 저항도 만만치 않았다. '비대위를 인정하지 못한다, 비례대표를 사퇴하지 않겠다'는 입장을 고수했다. 그 과정에서 당권파의

—— 통합진보당 비례대표 부정선거로 인해 '경기동부'의 패권주의가 드러났다. 2012년 5월 12일, 당의 쇄신안이 통과되어야 할 중앙위원회 회의장은 야집과 폭력으로 가득 찼다. 대한민국 진보 정당 역사에서 다시는 있어서는 안 될 수치스러운 일이었다.

핵심 그룹이 '경기동부연합'이라는 사실을 온 국민이 알게 되었다. 강기갑 위원장은 이석기, 김재연의 사퇴 시한을 늦춰 스스로 명예를 회복할 기회를 주었으나 그들은 받아들이지 않았다. 6월 7일 당기(黨紀)위원회 1차 심사에서 이석기, 김재연 등 네 명에 대한 당적 제명이 이루어졌다.

그리고 2012년 7월 27일, 통합진보당 소속 13명의 국회의원이 모인 의원 총회가 개최되었다. 하지만 여기에서 이석기, 김재연 의원에 대한 제명안은 결국 통과되지 못했다. 단 한 표의 무효표로 인해 부결되었다. 그게 신호탄이었다. 그때까지 참고 참으며 당의 혁신을 지켜보던 당원들과 지지자들이 줄줄이 이탈했다. 집단 탈당이 줄을 이었다. 민주노총 또한 분노했다. 민주노총 조합원들이 수천 명씩 탈당했다. 통합진보당을 만든 지 채 1년도 안 되어 벌어진 일이었다.

8월 31일, 이정희 전 대표가 대선 출마를 준비 중이라는 소식이 들려왔다. 이 와중에 대선 출마라니. 통합진보당의 회생은 불가능해졌다. 강기갑 대표는 물과 소금도 먹지 않는 단식에 돌입했다. 그러나 소용없었다. "희망의 끈을 놓겠다." 이게 강기갑 대표의 마지막 말이었다. 통합진보당의 운명은 여기까지였다. 국민참여당 계열, 진보신당 계열은 물론 자주파 계열이었던 인천연합도 탈당했다. 권영길, 천영세 전 의원도 탈당을 선언했다.

이 사태는 과거 민주노동당과 진보신당의 분당과는 달랐다. 국민참여당계가 함께하고 있었고, 많은 진보 세력들이 새로운 진보 정당을 결성하기 위해 힘을 모았다. 그럼에도 불구하고 국민들은 이미 다 지켜보았다.

진보 정치의 가장 큰 자부심이었던 도덕성이 땅에 떨어졌다. 진보 개혁 세력의 새로운 구심점이 되겠다고 출발한 당이 새로운 대한민국을 위한 청사진을 내놓기는커녕, 과거 운동권의 정파적 사고도 극복하지 못하고, 특정 정파의 패권주의도 진압하지 못하는 꼴을 다 지켜보았던 것이다.

대선에 미칠 파장도 우려되었다. 당시 대선에서는 이명박 정부 이후 민주 세력과 보수 세력이 박빙으로 붙는 전면전의 양상을 보이고 있었다. 야권 전체가 국민들로부터 신뢰를 받아야 하는데, 신뢰를 높이는 데 기여하지도 못한 상황이었다. 이런 와중에 진보 정당을 새로운 대안 정당으로 선택해달라고 말할 처지도 못 되었다. 통합진보당이 창당한 지 1년 만에 다시 이삿짐을 꾸리고 급하게 새 집을 지어야 하는 어려운 상황이 된 것이었다.

'통진당 사태'가 있은 직후에 나는 남편과 단 둘이 통영으로 갔다. 그 전에는 통영을 잘 몰랐는데, 그때 다녀온 이후로는 자주 찾는 곳이 되었다. 가보니 자유로운 영혼의 도시, 자연과 인간이 소통하는 도시라는 느낌이 들어 좋았다. 작곡가 윤이상, 소설가 박경리, 시인 백석의 이야기가 있고 서민들이 좋아하는 싸고 맛있는 먹거리도 많다. 나는 술을 잘 못 마시지만, 그때는 남편과 함께 통영 술꾼들이 자주 간다는 '다찌' 집에 앉았다. 수배 시절 몸이 망가지면서 신장염을 앓았는데, 그 이후로 나는 술을 거의 마시지 않았다.

울지는 않았다. 하지만 마음을 다잡아도 아픔은 컸다. 통영이 위안의 장소가 되었다. 사람들의 활기찬 삶 속에 있는 것만으로 위로가 되었다.

무엇보다 그곳에는 내가 좋아하는 넓은 하늘이 있었다. '은하수에 병기를 씻어서 전쟁 없는 평화를 기원한다'는 의미를 가진 세병관 마루에 앉아서 한없이 하늘을 올려다보았다. 2012년 대선이 다가오고 있었다.

516호의 사연

박근혜 정부를 맞다

"나 520호에 안 가."

19대 국회의원으로 다시 의원회관에 들어갔다. 당시 통합진보당 국회의원들은 5층에 쭉 이어진 의원실을 배정받았는데, 내 방이 520호였다. 그런데 한 층 위의 620호가 박근혜 의원실이었다. 아무리 생각해도 박근혜 밑에는 못 있을 일이었다. 국회사무처에 연락해 방을 바꿔달라고 했다. '그래, 호랑이 굴에 들어가야 호랑이를 잡지. 박근혜가 대통령이 되어 박정희 시대의 망령이 다시 대한민국을 지배하게 해서는 안 되니까. 차라리 516호를 달라고 하자. 박정희가 군사 쿠데타를 일으킨 날이 5월 16일이니까.' 그래서 516호에 들어갔다. 지금도 내 의원실은 516호다. 결국 이 방에서 박근혜 대통령을 파면시켰다.

통합진보당 사태 이후 '새 진보정의당 창당준비위원회'가 만들어졌다. 이것이 '정의당'의 시작이다. 새 진보정의당 창당준비위원회는 당명도 정하기 전에 2012년에 대선 후보를 낸다는 선언문부터 발표했다. 그 이유는 우리가 국민들의 지지를 바탕으로 집권을 목표로 하는 대중 진보정당임을 분명히 하기 위해서였다. 이에 나는 18대 대선에서 진보정의당 후보로 나섰다. 다른 당 후보들에 비해 출마 선언이 많이 늦은 편이었다. 18대 대선은 박근혜, 문재인, 안철수, 이정희 등이 후보로 출마한 대선이었다. 지난 지방선거와 총선 결과가 보여주듯이 국민들의 정권 교체에 대한 욕망도 컸다. 동시에 새로운 시대에 대한 열망도 강했다. 국민들이 원하는 정권 교체가 단지 새누리당에서 민주통합당으로 바뀌는 것을 의미하는 것은 아니었다. 그를 증명하는 것 가운데 하나가 안철수 바람이었다.

당시 안철수 바람이 거셌다. 의사 출신의 IT 기업가, 명문 대학 교수인 안철수는 그간 여야 정치권에서 정치 입문 제의를 많이 받아왔다. 젊은이들에게 대표적인 롤모델로 꼽혔다. 청년층의 지지가 높았다. 2006년 지방선거에서 한나라당이 서울 시장으로 출마할 것을 제의한 적도 있고, 참여정부에서 정보통신부 장관직 제의를 받은 적도 있었다. 2011년 서울 시장 선거에서는 안철수 출마가 엄청난 이슈였다. 새로운 시대, 새로운 정치인의 표상이었기 때문이다. 안철수는 당시 서울 시장 보궐선거를 준비하고 있던 희망제작소 박원순 이사를 만났고, 곧 박원순으로 단일화했음을 밝히면서 더욱 화제가 되었다. 안철수에 대한 여론의 관심이 높아지자, 언론은 차기 대선 여론조사 대상에 안철수를 포함시켰다. 안철수는 박근혜와의 일 대 일 가상 대결에서 박근혜를 이기기도 했다.

안철수 현상은 『안철수는 바람개비』라는 책의 제목이 말해주듯이, 그 스스로가 바람을 일으켰다기보다는 여의도가 국민들로부터 괴리된 것을 보여주는 방증이었다. 그는 새누리당과 달리 공익적인 관점을 계속 강조했으며, 민주통합당과 달리 자기의 성공 스토리를 가진 인물이었다.

당시 대선에는 강력한 두 가지 이슈가 있었다. 하나는 경제 민주화였고 다른 하나는 정치 개혁이었다. 그만큼 정치에 대한 국민들의 실망이 컸다. 각 후보들이 앞다투어 정치 개혁안을 발표했다. 먼저 발표된 문재인 후보의 정치 개혁안을 보면 선거제도에서 비례대표 국회의원 수를 제한적으로 늘리겠다는 입장이었지만, 결선투표제에 대한 언급은 없었다. 그때 안철수 후보가 정치 개혁안을 발표한다는 소식을 들었다. 그래서 나는 예정되어 있던 기자회견을 미루고 어떤 내용이 발표되는지를 보려고 기다렸다.

안철수 후보의 정치 개혁안의 핵심은 '국회의원 정원 축소, 정당 국고 보조금 축소, 중앙당 폐지' 등이었다. '아, 안철수는 정치 개혁을 할 생각이 없구나' 하는 생각이 들었다. 그는 정치를 '비용'으로 생각하는 사람이었다. 정당정치에 대한 대중의 환멸을 이용하는 사람이었다.

한편으로는 새로운 대안 정당으로서의 제3정당의 위치를 안철수에게 뺏긴 데서 오는 자괴감이 컸다. 진보는 세상의 가장 '낮은 곳'을 대변함으로써 사회의 평형을 유지하는 사람들이다. 진보 정치가 가장 대안적인 정책을 내놓고, 새로운 세대들의 지지를 많이 받을 때 이 불평등한 사회를 바로 세울 수 있다. 그런데 그 자리에 '정치를 연기하는 배우'가 있는 셈이었다. 2012년 당시만 해도 안철수는 자신을 부르는 시대적인 목소리에 부응했던 측면이 있었다. 그러나 이후 안철수가 본격적인 정치를 시작하면서 보였던 모습은 더더욱 정치인이라고 보기 힘들었다.

정치인은 전문가가 아니라 대표자이다. 스페셜리스트가 아니라 제너럴리스트여야 한다. 국민의 다양한 요구를 취합하고, 이를 사회 전체의 보편적 이익에 부합하는 방향으로 추진해가는 사람이어야 한다. 정치인에게 필요한 전문성은 대표자로서의 전문성이고, 정치인에게 필요한 유능함은 대표자로서의 유능함이다. 내가 무엇을 대표하는지를 잘 알고, 이에 대한 분명한 입장을 갖고 있어야 한다.

안철수는 자신의 특별한 성공을 바탕으로 정치인이 되었고, 항상 국민과 상식을 내세워왔지만, 정작 이 사회의 '상식'을 가로막는 게 무엇인지에 대해서 말하지 않았다. 늘 '이념 대결은 안 된다'는 식으로 피해 갔다. 우리 사회의 상식을 가로막아온 것은 경제 발전을 위해서라면 어쩔 수 없다며 저지른 반민주, 반인권, 반노동이었는데, 이에 대한 분명한 입장은 한 마디도 없었다.

또다시 사퇴

나는 진보정의당의 대선 예비 후보가 되었지만, 결국 본선 등록을 하지 못하고 사퇴했다. 경기도 도지사 선거에 이은 두 번째 사퇴였다. 통합진보당 사태로 인한 실패가 컸다. 박근혜 정부의 탄생을 막기 위해서라도 진보 정치는 국민들로부터 높은 신뢰를 받아야 했다. 국민들의 시대적 요구가 새로운 사회를 향한 강력한 개혁이라는 것을 입증했어야 했다. 그래야 야권으로의 정권 교체에 이바지하면서, 망가진 대한민국의 민주주의를 회복할 수 있었다.

그러기 위해 통합진보당을 만들었는데, '킨텍스 사태'와 같은 모습을 국민들에게 보여주고야 말았다. 강한 진보 정당을 만들어 야권 세력들과 경쟁하면서 함께 보수 정권에 맞설 전략을 만들었어야 했는데 그러지 못했다. 진보정의당은 폐허 위에 막 지은 가건물이었다. 국민들에게 명함을 내밀 형편조차 안 되었다.

그런 최악의 조건에서 출마를 결심하고 묵묵히 선거운동에 임했던 이유는 한 가지였다. 이 나라의 대다수를 차지하는 일하는 노동자, 가난한 서민, 사회적 약자들의 삶이 위태로웠기 때문이었다. 누군가는 그들을 대변해야 했다. 이전에는 등 돌리고 외면하던 정치 세력이 반성하고 성찰했다며 찾아와 내민 것들은 부도 가능성이 높은 '개혁 어음'에 불과했다. 그러나 내게는 부도 어음 대신 새로운 대안을 선택하자고 국민들을 설득할 염치가 없었다. 2012년 11월 27일 여의도에서 후보 사퇴 기자회견을 했다.

"저의 사퇴가 사실상 야권의 대표 주자가 된 문재인 후보를 중심으로 정권 교체의 열망을 이뤄내는 계기가 되기 바랍니다. 후보직을 사퇴하면서 철탑 위에 매달린 채 찬 바람을 견디고 있는, 다리 난간에 매달린……."

그 대목부터는 말이 제대로 이어지지 않았다. 당시 평택에는 쌍용자동차 해고노동자들이 철탑 위에 올라가 있었고, 아산에는 유성기업 해고노동자가 굴다리 위에 위태롭게 매달려 있었다. 그들을 따뜻한 가족의 품으로, 정다운 직장으로 돌려보내겠다는 약속은 변하지 않았지만 그들을 위한 대선을 만들지 못했다.

"……그동안 우리 정치에서 선거 때마다 반복되어온 후보 단일화를 위한 중도 사퇴는 이제 제가 마지막이 되어야 합니다. 대통령 후보로서 저의 역할은 여기서 끝나지만 노동권 강화와 정치 개혁을 향한 저와 진보 정당의 노력은 진보적 정권 교체를 위한 정책 연대를 통해 계속될 것입니다."

기자회견을 마치자마자 차를 몰아 평택의 쌍용자동차 공장이 내려다보이는 고압 송전탑으로 달려갔다. 매서운 칼바람에 땅 위에 서 있는 것조차 힘든 그곳, 송전 철탑 위에 좁은 널빤지를 깔고, 얼기설기 만든 나무 난간에 기댄 그들을 한참이나, 실로 한참이나 물끄러미 바라보다가 손을 흔들었다. 평택경찰서장에게 연락해 추위를 막을 스티로폼을 올려 보내

—— 2012년 대선에서 나는 본선 등록을 하지 않고 사퇴했다. 사퇴하자마자 평택의 쌍용자동차 공장이 내려다보이는 송전탑으로 향했다. 그곳에는 한상균 등 해고 노동자들이 있었다. 그들을 보면서 노동을 짓밟았던 독재정권의 후예가 다시 권력을 잡게 만들었다는 현실이 너무나 비참했다.

고서야 집으로 돌아왔다.

10월 14일 '전태일다리'에서의 출마 선언 이후, 가장 많은 이들이 관심을 보인 것은 바로 이날의 사퇴 기자회견이었다. 이 나라에서 정치적 약자는 '등장'이 아니라 '퇴장'으로라도 존재감을 증명해 보여야 했다.

안타깝게도 야권은 정권 교체에 실패했다. 박근혜가 18대 대통령이 되었다. 야권 진영에서 그렇게 총력전을 벌였는데도 어떻게 박근혜가 당선되었을까? 물론 국가기관이 총동원되어 여당 후보를 밀어준 선거이기 때문이기도 하지만, 중도 진영이 보수의 손을 들어주었기 때문이다.

그해 선거의 결과를 세대 투표의 문제라고 하지만 그렇지 않다. 적어도 나와 같은 세대의 사람들, 박정희 시대에 청춘을 보낸 50대들만 해도 이명박은 받아들였지만, 박근혜는 받아들일 수 없었다. 즉, 18대 대선이야말로 보수와 범민주 세력의 대립 전선이 명확했던 때라는 말이다. 중도파의 표심이 중요했던 선거였다. 하지만 범민주 세력은 뚜렷한 사회경제 개혁에 대한 비전을 제시하지 못했고, 정권은 통합진보당 사태 등을 통해 보수 진영의 결집을 촉구했다.

나는 그해 대선이 박정희 대 노무현의 대리전과 같은 성격을 보였을 때, 이길 수 없으리라는 느낌을 받았다. 영국의 역사가 에릭 홉스봄은 야당은 곧 '대안 권력'이라고 말했다. 그래서 야당은 자신들이 잘하지 못해도, 여당이 잘못하면 지지율이 올라간다. 그런데 이명박 정부 시절 야당인 민주당 지지율이 새누리당 지지율을 넘어선 적은 거의 없었다. 야당이 '대안 권력'으로서 국민의 신임을 받지 못한 것이었다. 그 때문에 대선에

—— 광화문 광장에는 노동자와 시민들이 피켓을 들고 서지 않은 날이 하루도 없었다. 박근혜 정부는 어떤 눈치도 보지 않고 노동자를 탄압했다. 2013년 12월 발생한 철도 민영화 반대 파업이 대표적이다. 8977명 직위 해제, 191명 고소고발, 152억 손해배상 청구, 116억 가압류, 10억 위자료 청구소송 등 모든 수단을 동원해 노조를 억눌렀다. 최악의 노조 탄압이었다. 민주노총 사무실을 사상 처음으로 침탈한 것도 이때였다.

서 좋은 정책을 두고 대결하는 구도가 아니라 '박정희' 대 '노무현' 구도가 등장한 것이다. 하지만 당시 이 구도는 박근혜 후보 쪽에 유리했다. 이유는 단순하다. 국민들이 보기에 박정희는 아주 멀리 있다. 반면 노무현은 너무 가깝다. 멀리 있는 것은 '과(過)'가 눈에 잘 안 드러나고, 가까운 것은 '공(功)'이 눈에 잘 안 띄는 법이다. 박정희는 민주주의와 거리가 먼 독재자였는데도 보릿고개를 이긴 대통령으로 기억되고, 노무현은 '하우스 푸어' 등을 비롯한 서민 가계가 겪고 있는 생생한 고통으로 기억되었다. 가까운 고통의 기억이 뚜렷하게 남아 있었던 것이다.

대선 이후 고통스러운 성찰의 시간을 보내야 했다. 나는 박근혜 당선 때가 아니라, 박근혜가 대선 후보가 되었을 때 이미 좌절했다. 노동자들을 고문하고 파리 목숨처럼 여겼던 독재 정권의 후계자가, 그것도 그 시대의 아우라를 등에 업고, 민주국가의 통치자가 될 수 있는 자리에 섰다. 새 대통령이 된 박근혜의 취임사에는 '노동'이라는 단어가 한 번도 등장하지 않았다.

속으로 끝없이 침잠하는 시간이 시작되었다. 그때 냈던 책의 제목이 『실패로부터 배운다는 것』이었다. "정치인은 실패를 인정하는 것을 두려워하면 안 된다"고 한 독일 총리 슈뢰더의 말처럼 실패를 받아들이는 것부터 시작해야 했다.

그때 허허로운 마음을 달래기 위해 읽은 책이 체호프의 소설이다. 러시아 평론가 나보코프는 체호프를 언급하면서 "강인한 골리앗의 시대에는 나약한 다윗을 읽자"고 했다. 체호프의 소설에는 위대한 영웅이나 화려

한 명망가는 없다. 한결같이 나약한 다윗들이 등장한다. 하급 관리, 늙은 마부, 성공하지 못한 극작가, 가난한 농부 등 세상의 중심에서 비껴난 약자들이 가득했다. 그러나 폼 나게 살아보지는 못해도 끝까지 희망을 놓지 않고 살아가는 우직한 이들이 던지는 감동이 있었다.

박근혜 정부 아래에서 그런 약한 사람들부터 희생당했다. 사회적 약자들의 처지는 더 취약해졌고, 청년 세대 대부분이 희망이 없는 내일을 살아야 했다. 진보와 보수의 차이는 인간에 대한 측은지심이 있느냐 없느냐의 차이라는 것을 새삼 생각했다. 누군가가 힘든 상황에 놓일 때 연대의 책임감을 느낄 수 있는 정치와 없는 정치의 차이. 진보 정치가 인간에 대한 유대를 놓지 않는다면, 우리는 얼마든지 다시 좋은 정치를 할 수 있다. 그런 용기를 내기 시작했다.

새로운 진보 정치

"오늘은 저와 진보 정치에 대한 성찰로부터 이야기를 시작하려 합니다. 복지가 대세가 되고 경제 민주화가 시대정신이 된 데는 풍찬노숙을 마다하지 않은 진보 정당의 헌신이 큰 역할을 했음을 부인하기 어려울 것입니다. 그러나 진보 정치는 과거의 낡은 사고틀에 갇혀 국민들의 요구에 응답하지 못했습니다. 평생을 민주화에 헌신했던 진보가 정작 스스로는 민주주의 운영 능력을 갖추지 못해 국민들의 불신을 자초한 사실은 큰 상처를 남겼습니다. 진보 정치의 기초 역시 민주주의입니다."

2013년 6월 11일 진보정의당 원내대표로 나선 국회 본회의 비교섭단체 대표 연설에서 나는 '진보의 성찰'을 말했다. 새롭게 진보 정치를 시작해야 했다. 그러려면 과거의 진보가 아닌 미래의 진보가 되어야했다. 이를 위한 첫 단계가 바로 스스로를 성찰하고 혁신하는 일이었다. '국민들로부터 대안 권력으로 선택 받는 강한 진보 정당이 되겠다'는 것이 목표였다.

그 목표를 이룰 수 있다는 용기를 국민들이 주기 시작했다. 국민들의 응원을 받고 진보정의당이 차근차근 커나가기 시작한 것이다. 초기에 큰 아픔을 겪고 만들어졌으니, 진보정의당 안에 있는 이들은 서로가 어떤 정파에 속해 있더라도 서로 귀한 동지라는 생각을 가지고 대했다. 2013년 7월 21일 진보정의당은 당명을 정의당으로 바꾸고, 당대표로 천호선 전 최고위원을 선출했다. 천호선 대표는 2015년 내가 당대표로 선출되기 전까지 어려운 시기에 대표의 역할을 충실히 했다. 다양한 의견들이 공존하는 다원주의의 원칙이 지켜질 수 있도록, 균형을 잘 잡은 대표였다. 그 뒤를 이어 내가 새 당대표가 되었을 때 나는 취임사를 이렇게 시작했다. "대한민국 정치에서 당의 대표가 임기를 잘 채우는 경우가 거의 없는데, 천호선 대표님은 임기를 꽉 채웠고 박수를 받고 떠났습니다."

이런 좋은 문화를 바탕으로 정의당은 2014년 지방선거와 재보궐선거에서도 야권 연대에 열심히 앞장섰다. 성적표는 좋지 않았지만, 당의 모든 사람들이 열심히 뛰었고, 국민들에게 정의당의 인지도는 크게 확산되었다. 세월호 참사 직후에 시작한 팟캐스트 〈노유진의 정치카페(노회찬, 유시민, 진중권이 공동으로 진행한 팟캐스트)〉는 그 많은 팟캐스트 중에서도 항상 1위를 하며 뜨거운 호응을 받았다.

그러나 아직 국민들은 정의당을 독자적인 정치 세력으로서 미래를 개척해나가는 정당으로 생각하지는 않았다. 나는 2015년 6월 제3기 정의당 당대표 선거에 출마했다. 3기 지도부는 다가오는 총선과 대선을 치러야 할 임무를 맡게 될 터였다. 그때 어떤 모습을 보여주느냐에 따라 수많은 이들의 희생과 헌신으로 일궈온 진보 정치의 운명이 결정될 것이었다. 나는 '강한 정의당'을 말하며 밥 먹여주는 진보, 민생 진보를 내세웠다. 역동성이 살아 있는 '청년들의 정당'이 되겠다고 선언했다.

정의당은 구태의연한 진보와 다른 모습으로 더 대중적인 정당이 되기 위해 노력했다. 당원들이 점점 늘어났다. '운동권 정당은 아니네'와 같은 말이 들려왔다. 정의당은 박근혜 정부 아래에서 자행되는 반민주주의에 맞서 앞장서서 싸웠다. 박근혜 정부에 맞선 진보 정당의 행보에 모두가 박수를 보내주었다.

그만큼 박근혜 정부 아래에서 국민들의 고통도 컸다는 말이다. 박근혜 정부가 들어서자마자 터졌던 숱한 사건들. 개성공단 철수, 국정원 댓글 사건 등과 같은 사건은 물론이거니와 측근들의 비윤리적인 행위들이 연일 뉴스를 채웠다. 그러나 그 무엇보다도 충격적이었던 것은 박근혜 정부

2년차에 일어난 세월호 참사였다. 참사가 일어난 2014년 4월 16일은 대한민국 국민이라면 평생 잊을 수 없는 고통이 시작된 날이었다.

그날로부터 3년이 넘는 시간 동안 세월호 참사 가족들과 수많은 시민들이 눈물과 고통으로 서울 광화문 광장에서 희생자들 죽음의 원인과 책임자를 밝혀달라며 목소리를 높였다. 우리나라를 방문한 프란치스코 교황이 세월호 유족들을 위로하는 등 전 세계가 함께 애도하기도 했다. 그러나 정작 한국의 최고 권력자는 청와대 앞까지 찾아왔던 유가족들을 돌려보냈었다.

세월호 참사가 대한민국 국민 모두에게 준 고통이 무엇이었는지에 대해서는 2017년 3월 10일 헌법재판관 8인의 전원 일치로 이루어진 '박근혜 파면' 판결에서, 소수 의견을 냈던 김이수, 이진성 재판관의 의견으로 대신한다.

김이수 재판관은 문재인 정부에서 헌법재판소장으로 지명되었으나 자유한국당, 국민의당, 바른정당의 반대로 국회에서 임명이 부결되었다. 그는 상가 세입자, 골프장 캐디, 밀양 송전탑 반대 주민 등의 권리를 보호하는 의견을 내왔으며, 전과자, 청소년 범죄자, 국가보안법 위반에 대해서도 과감하게 소수 의견을 밝힌 인물이다. 김이수 재판관이 이진성 재판관과 함께 쓴 소수 의견문의 내용은 이랬다.

"진정한 국가 지도자는 국가 위기의 순간에 신속하게 상황을 파악하고 대처함으로써 피해를 최소화하고 피해자 및 그 가족들과 아픔을 함께

—— 2016년 국회 무제한 토론 '필리버스터'. 대테러방지법은 국정원이 위험인물의 개인정보, 위치정보 수집 등을 할 수 있게 하는 법안이었다. 댓글로 여론을 조작하는 국정원이 이를 어떻게 사용할지는 너무나 분명했다. 법안 통과를 막기 위한 8박 9일 간의 필리버스터가 진행되었다. 나는 3월 2일, 필리버스터 중단을 이야기하는 이종걸 의원 바로 앞의 순서로 나왔다. 국회 안은 텅 비었지만, 밖에서는 오랜만에 할 일을 하는 야당에게 보내는 시민들의 지지가 뜨거웠다.

하며, 국민에게 어둠이 걷힐 수 있다는 희망을 주어야 한다. …… 세월호 참사가 있었던 2014년 4월 16일이 바로 이러한 경우에 해당하는 것이었다. …… 국가 최고 지도자가 국가 위기 상황에서 직무를 불성실하게 수행하여도 무방하다는 그릇된 인식이 우리의 유산으로 남겨져 수많은 국민의 생명이 상실되고 안전이 위협받아 이 나라의 앞날과 국민의 가슴이 무너져 내리는 불행한 일이 반복되어서는 안 되므로 피청구인의 성실한 직책 수행 의무 위반을 지적하는 것이다."

이 판결문이 나오기 전 가을 2016년 10월, 이 파면 결정을 가져올 촛불혁명이 시작되고 있었다.

촛불 혁명

폭풍 사자후

자고 일어나니 인기 래퍼가 되어 있었다. 2015년 9월 11일 19대 국회의원으로 참석한 마지막 국정감사 때였다. 당시 나는 환노위(환경노동위원회) 소속이었다. 일방적인 노동개혁 강행을 밀어붙이는 고용노동부 장관에게 '폭풍 사자후'를 뿜어낸 내 동영상이 인터넷에 마구 돌아다녔다. 언제는 다들 내게 좀 부드럽게 말하라고 하더니, 이런 '사자후'가 사랑받는 날도 오는구나 싶었다.

2015년 박근혜 정부는 '임금피크제'를 강행했다. 청년 실업률이 높아지니, 장년층의 임금을 줄여서 청년들 일자리를 만들자는 거였다. 전국 길거리에 새누리당에서 만든 '노동 개혁으로 청년에게 일자리를'이라는 플래카드가 나붙었다. 임금피크제는 기본적으로 정년까지 고용이 보장된다는 전제하에 시행되는 것이다. 그런데 우리나라에서 정년이 보장되는 회사가 도대체 몇이나 되는가? '나이 든 노동자'가 많아서 신규 채용을 못 한다는 논리가 적용될 수 있는 기업은 또 얼마나 되는가?

그나마 정년이 보장되는 공공기관 등에서는 임금피크제를 고려할 수 있을 것이다. 하지만 정부는 노조가 반대해서 사기업에서 임금피크제를 못 한다는 식으로 몰아붙였다. 대승적 차원에서 노동자들이 이해하고 양보하라고 노동계를 몰아갔다. 그건 아들딸의 대학 등록금을 겨우 벌고 있는 부모님들, 하우스푸어로 살고 있는 서민들의 호주머니마저 털겠다는 거였다. 우리나라에 시급한 것은 임금피크제가 아니라 최고임금 제였다.

국정감사에서 국회의원들이 하는 일이 소리치는 거밖에 더 있냐는 이야기가 간혹 있는데, 소리도 소리 나름이다. 노동 개혁 강행을 주장하는 기자회견을 막 마치고 들어온 고용노동부 장관에게 소리쳤다.

"장관님은 임금피크제 동참하고 계신가요? 왜 고액 연봉 받는 사람들은 임금피크제에 포함 안 시키시나요? 5000~6000만 원 받는 늙은 노동자들 월급 깎아서 3000만 원짜리 청년 연봉 만들어내라면서, 왜 이 자리에 있는 사람들은 고액 임금 다 받아 가십니까? 양심이 없어요, 양심이. 청년 고용 문제가 심각하지만 정부에서 결단만 하면 할 수 있는 게 많습니다. 청년 고용 의무 할당제만 지켜도 수십만 개의 일자리를 만들 수 있고, 대기업 사내 보유금 중 1퍼센트만 조세로 걷어도 6조 원이 됩니다. 그런 일은 안 하고 월 200만 원도 못 받는 940만 노동자들의 허리띠도 아닌, 목을 조르는 게 노동부 장관이라니. 그런 노동부 장관이 어디 있습니까?"

내가 이렇게 소리를 지르면 예전에는 '노동계'만 대변한다고 했을 텐데, 아니었다. 많은 시민들이 너도나도 이 동영상을 공유했다. 딸은 아버지에게 아들은 엄마에게 "이거 봤냐?"면서 보내주곤 했단다.

그해 국정감사가 끝나고 다음해 2016년 4월에 있은 20대 총선에서 나는 고양시 갑 국회의원이 되었다. 그때 나는 야권 단일화를 하지 않았다. 처음부터 야권 단일화를 하지 않겠다는 생각이었다. 세 번째 도전에서 주민들이 나를 자신들의 대표자로 선택하지 않는다면, 그건 내게 근본적인 문제가 있는 것이라는 생각을 했다. 그리고 나는 정의당의 당대표였다. 한 정당의 당대표가 4년 동안 현역으로 있던 지역구에서 단일화를 통해서만 당선될 수 있다면, 그것은 이미 주민들에게 신뢰를 잃은 것이라고 생각했다.

그해 총선 고양시 갑에는 새누리당, 더불어민주당, 정의당, 노동당 후보가 출마했다. '일여다야(一與多野)' 구도가 형성된 것이다. 결과는 53퍼센트의 압도적인 지지였다. 나는 노회찬 의원과 같이 진보 정당 최초의 3선 국회의원이 되었다.

'해결사식 정치'를 넘자

우리나라에서 지역이 갖고 있는 소외감은 매우 크다. 내 지역구인 덕양만 해도 일산에 비해 낙후되어 있다. 지역 주민들의 소외감이 심하면 정부나 정치인에게 공격적일 수밖에 없다. 그래야만 자신들의 말을 들어준다고 생각하기 때문이다.

그간 지역의 정치인들은 주민들의 소외감을 자신들에게 유리하게 이용 해왔다. 자신들이 마치 문제를 해결한 양 하면서 자리를 보전해왔다. 힘 센 여당 출신이니까 내가 해냈다는 식으로 지역 정치를 해왔다. 지역 정 치인은 당연히 지역의 문제를 해결해야 한다. 하지만 '해결사식 정치'는 벗어나야 한다. 주민들이 스스로 지역의 문제를 해결해가는 과정을 주도 하게 만들고 지원하는 정치를 해야 한다.

나는 지역에 현안이 있을 때 공청회 자리를 많이 만들었다. 민감한 현 안을 다룰 때는 500여 명의 지역 주민들이 몰리기도 했다. 그 현안과 관 련된 행정기관, 경찰청, 교육청, LH공사 등의 관련자들을 참석시켜 주민 들과 토론하는 자리를 만들었다. 처음에는 주민들이 일방적으로 공격하 고, 또 공무원들은 이런 자리를 무조건 피하려했다. 그러나 한 번, 두 번 계속 서로 마주하게 되면서 공무원은 주민들의 고통을 이해하고, 주민들 은 공무원의 애로를 이해하게 되었다. 이 과정을 통해 이해당사자 간에 합의점을 만들어냈다. 이런 경험들이 쌓이면 투명하고 민주적인 지역 정 치가 만들어진다. 이런 토대 위에 진보 정치가 힘을 얻을 수 있다. 귀찮고

—— 최순실 게이트가 터지고, 2016년 11월 7일 대통령이 국회를 방문했다. "대통령 하야"를 제일 먼저 외친 정의당 국회의원들과 함께 박근혜를 맞았다. 박근혜가 어떤 사람인 줄 뻔히 알고 있었으면서도 그를 한 나라의 최고결정권자의 자리에 앉힌 정치인들이 그 국회 안에 가득했다.

느리고 지루할 것 같은 과정을 함께 밟아야 신뢰의 정치가 가능하고, 진정한 변화도 가능하다.

스위스의 경우 2027년에 실시될 핵 폐기장 부지 선정에 대해 2015년부터 주민 토론회를 시작했다. 한 해에 50회 정도의 토론회를 개최한다. 주민, 정부, 핵 폐기장 사업체가 함께 하는 토론회다. 12년 동안 50회씩, 총 600회의 토론을 하고 2027년에 국민투표로 최종 선정한다.

영국의 극작가 버나드 쇼는 『페이비언 사회주의』라는 책에서 "형이상학적 논쟁으로 시간을 허비할 생각이 전혀 없고, 영웅적 패배보다는 지루한 성공을 택하기로 마음먹었다"고 했다. 사실 나는 이런 개념을 받아들이는 데 오래 걸렸다. 당장 너무나도 비참하고 극단에 몰린 약자들의 삶을 바꾸기 위해서는 단호한 입장을 취할 수밖에 없었기 때문이다. 그러나 민주주의는 반민주주의자에 맞서는 싸움에서 더 나아가, 민주적인 제도와 기구를 다수의 합의에 의해 잘 운영할 수 있다는 믿음을 쌓는 일이라는 사실을 깨달았다. 진보 정치인이 지역 주민들과 함께 해야 할 일은, 이런 믿음을 통해 우리 일상이 더 나아질 수 있다는 것을 증명하는 것이었다. 내가 국회의원으로서 지내온 세월은 이를 배우는 과정이었다.

감사하게도 고양시 갑 주민들은 이런 정치가 자신들에게 더 필요하다는 것을 알고, 나를 지지해주었다. 당시 선거에 '심알찍'이라는 말이 돌았다. '심상정을 알면 찍을 수밖에 없다'는 말이었다. 19대 총선에서 아슬아슬한 최소 표차로 당선되었던 나는, 20대 총선에서는 수도권에서 가장 높은 득표율로 당선되었다.

이후 국회의원, 당대표를 하면서 나는 여러 구상으로 바빴다. 그때 최순실 게이트가 터졌다. 최순실이 수면 위로 올라왔을 때, 그간의 의문들이 일시에 풀리는 느낌이었다. '아, 저 둘이 다 결정한 거구나.' 이 사실이 드러나는 순간, 박근혜 정부에서 벌어졌던 황당무계한 일들이 모두 이해되었다. 그간 박근혜 정부에서 중요한 결정이 이루어질 때마다 여당 의원들을 만나거나 관료들을 살펴보면, 그들도 어떤 논의를 거쳐서 그와 같은 결정이 내려지게 되었는지 모르고 있었다. 항상 "최종 결정권자가 정했다"는 게 그들의 답일 뿐, 본인들이 그 결정을 왜 지지하는지조차 설명하지 못했다. 지지하고 반대하고 하는 과정 자체가 아예 없었기 때문이었다.

나는 17대 국회에서 박근혜를 처음 보았다. 당시 박근혜가 한나라당 대표였을 때다. 화면으로만 보다가 직접 만나니 너무 작고 마른 사람이었다. 뭔가 비어 있는 듯한 느낌. 그 정체를 나중에서야 깨달았다. 박근혜 정부는 반(反)민주주의가 아니라 몰(沒)민주주의였다. 민주주의를 한 번도 경험해보지 못해 민주주의의 DNA를 아예 가지고 있지 않은 사람들이 정권을 잡은 것이었다.

주인은 원래 나였어

최순실 게이트는 우리가 겪고 있는 불평등, 저성장, 갈등과 반목의 원인을 알려주었다. "내가 무능해서"가 아니라, "내가 힘이 없어서"가 아니라, 부패한 특권 세력이 다수의 삶을 망쳤다는 것을 알려주었다. 우리나라의 보수 정치권은 '전통과 공동체'에 대한 어떤 사명감도 없이, 오로지 특권층의 이익을 위해서 모든 것을 눈감아 주었다는 사실이 드러났다. 특권 세력의 대단함도 알게 해주었지만, 동시에 그 권력을 '내가', '우리가' 위임한 것이었다는 사실도 확인하게 했다. 그리하여 원래 그 권력의 주인이 '나'였음을 다시 깨치게 했다.

서울을 비롯 전국에서 연일 집회가 열렸다. 토요일에는 집회의 규모가 엄청나게 늘어났다. 가족들과 함께, 친구들과 함께, 때로는 SNS에서 만난 사람들끼리, 나들이하듯이 나와서 모르는 시민들과 우정을 나누었다. 거리는 토론하는 시민들로 가득 찼다. 해가 지면 촛불을 들고 밤새 거리에서 '박근혜 퇴진'을 외쳤다. 평화롭고 단호한 혁명, 끈질기고 성숙한 혁명이었지만 국민들의 마음은 매우 절박했다. 대한민국 국민들의 심정이 얼마나 절박했는지는, 거리에서 그들이 어떻게 서 있는지를 보면 알 수 있었다. 그 겨울 광화문 광장은 앞뒤로 사람과 사람이 거의 붙어서 작은 틈도 없을 정도였다. 그렇게 다닥다닥 붙은 사람들이 모두 한곳으로 달려가고 싶어 했다. 사람들이 일제히 한곳만 쳐다보았다. 그곳은 청와대였다. 사태의 근원이 어디 있는지, 국민들은 알고 있었다. 그 거대한 마음이 가슴 깊이 느껴졌다.

촛불 집회가 시작되자마자 곧바로 나는 광장으로 나갔다. 광장에는 새로운 민주주의가 시작되고 있었다. 그런데 정치권은 신중했다. 신중한 게

—— 야3당이 박근혜 탄핵을 결의하기까지 정치권의 각성도 필요했다. 정의당이 주저 없이 박근혜 탄핵을 주장할 수 있었던 것은 정의당이 선명하거나 과격해서가 아니라, 거리에서 시민들과 가장 많이 함께했기 때문이었다. 시민들이 원하는 것에 귀를 기울이려 노력했기 때문이다.

아니라 자신이 없어 보였다. 나는 광화문 광장과 여의도 국회를 오고 갔다. 두 개의 공간이 만나도록 하는 게 내가 할 일이었다. 정의당이 먼저 치고 나가야 했다. "오늘부터 박근혜 하야 촉구 행동에 나서겠습니다." 10월 27일 정의당이 제일 먼저 '박근혜 하야'를 외쳤다. 이에 대한 더불어민주당, 국민의당 두 야당의 공식 반응이 나왔다. "우리는 정의당과 다릅니다." 나는 포기하지 않았다. 두 야당 대표단을 찾아갔다. "거리로 나가서 민심을 살펴봅시다. 11월 12일에 함께 나갑시다."

그제야 정치권이 장외로 나왔다. 시민들의 수는 계속 폭발적으로 늘었다. 50명이 10만 명으로 100만 명이 1000만 명으로 되었다. 촛불 혁명은 결국 시민들이 정치를 거리로 불러낸 것이었다. 주저하는 정치의 뒷덜미를 잡은 것이다. 정치가 원래 있어야 하는 곳, 국민들의 옆으로 오라고 시민들이 쏟아져 나온 것이었다. 처음 촛불 집회부터 2017년 3월 11일 마지막 촛불 집회까지 한 주도 빼지 않고 광화문에 나갔다. 시민들이 무엇을 요구하고 있는지? 어떤 생각을 하고 있는지? 주권자들의 힘은 어디까지이고, 주권자들에 의해 정치가 어느 정도까지 움직일 수 있는지? 그것이 정말 궁금했고 알고 싶었다.

이런 거리의 개근상을 타는 건 언제나 자신 있었다. 보온 내의를 껴입고, 점퍼 주머니에 손난로를 쑤셔넣고, 온몸에 파스를 붙이고, 시민들과 뜨거운 열기를 나누면서 벅찬 가슴으로 거리에서 살았다.

그리고 국회에서 탄핵 소추안이 발의·보고되었다. 표결이 이루어지는 국회 안에는 엄청난 긴장감이 가득했다. 나도 투표소로 들어갔다. 순간

—— 2016년 12월 9일 국회에서 박근혜 탄핵 소추안이 의결되었다. 거리에서 촛불을 든 시민들이 주저하는 정치의 뒷덜미를 잡아서 바로 세운 결과였다. '정치가 이제야 할 일을 하는 것뿐이다'라는 심정이었다.

담담해졌다. '이게 국회의 기본이다.' 시민들이 이미 거리에서 이룬 승리를 국회에서 확인하는 것뿐이었다. '최소한의 사명을 다했구나' 하는 안도감이 들었다.

박근혜 탄핵 소추안은 의결되었다. 헌법재판소의 판결도 이미 예상되었다. 조기 대선도 기정사실이었다. 그러나 정권이 교체된다는 것은 단지 여당이 야당이 되고, 야당이 여당이 되는 것이 아니었다. 어떤 정권 교체를 이루냐가 중요했다. '죽 쒀서 개 주는 꼴'이 되면 안 되었다. 온 국민들이 함께 이루어낸 귀한 시민혁명을 정치권이 망쳐서는 안 된다. '30년 이상 지지받을 민주 정부를 만들어낼 수 있는가?' 이게 가능하려면 대한민국의 개혁은 더 과감하게, 불평등을 없애는 복지국가를 만드는 방향으로 나아가야 했다. '이제야 박정희 개발독재의 신화를 완전히 '과거'로 밀어내 버렸는데, 새로운 시대는 무엇으로 채울 것인가?' 여기에 진보 정치의 미래가 달려 있었다.

나는 대선을 준비했다. 목표는 분명했다. '사퇴 없는 완주'를 통해 '개혁적 정권 교체'에 이바지한다. 이제 정치 구도가 달라졌다. 시민들은 민주주의의 힘으로 극우 보수 세력들을 분열시켰다. 대한민국에 유례없는 다당 구도가 열리고 있었다. 그리고 시민들은 진보 정치에 귀를 기울여 주었다. 진보 정치가 주저하지 않고 특권 세력에 맞서는 대열의 맨 앞에 나섰기 때문이다. 진보 정치가 박근혜 이후의 삶을 이야기하고 있었기 때문이다.

그러나 지난 진보 정치의 좌절로 인해 정작 내부에서의 열기는 그다지

—— 대한민국 19대 대통령이 된 문재인 대통령. 그분이 정치인으로 걸어온 길목도 많이 어려웠
으리라 짐작한다. 박근혜 정부 아래에서 우연히 만나면 야당의 두 대표로서 멋쩍게 웃던 순간들이
많았다. '고생 많으시죠.' 서로 이런 눈빛이었다.

뜨겁지 않았다. 과연 '사퇴 없는 완주'를 할 수 있을까? 그러나 나는 목표를 이룰 수 있을 거라는 확신이 들었다. 그 희망의 근거는 거리에서 만난 시민들이 주었다. 촛불 집회가 한창이던 겨울, 광장에서 만난 시민들은 다른 어떤 정치인들보다 정의당의 정치인들을 뜨겁게 환영해주었다. 내가 핸드 마이크를 들고 말하면 정의당 당원이 아닌 시민들도 발걸음을 멈추고 함께 끝까지 듣고 박수를 보내주었다. 작은 정당임에도 가장 앞장서서 싸운 정의당에 쏟아지는 박수 소리가 가장 컸다. 국민들에게 정의당은 새롭게 각인되었다. 이 과정에서 당원들은 진보 정당의 일원이라는 커다란 자부심을 갖게 되었다.

물론 여섯 석의 작은 정당이 단독 집권을 할 수는 없다. 하지만 민주 정치에서 선거는 당선자를 확정하는 이상의 의미가 있다. 한 공동체를 이루고 있는 다양한 사람들의 이해와 요구가 드러나고, 이를 큰 방향에서 합의해가는 과정이 선거다. 선거가 그와 같은 과정이 되지 못한다면 민주국가라고 할 수 없는 것이다.

"이번이 세 번째 도전이시거든요. 끝까지 가실 거죠?"

"끝까지 완주를 해야 대통령이 되는 것 아닙니까?"

"냉정하게 보면, 당선 가능성과는 현실적으로 거리가 있어 보이는데. 그럼에도 출마하시는 이유는 뭐라고 여쭐까요?"

"왜 그렇게 단정하십니까?"

"죄송합니다. 질문 취소하겠습니다."

2017년 2월 28일 JTBC 〈뉴스룸〉에 출연했을 때 내게 주어진 질문도 '사퇴 여부'였다. 방송이 나가고 난 후 그 깐깐한 손석희 앵커에게서 심상정이 '질문 취소'를 받아냈다고 화제였다. 그러나 대화를 나누는 동안 나는 손석희 앵커가 갖고 있는 진보 정치에 대한 존중을 분명하게 느꼈다. 대선 국면 초기에 나는 KBS 대선 후보 토론회에서도 제외될 정도였다. 그만큼 기성 권력의 벽은 완강했다. 손석희 앵커는 그 벽을 제대로 드러내고, 그 자리에서 그 기성 권력 대신 사과함으로써 진보 정치의 존재감을 보여줄 기회를 제공한 것이었다. 그런 기회들이 하나씩 둘씩 만들어지면서 분위기가 바뀌고 있었다. 예전에는 외면하던 여러 언론에서 정의당 대선 후보를 부르기 시작했다. 19대 대통령 선거가 시작되었다.

노동에 귀천 없고 사랑에 차별 없다

여러분이 잘못한 게 아니에요

"여러분은 우리 시대에 가장 불합리하고 가장 불평등한, 이 부조리를 온몸으로 체험하고 있는 세대예요. 우리 부모님 세대보다 더 못살 가능성이 높은 세대가 바로 여러분입니다. 이 생각에 미치면 제가 가슴이 찢어질 것 같아요. 여러분 잘못입니까? 여러분, 최선을 다하고 있죠? 정말 공부 열심히 하고, 알바 하고, 어떻게든 좋은 직장에 취직하려고 기를 쓰고 있죠? 그런데 쉽지 않죠? 너무 고단하죠? 여러분 책임이 아니에요. 60년 기득권 정치가 이렇게 만들었어요. 여러분이 꿈을 꿀 수 있는 대한민국을 위해, 청년 여러분과 함께 '내 삶을 바꾸는 대통령', 심상정이 되겠습니다."

—— 2017년 촛불로 최고 권력자를 끌어내린 청년들이었지만, 그들의 삶은 너무 고단했다. 나만 보면 우는 청년들. 한국 사회의 불평등을 온 몸으로 안고 있는 세대에게는 분노보다 슬픔이 익숙했다. "울지 마세요. 함께 세상을 바꿉시다."

촛불 혁명이 만들어낸 대선답게 거리에서 만나는 유권자들은 새로운 시대에 대한 기대로 가득했다. 선거운동 기간이 중반을 넘어가면서 특이한 일이 벌어졌다. 길에서 악수를 하거나 껴안는 청년들이 울음을 터뜨렸다. 그 전에도 청년들은 나를 반갑게 맞아주었다. 군부대를 찾아가도 다른 정치인들을 대하는 것과 나를 대하는 느낌이 확연하게 달랐다. 정의당이 그동안 군인들의 처우 개선을 위해 목소리를 높여왔기 때문이기도 했지만, 군인들이 대부분 청년들이기에 기득권 정치인이 아닌 진보 정치인에 대해 우호적이었던 것이다.

그런데 이번에는 조금 달랐다. '우리가 겪고 있는 이 끝없는 고단함과 서러움을 저 사람은 알고 있구나. 저 사람이 우리의 정치인이다' 하는 마음이 느껴졌다. 나를 꼭 끌어안고 내 귀에 설움을 토해냈다. 그럴 때마다 나도 가슴 속이 뜨거웠다.

TV 토론회가 거듭되면서 일어난 현상이기도 했다. 내가 TV 토론회에 나갈 수 있었던 것도 국민들 덕분이었다. KBS는 소속 국회의원이 열 명 이상인 정당의 후보, 여론조사 평균 5퍼센트 이상의 후보 등을 조건으로 토론회에 출연할 수 있는 자격을 주었다. 이에 더불어민주당 문재인, 국민의당 안철수, 자유한국당 홍준표, 바른정당 유승민 후보 등 네 명만 토론회에 참가할 수 있었다. 그런데 여러 여론조사 결과 내가 오차범위 내에서 유승민 후보보다 우위를 보이고 있었다. 정의당은 KBS의 방침에 반박했다. 나의 출연을 요구하는 온라인 서명운동이 벌어졌고 며칠 새에 2만 명 넘는 사람들이 서명에 참여했다.

그렇게 시민들의 힘으로 나는 '대선 후보 TV 토론회'에 정의당 후보로 등장했다. 그 토론회를 보면서 많은 시민들이 진보 정치에 대해 갖고 있었던 편견을 깼다고 한다. 말을 너무 잘한다고 했다. 그건 진보 정치인들이 대부분 갖고 있는 미덕이기도 하다. 권영길, 노회찬, 유시민 등 말 잘하는 정치인들은 대부분 진보 정치인이다. 진보 정치인이 말을 잘하는 이유는 조리 있는 말솜씨 때문이 아니다. 진보 정치인은 정책으로 승부를 봐야 하니 책임질 말만 하기 때문이다. 기득권 눈치를 볼 일이 없으니 거짓을 말할 일이 없기 때문이다. 자기보다는 다수를 위한 말을 하기 때문이다.

또 하나는 생각보다 과격하지 않다는 거였다. 운동권 출신이니까, 급진적이고 비현실적이고 타협할 줄 모르는 사람일 거라고 생각했는데 그렇지 않았다는 것이다. 그러나 나는 국민 다수에게 필요하지 않은 일을 '내가 생각하기에 옳은 일'이라고 주장할 이유도 없었다. 이제까지 해왔듯이 상식과 원칙에 따라 토론하고, 우리 사회 다수의 권리를 이야기했을 뿐이다.

극우 보수는 진보가 잡는다

나는 TV 토론회 과정에서 극우 보수 세력을 대변하는 자유한국당 홍준표 후보와 가장 첨예한 각을 세웠다. 노동운동은 귀족 노조만을 위한다는 거짓 공세로 노동자들을 폄하하는 것에 맞섰고, 설거지는 여성의 몫이라는 발언에 "지금 당장 사과하라"고 요구했다. 그가 젊었을 때, 여성과 강제로 관계를 맺으려는 친구에게 돼지 발정제를 구해준 사건이 밝혀져 논란이 일었을 때는 "오늘 토론에서는 홍준표 후보와 말하지 않겠다"고 선을 그었다. 홍준표 후보가 문재인 후보에게 김대중 정부가 북한에 보낸 돈의 불법성을 물고 늘어졌을 때는 "대북 송금이 몇 년이 지난 이야기인데, 아직도 선거 때마다 우려먹냐"고 내가 먼저 비판했다.

그런 발언과 태도는 '머리'로 짜서 나오는 게 아니었다. 토론에 어떤 질문이 나올지, 어떻게 답변할지 미리 준비한다. 어떤 정책으로 국민들에게 호소할지에 대한 전략도 고민한다. 하지만 아무리 잘 준비해도 어떤 말은 사람들에게 다가가고, 어떤 말들은 가식에 그치고 만다. 사람들의 마음을 흔드는 것은 결국 그 정치 세력이 갖고 있는, 인간과 사회에 대한 근원적인 태도다. 그것은 '습관'과 같아서 매우 자연스럽고, 쉽게 바뀌지 않는다.

2004년 민주노동당이 처음 국회에 들어왔을 때 민주노동당 당선자 연수 풍경이 기사화된 적이 있었다. 연수원에서 권영길 대표를 비롯한 모든 당선자들이 식사를 마치고, 자기가 먹은 식판을 직접 들고 가서 설거지를 하는 모습이 사진에 찍힌 것이다. 지금은 어느 정치인이나 그런 모습을 보여주려고 애를 쓰지만 당시만 해도 그렇게 하는 정치인들은 없었다. 하지만 그건 언론을 의식한 행위가 아니라 우리의 오래된 습관이었다.

단호한 태도도 그렇다. 정치인이 눈치를 봐야 하는 사람이 있다면 그건 국민뿐이다. 자신이 하고 있는 일이 과연 국민 다수를 위한 일인지만 생각하면 된다.

모두를 위한 정치

가장 작은 정당의 대통령 후보가 보여주는 당당하고 거침없는 모습은 국민들에게 시원함을 안겨주었다. 듣도 보도 못한 '듣보잡'인 사람이 토론의 공정한 룰을 지키고, 토론을 주도하는 모습. '공정한 경쟁의 조건에 놓였을 때 제일 잘하네.' 토론회에 나온 심상정을 보고 국민들은 이렇게 생각하고 많은 박수를 보내주었다.

대한민국 사람들이 그렇게 살고 싶기 때문에 나에게 박수를 보내준 것이다. 자신이 어떻게 태어났든 당당하게 살고 싶고, 공정한 조건에서 노력하여 인정받고 싶은 것이다. 거기에 더해 주어진 발언 시간을 자신을 어필하고 자랑하는 데 쓰는 게 아니라 노동자, 서민, 청년 그리고 사회적 약자들을 대변하는 데 쓰는 정의로운 정치인을 오랜만에 본 것이다.

TV 토론회에서 사람들이 강렬하게 기억하는 '심상정의 1분'이 있다. 자신에게 주어진 시간이 지났을 때, 꼭 해야 할 말을 위해 쓸 수 있는 1분을 나는 우리 사회의 약자인 동성애자들에 대한 이야기에 썼다. 극우 보수 세력인 홍준표 후보는 기회가 있을 때마다 '군 동성애', '동성 결혼 합법화'를 꺼내어, "동성애에 찬성하느냐, 반대하느냐?"는 식으로 문재인 후보를 공격했다. 촛불을 들고 나온 시민들을 이성애자와 동성애자로 분리시켜 싸우게 만들려는 술책이었다.

　소수자의 인권을 정치적 술책으로 이용하는 이들은 다수의 인권도 짓밟게 마련이다. 동성애를 비롯하여 개인의 성적 정체성은 반대하거나 지지할 수 있는 것이 아니다. 우리가 지지해야 하는 것은 성소수자들의 인권과 자유다. 성소수자의 인권은 깊은 고민을 필요로 하는 문제였다. 왜냐하면 나는 정치인이고 성소수자 차별에 반대하는 것을 넘어, 실제로 성소수자의 인권과 자유가 보장되는 사회를 만들어야 하기 때문이다. 그와 같은 고민 끝에 얻은 해답은 이것이다. 국민 다수가 지지하는 가운데 성소수자의 권리가 보장되려면, 이성애자와 동성애자가 함께 평등한 세상을 위해 싸우는 연대의 경험이 필요하다. 평등한 사회일수록 나와 다른 타인의 권리를 인정한다. 북유럽 복지 강국에서 성소수자들의 권리가 가장 잘 보장 받는 것도 이 때문이다. 나의 자유와 권리를 위해 싸우는 일이, 타인의 자유와 권리를 함께 보장받게 하는 일임을 깨닫는 정치적 경험이 중요하다.

　이런 고민이 이미 있었기에 그 순간에 주저 없이 1분을 쓸 수 있었다. 그 토론회를 지켜보고 있을 성소수자들과 그들의 부모들도 떠올랐다. 그들은 '특수한 이들'이 아니라 우리나라의 국민이다. 국민이 왜 성적 정체성으로, 계급으로 차별 받는가. 성소수자가 아닌 이들도 이 '1분'에 감동한 이유가 여기에 있었다. 국민이라는 이름으로 우리는 모두 평등하다.

　토론회 다음 날 나는 울산을 찾았다. 현대중공업 정문에서 열린 조선

산업 노동조합연대 협약식에 참가하고, 현대중공업 사내에서 고공 농성을 하고 있는 하청 노동자들을 만나기 위해서였다. 그때 한 청년이 행사장을 찾아와 나를 향해 외쳤다. "1분 써주신 것 감사합니다. 제가 이 한마디 하려고 시험공부도 안 하고 여기에 왔습니다." 그러면서 울음을 터뜨렸다. 청년은 덧붙였다. "제가 단지 성소수자라서 심 후보님을 지지하는 게 아닙니다. 저는 잠재적인 비정규직 노동자로서, 그리고 청년으로서 지지합니다."

그 청년만이 아니었다. 거리 유세에 "사랑에 차별 없고, 노동에 귀천 없다"라는 피켓이 등장했다. 그런 사람들과 그런 피켓을 볼 때마다 나도 가슴이 뭉클했다. '노동이 당당한 나라'라는 모토를 내걸었던 이유가 증명되었기 때문이다. 노동이라는 말 아래 서로 다른 차이에도 불구하고 다수의 국민들이 함께할 수 있음을 확인했기 때문이다. 가장 낮은 곳에 있는 이들을 위한 정치가 모두를 위한 정치라는 진실이 드러났기 때문이다. 진보 정치가 사람들의 눈물을 닦아주는 정치라는 것을 알아주었기 때문이다.

울지 마세요. 함께 세상을 바꿉시다

토론회가 끝날 때마다 지지율이 조금씩 올라갔다. 특히 청년 세대가 많이 호응했다.

"우리나라는 세계 10위권의 경제 대국이다. 그런데 세계에서 가장 장시간 노동하고, 비정규직이 가장 많으며, 저임금 노동자들 비중이 높다. 왜 이런 나라가 되었는가? 복지국가로 나아갈 수 있을 때마다 1퍼센트의 특권층을 비호하느라 그 시기를 놓쳤기 때문이다. '3대 자본 세습 금지', '살찐 고양이법' 같은 게 어떻게 자본주의를 부정하는 것이냐. 오히려 공정한 출발선을 보장해주지 못하면 나라가 망한다. 충분히 할 수 있는 일이 많은데, 하지 않는 건 정치의 무능일 뿐이다."

텔레비전에서 이런 이야기를 하고 거리 유세에 나서면 청년들은 발걸음을 멈추고 내 이야기를 들었다. 마치 구로공단에서 노동운동 할 때 공장 앞마당에서 "둥글게 둥글게 짝!" 하고 노래 부르고 춤추고 있으면, 지나가던 동료들이 멀리서 눈을 맞추고 손뼉을 함께 쳐주었던 것과 같았다. 그때와 다른 점이 있다면, 그때 '내 친구들'은 비참한 현실 속에 있긴 했지만 낙관적이었다. '우리가 싸우면 달라질 거야. 세상이 좀 더 좋아질 수 있을 거야'라는 믿음이 있었다.

그러나 '내 친구들의 자녀'들인 지금의 이십 대는 그 어느 세대보다 비관적인 시대의 젊은이들이 되었다. 이런 생각을 하면 그저 먹먹하고 가슴이 찢어질 것 같다. 고시 학원이 늘어선 서울 노량진에서 운동복 차림으로 지나가는 청년들의 얼굴을 보면, 지방의 작은 중소기업체 공장에서 얼굴에 핏기 하나 없이 유령처럼 지나가는 청년들의 얼굴을 보면, 순간 말을 잃는다. 돌이켜보면 거리에서 울먹이는 청년들을 마주하는 순간 내가 가장 잘했던 일은 씩씩하게 웃는 일이었다. 눈물을 닦아주고는 크게 소리쳤다. "울지 마세요. 함께 세상을 바꿉시다!" 눈물과 웃음이 함께한 선거였다.

청년들의 지지가 고마웠고 한편으로 미안했다. 이런 세상을 만든 윗세대로서 느끼는 책임감도 있었고, 그것보다는 사실 그들이 어떤 세대인지 잘 이해하지 못하고 있었기 때문이다. 아무리 동시대를 살아도 각 세대마다 경험이 다르기 때문에 다른 세대들이 겪고 있는 현실을 이해하는 데 한계가 있다. 나는 대선 전에 그 한계로 인해 엄청난 잘못을 했다. 일명 '정의당 메갈리아 사태'가 그것이다.

온라인 커뮤니티 메갈리아는 남성들을 혐오하는 발언과 표현으로 논란이 되고 있었다. 한 게임 업체의 여성 성우가 자신의 SNS에 메갈리아를 지지하는 의미의 티셔츠를 입고 찍은 사진을 올렸다. 게임 유저들 사이에서 이에 대한 항의가 빗발치자, 게임 업체에서 성우의 목소리를 사용하지 않은 사건이 있었다. 정의당 문화예술위원회가 게임 업체를 비판하는 논평을 냈는데, 이로 인해 "정의당은 메갈리아를 지지하느냐, 입장을 밝히라"는 논쟁이 붙은 것이다.

꿈만 빼고 모든 걸 새롭게

나는 그때 이 사건의 내막을 자세히 몰랐다. 정의당과 큰 관계없는 작은 사건이라고 생각했다. 그러나 사람들이 묻고 있는 것은 사건 자체가 아니었다. "모든 남성을 무조건 적으로 간주하는 메갈리아를 왜 정의당이 옹호하냐?" "메갈리아를 과격한 페미니즘이라고 이해하는 진보 진영의 태도가 그들의 혐오 문화에 명분을 주는 게 아니냐?" 이런 비판이었다.

당시에 내가 "정의당은 어떤 이유에서든 개인의 인권을 침해하는 행위와 혐오 문화에 반대한다"는 입장을 분명하게 밝혀야 할 일이었다. 그러나 그러질 못하면서 논쟁은 매우 복잡해졌고 격렬해졌다. 들여다보니 혐오 문화는 가부장제 문화와 관계없었다. 그것은 오히려 극심한 불평등과 관계있었다. 여성이든 남성이든 상관없이 약자를 공격하는 문화였다. 내가 겪어본 적이 없는 문제였다. 과거 세대의 눈으로 오늘의 세대를 이해할 때 어떤 문제가 생길 수 있는지를 여실히 깨달은 사건이었다.

신영복 선생이 말한 '여름 감옥'이 떠올랐다. '감옥은 여름과 겨울 중 어느 쪽이 더 힘든가'라는 이야기로, 겨울 감옥은 추우니 사람이 옆에 있는 게 좋고, 여름 감옥은 더우니 사람이 옆에 있는 게 증오스럽다는 것이다. 혐오 문화는 한국 사회가 그 '여름 감옥'이라는 것을 알려주는 일이었다. '헬조선'이라고까지 불리는 여름 감옥이 너무 덥고 짜증스러운 나머지, 그 증오가 바로 옆에서 똑같이 고통받고 있는 동료에게로 향한 것이다. 사실 그 증오가 향해야 할 곳은 '자신을 여름 감옥에 처넣은 사회'인데 말이다.

그때부터 생각했다. '진보 정당인 정의당은 다른 어떤 정당보다 새로운 문제에 도전받을 수밖에 없다. 그때마다 우리의 기존 생각과 경험을 기준으로 판단하지 말고 대중들, 특히 청년 대중들과 함께 호흡해야만 문제를 지혜롭게 헤쳐나갈 수 있다.' 대선 승리를 위한 정의당 전진 대회에서 나는 이렇게 말했다.

"진보 정당은 1980년대, 1990년대 청년들이 2000년대에 만든 정당이었습니다. 그때의 청년들은 중년이 되고 장년이 되었습니다. 우리는 이미 모두 구세대입니다. 그러나 우리가 꿈꿔온, 보다 민주적이고 보다 평등하고 자유로운 세상은, 그 꿈은 결코 낡은 것이 아닙니다. 결코 포기할 수 없는 우리의 꿈만 남겨두고 모든 것을 바꿉시다. 우리를 단결시키지 못하고 우리를 갈라놓은 모든 사고방식을 버립시다."

평등하고 자유로운 세상은 약자들의 단결된 힘으로만 가능하다. 성별, 나이, 출생 지역처럼 우리가 바꿀 수 없는 정체성을 가지고 서로를 비난하고 혐오하는 것은 약자들의 연대를 파괴하는 일이 될 뿐이다. 노동자들이 파업을 할 때 이주노동자들이나 비정규직노동자들을 데려다 그 자리를 메워 노동자들끼리 분열하게 만드는 것과 같은 일이다.

　그것이야말로 기득권층이 원하는 일이다. 기득권층이 세상을 지배하는 방식은 단지 그들이 많은 이익을 가져가는 것뿐만이 아니라, 그 세상을 당연하게 받아들이게 만드는 것이다. 약자들끼리 싸우게 만드는 것이다. 세상은 바꿀 수 없다고, 불평불만만 하고 비관만 하게 만드는 것이다.

　나는 촛불 혁명이 연대의 중요성을 깨우쳤다고 생각한다. 우리 사회의 불공정과 불평등을 만들어낸 진짜 원인이 무엇인지를 알려주었기 때문이다. 박근혜 탄핵을 이끌어낸 촛불 집회를 훗날 뭐라고 부를지 모르겠지만, 나는 '촛불 혁명'이라고 부른다. 국민 대다수가 같은 마음으로 단결하여 최고 권력자를 끌어내린 일이 혁명이 아니면 무엇이겠는가. 촛불 혁명이 깨우친 가장 중요한 진실은 '세상을 바꿀 수 있다'는 것이다.

　그 진실을 알게 된 새로운 세대와 새로운 노동자들에게 나는 이렇게 외쳤다. "여러분은 바뀐 세상을 요구할 권리가 있습니다. 세상을 뒤엎을 권리가 있습니다." 노동자들이 자신의 노동에 대한 정당한 권리를 요구하듯이, 지금의 청년들은 다른 세상을 요구할 권리가 있다. 그리고 그 일을 청년들의 손으로 하게끔 만드는 게 진보 정치가 할 일이다. 세계의 많은 복지국가들이 바로 청년 노동자, 청년 시민 들의 힘으로 만들어졌다. 독

—— 중요한 결단을 할 때면 전태일 동상 앞에 선다. 그의 죽음을 머리에 이고, 나와 내 또래들은 청년 시절에 세상을 바꾸겠다고 나섰다. 또다시 그런 죽음을 없게 하겠다고 노동운동을 하고 진보 정당을 만들었다. 우리가 그랬듯이 그 꿈은 새로운 세대에 의해 새로운 방법으로 이어질 것이다.

일 사민당, 스웨덴 사민당, 영국 노동당 등 많은 정당의 당원들이 십 대 시절부터 '청년 정치인'으로 자라난다. 영국 노동당 당수인 코빈도 열여섯 살부터 노동당 청년부에서 활동하며 지역 정치인으로 성장했다.

핀란드가 지금과 같은 복지국가가 될 수 있었던 데도 청년 정치의 힘이 컸다. 1960년대 핀란드는 사회 전체를 엄격하게 통제하는 나라였다. 범죄율이 비슷한 다른 북유럽 국가들보다 네 배나 많은 재소자들을 수용하고 있었다. 노숙자도 수없이 많았다. 이에 핀란드의 신세대들은 기성세대들이 외면하고 있는 핀란드 사회의 빈곤을 뿌리 뽑기 위한 운동을 시작했다. 이른바 '11월 운동'이다. 핀란드 독립 기념일에 헬싱키 대학교 학생회관에 소시지와 맥주를 차려놓고 거리의 노숙자들을 초대하는 행사를 벌인 것이 그 시작이었다. 이 운동을 이끈 주역 중의 한 사람이 훗날 핀란드의 총리가 된 파보 리포넨이다.

지난 몇 년 동안 세계 각지에서 약진한 진보 정치의 원동력도 청년들이었다. 미국 대선에서 힐러리 클린턴과 경쟁한 버니 샌더스는 지금 77세지만 그의 지지자들은 대부분 청년층이다. 2014년에 창당하여 불과 3년 만에 명실상부한 제3당이 된 스페인의 진보 정당 포데모스도 청년들의 압도적인 지지를 받고 있다. 전 세계를 휩쓸었던 신자유주의가 만들어 낸 극심한 불평등의 가장 큰 피해자인 청년들이 이제 정치로 세상을 바꾸겠다고 나서고 있는 것이다.

다시 정치

정치는 가능성의 예술

19대 대선 개표 당일 정의당 당사 안에는 약간 들뜬 기운이 돌았다. 다들 말은 안 했지만 두 자릿수 득표율을 기대하고 있었다. 3퍼센트도 안 되는 지지율로 시작한 대선인데, 막판에 일부 여론조사에서는 10퍼센트 가까이까지 지지율이 올랐기 때문이었다. 출구 조사 결과가 나왔다. 순간 당사 안은 조용해졌다. 기대보다 출구 조사 결과가 낮았기 때문이다. 아쉬움의 침묵이 얼마나 흘렀을까. 갑자기 당사 안이 소란스러워졌다. 후원금이 쇄도하기 시작한 것이다. 곧 이어 청소년 모의 대선 투표 결과에서 근소한 차이로 2등을 했다는 뉴스도 날아들었다. 참으로 단짠단짠한 순간이었다.

선거 결과가 아쉽지 않느냐고 많이들 물어보는데, 선거 기간 동안 열심히 뛰었던 당원들과 지지자들을 생각하면 후보인 나는 그저 미안할 뿐이다. 사람도 자원도 없는 작은 정당이었다. 특히 우리나라 선거 제도에서 소수 정당이 선거를 치르는 건 매우 힘든 일이다. 고양이 손도 아쉬운 선거였다. 메이크업도 의상도 내가 알아서 했다. 제대로 식사할 틈도 없어서 고속도로 휴게소에 들러서 닭꼬치 같은 걸로 해결하기도 했다. 언젠가는 고생하는 경호원들에게 식사를 대접한다는 핑계로 식당에 가서 내가 더 실컷 먹기도 했다. 하도 힘이 없어서 '선거 끝나면 꼭 어머니가 잘하시는 촉촉한 가지볶음에 따뜻한 밥 한 공기 먹어야지' 하고 생각하다가도 유세 현장에 가면 언제 그랬냐는 듯 힘이 났다.

대선 기간이 매우 짧게 느껴졌다. 선거운동 기간이 좀 더 길었다면 결과가 달랐을지 알 수 없는 일이지만, 미국 대선만큼은 아니더라도 오래전부터 후보가 정해지고 국민들이 후보를 검증하는 기간이 충분히 길어야 한다. 그래야 정책 중심의 논쟁도 가능하고, 정치 세력 간의 제대로 된 연합도 가능하다.

최종적으로 내가 얻은 표는 6.17퍼센트인 2,017,458표였다. 진보 정당 사상 대선에서 얻은 가장 높은 득표율이다. 이 표는 아직 씨앗일 뿐이라고 생각한다. 이 씨앗을 잘 키워서 큰 나무로 만드는 일이 남아 있다. 우리나라가 노동이 당당한 나라, 복지국가 대한민국으로 가는 길은 아직도 많이 멀다.

어떤 이들은 정의당이 작은 정당이라서 집권은 불가능할 거라고 이야기한다. 그러나 모든 일의 시작은 미약하다. 전 세계가 부러워하는 복지국가 스웨덴도 19세기 후반에는 유럽에서 가난하고 덜 민주화된 나라들 가운데 하나였다. 스웨덴의 제1당인 사민당도 한때는 풋내기 진보 정당이었다. 유럽의 많은 진보 정당들 중에서 스웨덴 사민당이 급성장할 수 있었던 것은 그들이 나치즘과 전쟁, 대공황에 맞서 민주주의의 몰락을 피하기 위해 노력했기 때문이다. 여기에는 사민당 당수이자 후에 총리가 된 페르 알빈 한손의 역할이 컸다. 1932년부터 1946년까지 총리를 지낸 한손은 가난한 동네에서 태어난 '노동자'였다. 많이 배우지도 못했다. 검소하고 소탈했던 그는 서민들이 겪는 차별과 가난이 무엇인지 잘 알고 있었다.

한손은 "국가는 국민의 가정이다"라는 말로 복지국가의 이념을 명쾌하게 정리했다. "가정이란 근본적으로 공동체, 그리고 함께함을 뜻합니다. 훌륭한 가정은 그 어떤 구성원도 특별 대우를 하거나 천대하지 않습니다"라고 시작하는 그의 유명한 연설은 스웨덴 사민주의의 기틀이 되었다. 이를 전통적인 가부장적 가치관이라고 비판하는 이들에게 한손은 이렇게 대답했다. "우리 사회가 인류의 가정이 아니라면 대체 무엇입니까? 사회는 노동자들뿐만 아니라 농민들에게도 일거리와 생계를 제공해야 하고 미래에 대한 희망을 제공해야 합니다."

스웨덴이 복지국가가 되는 과정에서 역대 정치 지도자들이 많은 공헌을 했다. 그 수많은 지도자들 중에서도 특히 한손 총리에 마음이 간다. 한손은 뼛속까지 노동자, 서민의 대변자이자 그 자체였다. 그에게 모든 것의 중심은 국민들의 삶이었다. 그 외에 다른 것은 전부 수단이었다. 그랬기에 과감하고 변화무쌍한 연합의 정치를 펼칠 수 있었다. 한손은 나치즘과 전쟁으로부터 나라를 지키고 민주주의를 지키기 위해 비사회주의 정당과도 연합했다. 노동자만이 아닌 농민과 같은 스웨덴 사회의 다른 집단에게도 손을 내밀었다. 한손은 타협과 변화의 정치로 집권에 성공했고 스웨덴을 복지국가로 만들었다. 나는 진보 정당 정의당이 지금은 소수여도 변화의 정치를 통해 '다수를 위한 정당'임을 증명해낼 때 얼마든지 집권 정당이 될 수 있으리라고 생각한다.

언제나 내일이 온다

대선은 끝났지만, 감사해야 할 일이 너무도 많았다. 출구 조사 결과가 나오자마자 정의당에 쏟아졌던 엄청난 후원금, 여러 중·고등학교에서 대선 모의 선거에서 내가 1위를 했다며 보내온 당선증 등 많은 시민들과 청소년들이 보내준 지지가 진보 정당의 자부심을 지켜주었다.

그리고 또 하나 즐거운 일은 대선이 끝나고 '진짜 김혜란'을 만난 것이다. 44년 만의 만남이었다. 구로공단에 위장 취업자로 들어가기 위해 내가 빌렸던 신분. 나는 김혜란이라는 사람을 전혀 몰랐다. 나중에 알고 보니 역사교육과 후배 친구의 동생이었다. 당시 많은 활동가들이 다른 사람의 신분을 빌려서 공장에 들어갔다. 대부분 금방 위장 신분이 들통 나 신분을 빌려준 이들에게는 큰 문제가 없었다. 하지만 '진짜 김혜란'은 어느 날 집에 느닷없이 들이닥친 경찰들에게 "심상정과 무슨 사이냐"고 닦달

당하는 등 꽤 큰 고통을 겪었다. 내가 수배 중이었으니 그 정도가 심했던 것이다. 김혜란은 언니와 언니 친구가 그렇게 위험한 일에 자신의 신분을 빌려주었다는 사실에 원망이 깊었다고 했다. 나와 김혜란은 비슷한 점도 많았다. 주민등록번호는 어찌어찌 알아서 썼지만, 취업 원서에 적어낸 혈액형, 종교 등도 우연히 같았던 것이다. 일치하는 게 많으니 김혜란이 느낀 이용당했다는 배신감이 더 컸던 것이다. 그 이야기를 나중에 건너 건너 듣고 있었기에, 만남이 조심스러웠다. 다행이도 김혜란은 나를 이해해 주었다.

그는 한동안 '심상정'이라는 존재를 잊고 살았다고 했다. 그런데 박근혜 탄핵 당시에 뉴스에서 내 이름이 자꾸 들리면서 "어, 그 사람이네?" 하고 기억이 되살아났다. 그때부터 심상정이라는 정치인에 대해 다시 관심을 갖게 되었다. TV에 나온 구로동맹파업의 여성 노동자들이 '김혜란 언니'를 좋게 말하는 것을 보고, '아, 내 이름이 그래도 의미 있게 쓰였구나' 하는 생각이 들었다. 대선 때도 주변 사람들이 심상정 후보에 대해 좋게 말할 때마다 기분이 좋았다.

오래 묵혔던 미안함, 우호적인 관계로 만날 수 있게 된 데에 대한 감사함, 그런 마음들이 뒤섞인 귀한 만남이었다. 김혜란을 만나고 돌아오는 길에 '내가 진보 정치인으로서 더 잘했더라면 이런 만남이 좀 더 빨리 이루어지지 않았을까' 하는 생각을 했다. 그러면서 시대적 과제의 중요성에 대해 생각하게 되었다.

그간 우리 사회가 겪어온 고통은 과거로 떠나보내야 할 것들을 보내지 못하고, 오늘 해결해야 할 시대적 과제를 풀지 않았기 때문이었다. 때문에 우리는 뒤늦은 숙제를 받아 안고 고통스러운 시간을 보냈다. 박근혜의 당선으로 재현된 박정희 신화가 그랬고, 반공주의와 종북주의에 발목 잡힌 진보 운동이 그랬다. 비정규직을 아우르고 대변하는 사회적 연대를 이루지 못하고 정규직 이기주의에 머문 노동운동이 그랬다. 기성세대의 경험으로 다음 세대의 문화를 이해하지 못하는 오류도 범했다. 무엇보다 복지국가의 틀을 만들어야 할 때를 놓쳐 신자유주의에 강타 당해, 부유하면서도 세계에서 가장 불평등한 나라 중 하나가 되었다.

오늘의 고통을 내일의 희망으로 바꾸려면 잘못된 어제를 완전히 밀어내야 한다. 그렇지 않으면 우리는 다하지 못한 숙제에 발목 잡히게 된다. 그러기 위해 우리는 끊임없이 변해야 한다. 한 때 옳고 새로웠던 것도 변하지 않으면 낡은 과거일 뿐이다. 진보 정치는 곧 변화의 정치다. 끊임없이 변신함으로써 그 시대의 가장 아래에 있는 다수의 편에, 새로운 세대의 편에 서야 한다.

나는 죽으면 묘비명에 아무것도 쓰지 않고 싶다. 매일매일 열심히 새롭게 살다가, 지구라는 별이 남기는 수많은 먼지 중의 하나가 되어 커다란 대기 속에 머물고 싶다. 살아있는 동안 한 시대가 해야 할 숙제를 잘 풀고 가는 사람이 되고 싶다. 그런 숙제가 아직도 굉장히 많다. 세상을 바꾸는 길은 고되고 외롭기만 한 것은 아니다. 함께하는 사람들이 늘어나는 즐거움이 그 길에는 가득하다. 설령 숙제를 잘못 풀 때도 있지만, 우리에게는 언제나 내일이 찾아온다. 아직 하고 싶은 일이 많아 다행이다.

1959. 2. 20. 경기도 파주 광탄면 출생

- 1960. 4. 19. 4·19 혁명

- 1960. 8. 12. 장면 내각(제2공화국) 출범

- 1961. 5. 16. 박정희 5·16군사쿠데타 일으킴

- 1963. 12. 박정희 정부(제3공화국) 출범

- 1970. 전태일 열사 분신

- 1972. 박정희 전 대통령 유신 독재 선언 (제4공화국)

1974. 서울 명지여자고등학교 입학

1978. 서울대학교 사범대학교 역사교육과 입학

1979. 『어느 청년 노동자의 삶과 죽음(전태일 평전)』을 읽고 노동운동 참여를 결심

- 1979. 10. 26. 박정희 대통령 피살

- 1979. 10. ~ 1980. 5. '서울의 봄'

- 1979. 10. 부마항쟁

- 1979. 12. 12. 전두환 주도로 12·12군사쿠데타 발발

- 1979. 12. 최규하 정부 출범

1980. 서울대학교 총여학생회 창설, 초대 여학생회장 선출

구로공단 남성전기 노동조합 교육부장

- 1980. 5. 17. 전두환 비상계엄 선언

- 1980. 5. 18. 5·18광주민중항쟁

- 1981. 3. 전두환 정부 출범(제5공화국)

1983. 대우어패럴에 취업

1985. 구로공단 여성 노동자들과 함께 구로동맹파업 주도

전국 지명수배

서울노동운동연합(서노련) 중앙위원장

- 1985. 6. 24. 구로동맹파업

- 1985. 8. 25. 서노련 창립

1986. 남편 이승배와 처음으로 만남

- 1987. 1. 14. 박종철 물고문 치사 사건

- 1987. 6. 10. 6월항쟁

- 1987. 6. 29. 6·29 선언(대통령 직선제 개헌안)

- 1987. 7. ~ 9. 노동자 대투쟁

- 1988. 2. 노태우 정부 출범(제6공화국)

- 1988. 서울 올림픽 개최

1990. 수배 중 경찰에 체포(*최장기 여성 수배자)

전국노동조합협의회(전노협) 쟁의국장

- 1990. 1. 22. 전국노동조합협의회(전노협) 창립

- 1990. 1. 22. 노태우, 김종필, 김영삼 3당 합당(민자당 창당) 선언

1992. 결혼

- 1992. 12. 김영삼 대통령 당선

1993. 결심 재판(징역 1년, 집행유예 2년 선고)

1994. 서른다섯에 아들 우균 출산

- 1995. 11. 민주노총 창립

- 1997. IMF 외환위기 사태

- 1997. 12. 김대중 대통령 당선

2000. 전국금속노조 사무처장

- 2000. 1. 민주노동당 창당

- 2002. 한일월드컵 개최

- 2002. 12. 노무현 대통령 당선

2004. 제17대 민주노동당 비례대표 국회의원 당선

2007. 민주노동당 대선후보 경선 출마 – 낙선

- 2007. 12. 이명박 대통령 당선

2008. 민주노동당 탈당 후 진보신당 창당

노회찬과 함께 진보신당 공동대표 취임

18대 총선 선거 유세 기간 도중 아버지 별세

총선 낙선(고양시 덕양 갑) 후 마을학교 설립

- 2009. 5. 23. 노무현 대통령 서거

- 2009. 8. 18. 김대중 대통령 서거

2011. 통합진보당 창당

유시민, 이정희와 공동대표 취임

한진중공업 사태 해결 촉구를 위한 대한문 30일 단식

2012. 제19대 통합진보당 국회의원(고양시 덕양 갑) 당선 – 170표 전국 최소 표차로 당선

통합진보당 원내대표 취임

통합진보당 탈당 – 진보정의당 창당

진보정의당 대선 후보 출마 – 사퇴 후 야권 연대 선언

· 2012. 12. 박근혜 당선

2013. 정의당 원내대표 취임

· 2014. 4. 16. 세월호 참사

2015. 정의당 당대표 취임

2016. 제20대 정의당 국회의원(고양 갑) 당선 – 진보 정당 최초의 3선 의원

· 2016. 10. 박근혜 탄핵 촛불집회

· 2016. 12. 9. 박근혜 탄핵 소추안 의결

· 2017. 3. 10. 헌법재판소 박근혜 탄핵 인용

2017. 19대 대선 정의당 후보로 출마(득표율 6.17%)

· 2017. 5. 문재인 대통령 취임

참고 자료

- 『당당한 아름다움』, 심상정 지음, 레디앙.
- 『실패로부터 배운다는 것』, 심상정 지음, 웅진지식하우스.
- 『운명이다 : 노무현 자서전』, 노무현재단 엮음, 유시민 정리, 돌베개.
- 『대한민국 정치사회 지도』, 손낙구 지음, 후마니타스.
- 『역설과 반전의 대륙』, 박정훈 지음, 개마고원.
- 『한국 노동계급의 형성』, 구해근 지음, 신광영 옮김, 창작과비평사.
- 『내 아버지로부터의 꿈』, 버락 오바마 지음, 이경식 옮김, 랜덤하우스코리아.
- 『정치가 우선한다』, 셰리 버먼 지음, 김유진 옮김, 후마니타스.
- 『핀란드가 말하는 핀란드 경쟁력 100』, 일까 따이팔레 지음, 조정주 옮김, 비아북.
- 『페이비언 사회주의』, 조지 버나드 쇼 지음, 고세훈 옮김, 아카넷.
- 강명자 인터뷰, 〈40년째 미싱은 잘도 도네〉, 한겨레21, 제1083호.
- 6월 항쟁 '넥타이 부대' 주역들 인터뷰, 〈마음속 부채의식에 거리로 나갔죠〉, 연합뉴스, 2017. 6. 8.
- 울산과학대학교 청소 노동자 김순자 인터뷰, 〈서울 온 66세 파업 청소노동자들〉, 여성신문, 2017. 8. 24.
- 황석영 강연, 〈차이나는 클라스〉 28회, JTBC. 2017. 9. 13.
- 〈소득주도 성장론의 좌표와 쟁점 좌담회 전문〉, 한겨레, 2017. 10. 12.

사진 출처

- 9페이지 사진   아시아타임즈
- 73페이지 사진   박용수, 민주화운동기념사업회

        민주화운동기념사업회
- 115페이지 사진   연합뉴스
- 159페이지 사진   연합뉴스
- 235페이지 사진   유성호, 오마이뉴스
- 267페이지 사진   연합뉴스
- 279페이지 사진   아시아투데이
- 305페이지 사진   오기봉
- 표지 사진   오기봉
- 그 외 사진   심상정 의원실

난 네 편이야

세상을 바꾸는 이들과 함께해온 심상정의 이야기

초판 1쇄 발행 2017년 11월 24일
초판 3쇄 발행 2017년 11월 30일

지은이 | 심상정
발행인 | 문태진
본부장 | 김보경
책임편집 | 이희산 편집1팀 | 김혜연 이희산
디자인 | 이석운 김미연
기획편집팀 | 박은영 김예원 임지선 정다이
마케팅팀 | 한정덕 최지연 김재선 장철용 디자인팀 | 윤지예 이현주
경영지원팀 | 노강희 윤현성 김송이 박미경 이지복
강연팀 | 장진항 조은빛 강유정 정미진
펴낸곳 | (주)인플루엔셜
출판신고 | 2012년 5월 18일 제300-2012-1043호
주소 | (04511) 서울특별시 중구 통일로2길 16, AIA타워 8층
전화 | 02)720-1034(기획편집) 02)720-1024(마케팅) 02)720-1042(강연섭외)
팩스 | 02)720-1043 전자우편 | books@influential.co.kr
홈페이지 | www.influential.co.kr

ⓒ 심상정, 2017
ISBN 979-11-86560-56-3 03340

- 인플루엔셜은 세상에 영향력 있는 지혜를 전달하고자 합니다. 이에 동참을 원하는 독자 여러분의 참신한 아이디어와 원고를 기다립니다. 한 권의 책으로 완성될 수 있는 기획과 원고가 있으신 분은 연락처와 함께 letter@influential.co.kr로 보내주세요. 지혜를 더하는 일에 함께하겠습니다.
- 이 도서의 국립중앙도서관 출판예정도서목록(CIP)은 서지정보유통지원시스템 홈페이지(http://seoji.nl.go.kr)와 국가자료공동목록시스템(http://www.nl.go.kr/kolisnet)에서 이용하실 수 있습니다.(CIP제어번호: CIP2017027484)